本书为 2021 年湖南省高校优秀思想政治工作者项目青年骨干建设项目（湖南城建职业技术学院，陈丽萍）阶段性研究成果

新时代高校思想政治理论课教学改革研究

陈丽萍　著

湘潭大学出版社

图书在版编目(CIP)数据

新时代高校思想政治理论课教学改革研究 / 陈丽萍著. -- 湘潭 : 湘潭大学出版社, 2021.9
ISBN 978-7-5687-0612-4

Ⅰ. ①新… Ⅱ. ①陈… Ⅲ. ①高等学校－思想政治教育－教学改革－研究－中国 Ⅳ. ①G641

中国版本图书馆 CIP 数据核字 (2021) 第 166947 号

新时代高校思想政治理论课教学改革研究

XINSHIDAI GAOXIAO SIXIANGZHENGZHI LILUNKE JIAOXUE GAIGE YANJIU

陈丽萍 著

责任编辑：丁立松　夏　露
封面设计：张丽莉
出版发行：湘潭大学出版社
社　　址：湖南省湘潭大学工程训练大楼
电　　话：0731-58298960 0731-58298966（传真）
邮　　编：411105
网　　址：http://press.xtu.edu.cn/
印　　刷：广东虎彩云印刷有限公司
经　　销：湖南省新华书店
开　　本：710 mm×1000 mm 1/16
印　　张：15.75
字　　数：304 千字
版　　次：2021 年 9 月第 1 版
印　　次：2022 年 6 月第 1 次印刷
书　　号：ISBN 978-7-5687-0612-4
定　　价：68.00 元

前言

高校思想政治理论课是落实立德树人的关键课程。党的十八大以来，以习近平同志为核心的党中央高度重视高校思想政治工作。2019 年 3 月 18 日，习近平总书记在学校思想政治理论课教师座谈会上作重要讲话，他指出：“当前形势下，办好思政课，要放在世界百年未有之大变局、党和国家事业发展全局中来看待，要从坚持和发展中国特色社会主义、建设社会主义现代化强国、实现中华民族伟大复兴的高度来对待。”① 可见，讲好思政课，是所有学校当前的重点工作。

高校是对大学生进行思想政治教育工作的主要渠道和主要阵地，是培养大学生思想科学性、实践性、人文性的主要渠道。本书作者重点介绍了在新时代背景下，如何在高校思想政治理论课教学改革中坚持“八个相统一”，创新高校思想政治理论课教学改革相关问题。

笔者选取几所比较有代表性的高校，对思想政治理论课教学现状进行了调研，分析目前高校思想政治理论课存在的问题，在此基础上，结合新时代大学生的学情特点，试图从第一课堂、第二课堂、第三课堂，以及三课堂之间如何更好地协同融合，进行创新高校思想政治理论课教学改革的尝试，从教学方法、教学模式、保障机制等方面做了详细介绍。在教学改革中，突出立德树人根本任务，以增强学校思想政治理论课思想性、理论性和亲和力、针对性为重点，落实“八个相统一”要求，把思政小课堂与社会大课堂相结

---

① 习近平．习近平在学校思想政治理论课教师座谈会上的讲话［N］．人民日报，2019－3－18.

合，从理论与实践层面，深入探索习近平新时代中国特色社会主义思想“进课堂、进教材、进学生头脑”的实践路径。

本书由陈丽萍（湖南城建职业技术学院）著。在写作过程中，笔者参考了部分相关资料，获益良多。在此，谨向诸位作者表示衷心感谢。

学习永远在路上。由于水平有限，相关问题的研究有待进一步深化、细化，书中不足之处在所难免，欢迎广大读者批评指正。

作　者

2021 年 5 月 25 日

目录

第一章　新时代高校思想政治理论课教学改革基本理论概述

第一节　新时代的内涵

一、新时代的到来

习近平在中国共产党第十九次全国代表大会上的报告中指出："经过长期努力，中国特色社会主义进入了新时代，这是我国发展新的历史方位。……中国特色社会主义进入新时代，在中华人民共和国发展史上、中华民族发展史上具有重大意义，在世界社会主义发展史上、人类社会发展史上也具有重大意义。"①

二、新时代的内涵

（1）是承前启后、继往开来、在新的历史条件下继续夺取中国特色社会主义伟大胜利的时代。

（2）是决胜全面建成小康社会、进而全面建设社会主义现代化强国的时代。

（3）是全国各族人民团结奋斗、不断创造美好生活、逐步实现全体人民共同富裕的时代。

（4）是全体中华儿女勠力同心、奋力实现中华民族伟大复兴中国梦的时代。

（5）是我国日益走近世界舞台中央、不断为人类作出更大贡献的时代。

三、新时代到来的依据

这里的"新时代"，不是一个历史学上的时代划分的概念，而主要是从我们

---

① 习近平．在中国共产党第十九次全国代表大会上的报告［N］．人民日报，2017－10－18（01）．

党和国家事业发展的角度来判断的。进入“新时代”的主要依据：一是改革开放以来我国社会的进步和发展，是十八大以来党和国家事业发展取得了全方位、开创性的成就。这些伟大成就，使党和国家事业发生了深层次、根本性的历史性变革，我国发展站到了新的历史起点上，中国特色社会主义进入了新的发展阶段。二是我国社会主要矛盾发生了变化，已经由人民日益增长的物质文化需要和落后社会生产之间的矛盾，转化为人民日益增长的美好生活需要和不平衡不充分的发展之间的矛盾。

四、新时代的意义

（1）意味着近代以来久经磨难的中华民族迎来了从站起来、富起来到强起来的伟大飞跃，迎来了实现中华民族伟大复兴的光明前景。

（2）意味着科学社会主义在二十一世纪的中国焕发出强大生机活力，在世界上高高举起了中国特色社会主义伟大旗帜。

（3）意味着中国特色社会主义道路、理论、制度、文化不断发展，拓展了发展中国家走向现代化的途径，给世界上那些既希望加快发展又希望保持自身独立性的国家和民族提供了全新选择，为解决人类问题贡献了中国智慧和中国方案。

五、新时代的显著特征和丰富内涵

中国特色社会主义进入新时代，这一历史定位意义重大。从三个“意味着”来把握中国特色社会主义事业，把当代中国带入了一个新时代。中华民族从站起来、富起来到强起来，世界社会主义在中国特色社会主义获得勃勃生机，以及中国特色社会主义各项事业对世界作出了重要贡献，这三个“意味着”表明了中国特色社会主义取得的伟大成就进到一个新的历史方位。再有，把握新时代，要注意到它的承前启后、历史关联，注意到它是接近伟大的目标，现代化国家的目标，以及我们讲的民族伟大复兴、中国梦这样目标的一个时代，还是继续对世界作出贡献的时代，是继续实现人民共同富裕的时代，这是我们对时代的内涵和时代意义的把握。

第二节　高校思政课教学改革相关理论概述

高校思政课教学是高校思想政治教育的重要组成部分，也是开展中国特色社会主义理论和马克思主义理论教育的关键，因此，它有着科学的理论基础。正确认识高校思政课教学理论基础及与其相关的理论，有助于我们更好地促进高校思政课教学改革，提高教学效果。

一、马克思主义人的本质理论

马克思曾指出，人的本质是社会性，“不是人的胡子、血液、抽象的肉体性”，[①] 也“不是单个人所固有的抽象物，在现实性上，它是一切社会关系的总和”。[②] 在马克思看来，人的存在具有自然属性和社会属性两个方面。其中，人的自然属性主要是指生存、繁殖、获取食物和进行各种复杂动物的本能的活动，而人的社会属性是指基于物质资料生产而形成的人们相互交往的属性，从这一点来说，人是社会的存在物。另一方面，不同的历史阶段人的本质也不尽相同，人具有历史性和现实性，人的本质是随着社会的发展而不断历史发展着的，不是一成不变的。

基于马克思主义关于人的本质的理论，在高校思政课教学中，我们必须遵循高校思政课教学的形成、发展规律。在确定教学目标、教学内容和选择教学方法时，必须考虑教学对象——高校学生所处的具体的社会关系。目前，随着大数据时代已全面来到，全面深化改革的深入，全球化进程的不断加快，高校思政课教学面临着更加严峻的挑战，我们要抓住机遇，迎接挑战，与时俱进，不断创新教学方法，更新教学内容，推进高校思政课教学模式改革，以切实提高教学的实效性。同时，在教学中要坚持以人为本，充分发挥大学生的能动性和创造性，引导大学生在社会实践中提高思想素质，实现能力提升。与此同时，通过高校思政课教学改革，引导人的本质是正确认识社会历史发展的规律，使人的实践性和能动性朝着正确的方向发展，同时促进人形成良好的品质，从而不断促进人的主体性的实现。

二、建构主义理论

建构主义是学习者在社会互动的过程中，基于自己原有的知识和经验，对新的知识生成意义和建构理解。[③] 这一理论是瑞士心理学家皮亚杰（J. P. Piaget）

---

① 中共中央马克思恩格斯列宁斯大林著作编译局．马克思恩格斯选集（第1卷）［M］．北京：人民出版社，1995：11．

② 中共中央马克思恩格斯列宁斯大林著作编译局．马克思恩格斯选集（第1卷）［M］．北京：人民出版社，1995年版，第11页．

③ 马振清．思想政治教育前沿问题研究［M］．北京：国家行政学院出版社，2013年版：第111—112页．

在“自我建构理论”的理论基础上，结合由苏联心理学家利维·维果茨基（Lev Vygotsky）的“社会建构”理论，两者共同在教育领域实践后，得出了建构主义学习理论。

建构主义指出，学习是指学习者以自己已有的知识经验为基础，通过与外界事物的相互作用，主动获取、建构新知识的内在心理表征过程，而不是被动地、机械地、原封不动地把知识从外界搬到记忆中。[①] 不难看出，建构主义强调以问题为核心的驱动学习，重视主动学习，强调协作学习的重要性，鼓励学生自己完成对新知识的意义建构。

三、马克思主义人的全面发展理论

人是社会的人，离开人的发展，社会的发展也无法实现。个人的全面发展是社会发展的基础，社会的发展是全面的发展。而人的发展最终是因为人需要实现自我满足，需要追求自身的自由和解放，这都体现在人追求自身的全面发展中。因此，人的需要与人的本质决定了人需要全面发展。马克思、恩格斯认为“人以一种全面的方式，也就是说，作为一个完整的人，占有自己的全面的本质”，[②] 强调人的自由、充分、全面发展，包括人的能力、需要、社会关系、自由个性、主体性等方面的全面发展。这是马克思主义关于人的全面发展理论的基本含义。

因此，满足人的充分需要是人的全面发展的重要内容。人的本质决定了人是在不断满足需要的过程中从事物质生产以及精神活动的，一旦人的基本需要得到了满足，就会向更高层次的需要而发展，进而促进人的全面发展。德国学者兰德曼指出：“人不可能把自己提升为一种值得敬慕的、令人惊奇的事物，人也可能利用自我形成的能力变得比任何野兽更野蛮。”[③] 因此，人的社会关系的全面也是人的全面发展的重要内容，人不能脱离自身所处的社会关系，人的发展受到现实的社会关系的制约。

因此，高校思政课教学改革需要分析学生的需要、动机和行为的社会根源根据，以对高校学生的研究为基础，根据实际，坚持以人为本，不断调整教学内容和教学方法，关注高校学生的思想观念、需要的变化，尽量满足他们合理的需要，根据学生的需要，采取针对性、差异化教学。

---

① 王勇．翻转课堂的理论与实践——基于应用型本科人才培养的探索［M］．杭州：浙江大学出版社，2016年版，第56页．

② 中共中央马克思恩格斯列宁斯大林著作编译局．马克思恩格斯全集（第42卷）［M］．北京：人民出版社，1979年版，第123页．

③〔德〕米夏埃尔·兰德曼．哲学人类学［M］．上海：上海译文出版社，1988年版，第203页．

第二章　新时代高校思政课教学现状调查分析

第一节　新时代高校思政课教学总体情况分析

一、新时代高校思政课教学现状分析

对高校而言，推进当代中国马克思主义大众化就是要深入开展以中国特色社会主义理论体系为核心内容的大学生思想政治教育。这就意味着必须采用适合当代大学生特点的思想政治理论课教学方法，才能较好地完成思政课教学任务和目标。但是，目前大学本科尤其是高职专科的思想政治课教学存在一定的问题：学生普遍厌学，上课不听讲，有逆反情绪；绝大多数学生对思想政治课普遍不重视，他们认为思想政治课是可有可无的课程，甚至还认为如果要完成思想政治课作业，就会影响了其他课程的学习。

（一）高校思政课教学现状

1. 思政课的主渠道作用认识不够深刻

一是学校领导对思政课的主渠道作用认识不到位。一些高职院校领导把学校的建设、规划和发展、学校的专业设置结构和招生工作、学生的就业率等看成硬指标，而把思政课教育教学看成是可有可无、时紧时松的事情。且思政课的教学条件简陋。为保证学生的专业课时量和实践教学，为学生顺利走向职场打好基础，学校将大量的教学时间让给专业课，不断压缩思政课等公共课教学课时，出现了政治教学内容多与理论课时量少的矛盾，教师不敢拓展或有选择性地调整教学内容，为完成教学任务，教师只能选择“填鸭式”的灌输说教，学生感觉枯燥，上思政课课堂气氛沉闷。高职院校对思政课教育教学重视不够，这样通过思

政课这个主渠道对学生进行思想政治教育就显得软弱无力。

二是专业课教师对学生思政课教育教学的认识欠缺。有的专业课教师认为思政课教育教学没有科学的理论体系和研究价值，只注重专业课对学生发展的重要性，没有认识到思政课教育教学对学生的必要性。因此，在实际工作和教学中，忽视了在专业课教学课堂中对学生进行思想政治教育。

2. 学生厌学情绪普遍

在目前就业形势严峻的情况下，高职院校大多数学生对于知识的追求有功利性和实用化倾向，认为在高职院校是为了学习、掌握一门技能，思政课与就业不挂钩，对求职就业没有帮助，因而与专业课程相比，对思政课不够重视、缺乏热情。而且目前高职院校的思想政治理论课是大班教学，大班上课通常都是不同班级甚至是不同专业的学生在一起上课，没有固定座位，再加上人数多、教室大，坐在教室后面的学生看不清黑板、听不见讲解、注意力不够集中，听课效果较差，自由度大，“到课率”“抬头率”比较低，上课时睡觉、聊天、看课外书等违纪现象严重，学生之间互相干扰程度较大，学习纪律明显松弛，课堂秩序难以控制。

3. 思政课师资队伍整体素质有待提高

高职院校思政课教师存在数量较少、教学观念陈旧、教学组织不当和科研能力不足等问题。为节约办学成本，高职院校思政课教师数量少，平均每位教师每周要承担 16 学时教学任务，教师绝大部分时间忙于教学，而科研的时间就相对较少，不利于教师个人的成长和发展。同时，教师的教学观念相对陈旧。一是教师只把知识灌输给学生，未考虑到学生是否愿意去学。二是教师只注重“满堂灌”，忽略了学生的主体地位，学生成为被动接受知识的“容器”。三是教师对在教学内容设计存在不少问题，有的老师在课堂上过多介绍社会现象，没有引导学生深入思考理论知识和消化知识。①

二、对教学方式的满意度情况调查

（一）对教学方式的总体评价

根据调查结果，高校学生对当前思政课所使用的教学方式满意度为：认为满

① 陈丽萍. 高职院校思想政治课教学改革创新研究［J］. 读与写（教育教学刊），2016. 13（07）：46—47.

意和很满意的共占43.65%，其中：满意的占30.42%，很满意的占13.23%，认为一般的占34.46%，不满意甚至很不满意的占8.89%，剩余的13%认为不好评价。不难看出，高校学生总体对当前思政课的教学方式评价不高。

目前，高校思政课教学方式的运用情况为主要分为以下几种：纯理论讲述的占11.2%，“理论为主＋讨论辩论等形式为辅”的占32.27%，“理论为辅＋其他形式为主”的占34.06%，“理论＋其他形式”各占一半的占22.47%。可以看出，超过54.74%的高校思政课堂理论讲解占一半甚至多半，让人匪夷所思的是采用纯理论讲授的方式进行教学的教师仍然占11.2%。可能受各高校教学手段、教学氛围的影响，加上教师教学观念的不同，高校思政课教学方式虽然客观上种类繁多，但是教师使用起来却存在良莠不齐的情况。这种现象对思政课的整体教学质量影响较大。

（二）对理论讲授教学法的满意状况分析

对于理论教学法，根据调查结果显示，其中有56.35%的同学对理论讲授法兴趣不大，不喜欢理论讲授的占到了14.32%，有22.56%的同学喜欢理论讲授，16.76%的同学很喜欢理论讲授。尽管如此，还是有81.56%的同学认为在思政课中开展理论讲授是很有必要的。可见，大学生虽然在情感上对理论讲授法有一定的排斥，但是认为在思政课中运用理论讲授法还是很有必要的，认为基础知识的讲述是非常重要的。

（三）对案例教学法的满意情况分析

通过对调查数据分析，绝大部分同学比较认可在思政课教学中运用案例教学法：70.36%的同学喜欢甚至很喜欢，很喜欢的同学高达42.26%，只有4.25%的同学不喜欢甚至很不喜欢，感觉一般的占25.39%。可以看出，案例教学法非常受大学生青睐。案例教学法可以帮助学生提高理解问题、分析问题的能力，让学生成为学习的主体，但是由于时间的关系，在课堂上对案例分析法的运用受限，无法通过案例教学法让大学生真正吃透知识点。

（四）对小组讨论教学法的满意情况分析

根据调查数据显示，大学生对小组讨论教学法态度是：喜欢或者很喜欢小组讨论法的同学占比49.01%，其中32.45%的人喜欢小组讨论教学法，很喜欢小组讨论法的占比16.56%。37.29%感觉一般的，只有6.98%的同学不喜欢，有6.72%的同学认为不好评价。不难看出，大部分大学生对小组讨论法这种教学方式是认可的，在当前思政课教学课堂上，有43.56%的老师经常或比较多运用这种教学方式，但是对这种教学方式运用不多的教师仍占52.36%，其中4.08%的老师几乎不用。小组讨论法把空间留给学生，激发学生的自主学习兴趣，培养学生互助合作学习的能力。但是受各种因素的影响，这种教学方式很难在大学生思政课堂上充分实现。

（五）对视频观摩教学法的满意情况分析

根据调查数据显示，大学生对视频观摩法的满意或者非常满意的认可度高达76.82%，其中满意的占26.1%，非常满意的占50.72%。18.73%的同学感觉一般，仅有4.45%的同学不喜欢甚至很不喜欢视频观摩法。很显然，在以上几种大学思政课教师使用的教学方式中，视频观摩法受学生的满意程度最高。但是由于客观实际情况的存在——课堂时间有限，大学思政课教师很难将更多时间分配于视频观摩法。

（六）对网络教学法的满意情况分析

随着2020年新冠疫情的爆发，大中小学老师，特别是大学老师开始尝试利用互联网进行教学，网络直播课在大学课堂中被广泛地运用开来。

对于网络教学法，根据调查结果显示：大学生喜欢或者很喜欢教师在思政课中运用网络教学法的占56.76%，其中：28.78%的同学喜欢，27.98%的同学很喜欢，感觉一般的同学占36.55%，不喜欢甚至很不喜欢的仅占6.69%。大学思政教师在课堂上使用网络教学法的情况如下：47.63%的教师比较多使用甚至经常使用，27.89%的教师使用情况一般，24.48%的教师几乎没有、甚至从来没有使用网络教学法。从总体来看，有一半以上的同学喜欢网络教学法，但是不怎么经常使用的老师有一半以上。不怎么经常使用网络教学法的老师表明疫情期间使用网络教学法是不得已而用之，这些老师以年纪较大的老师为主。

综上所述，5种教学方式中，理论讲授法是大学思政课教师在课堂上普遍运用而且占课堂时间最长的教学方法，其他4种教学方式相对来说运用较少。从大学生对这5种教学方式的满意程度来说，偏偏理论讲授教学法又是大学生最不喜欢的教学方式，最喜欢的教学方式是视频观摩教学法，喜欢甚至很喜欢的占到76.82%。视频观摩法以视频的短小、生动、有趣吸引了大学生的注意力。案例教学法与小组讨论教学法都要求学生进行讨论、分析，有一定的相似之处，不同之处在于，案例教学法更多的是教师为主，教师对案例的搜集与准备，而问题讨论法需要学生为主，需要学生在课前准备搜集各种资料，比较之下，小组讨论法对学生自主探究、学习能力的培养更胜一筹。但由于当前大学生还未养成较好的自主学习的习惯，因此，从数据上来看，有 70.36%的同学喜欢甚至很喜欢案例分析法，喜欢或者很喜欢小组讨论教学法的同学占比 49.01%。对于网络教学法，喜欢甚至很喜欢这种教学方式的占到 56.76%，这是由于网络有它的独特优势吸引着大学生，但是网络教学法还不是当前大学思政课堂上的主流教学方式。

三、当前大学生思想政治理论课教学方式中存在的问题

(一) 教学理念有待更新

高校思政课经过 2005 年的改革后，各高校在教学理念上有所重视，但从整体上看，我国高校思政课的整体教育氛围有待加强，主要问题有：一方面“教师为主、学生为辅”的传统教学理念仍然较严重，在大学思政课堂上，教师仍然占主导地位，学生的主体性仍没有引起重视；另一方面，不少思政课教师对思政课认识不到位，自身专业性不高，导致教师自己对思政课教学的信心不足；再加上受教学制度的影响，教师在教学过程中的教学效果与学生学习过程的培养效果存在一定的差距，对教师在培养大学生素质、能力上的积极性起到一定的负面作用。高校思政课肩负着培养社会主义全面发展的优质人才的重要任务，社会对大学生的综合能力要求也在不断提高。因此，高校思政课教师必须响应国家人才培养的号召，加强对思政课的学习与认识，做到真正相信马克思主义、相信思政课的教育力量，牢固树立终身教育的教学理念，为培养德智体美劳全面发展的大学生贡献各自的力量。

(二) 教学方式有待改进

目前，高校思政课教学改革如火如荼地进行着，大学思政课教师在课堂上教学方式逐渐增多，为吸引大学生的学习兴趣，提高思政课的趣味性，教师不自觉地使用多种教学方式。但是，通过作者的问卷调查发现，即便大学思政课教师在教学方式的种类上有所增加，但教师关心的基本上还是课堂上的教学，课下对大学生思政课学习的关心明显不够，这就在一定程度上造成了学生课上学习、课后扭头就忘的不良现象。此外，无论大学思政课教师如何改变教学方式，也增加了不少其他教学方式，但理论讲授为主的教学方式在大学思政课堂仍然占据着其他教学方式不可替代的重要位置。但事实上，大学生对除理论讲授法以外的其他教学方式更加青睐。教学方式的运用与大学生自身需求的背道而驰，必然导致课堂

教学效果不佳。除此之外，在教学手段上，虽然普及了多媒体，取代了以往的黑板、粉笔，但其实换汤不换药，部分教师只是从以往的“照本宣科”发展为“照幕宣科”，从对大学生的“人为灌输”变成了“多媒体灌输”，与原来的“照本宣科”同样枯燥，必然无法吸引学生的注意力与调动学生学习的积极性与学习兴趣。

(三) 部分高校学生自主学习能力不够

对于高校的学生来说，相当一部分学生因为没有考上理想的大学，理想与目标存在的差距，使得他们在思想上有一段的迷茫期。一是学生的自控能力不强。高校生在高中阶段的成绩一般处于中下游，这部分学生在学习时容易受外界的干扰，学习意志力不够坚定，加上高校学生管理不再像之前的中学阶段封闭式的管理模式，相对而言有所松懈，再加上离开父母的监督，这部分学生沉迷于手机或者网络游戏，自控力不强。二是未养成良好的学习习惯。相对于中学课堂来说，大学课堂信息量大、内容多、进度快，这和高中阶段老师对一个知识点反复讲解的教学方式有很大的不同，高中阶段是“教师为主，学生为辅”，高校却是“学生为主、教师为辅”，相当一部分同学表示不适应。三是对学习效果的期望值过高。大学生迈入大学，绝大部分同学都希望通过大学阶段的学习找到一份干净、轻松、体面、工资高的好工作，而高校的毕业生出去后面临的大都是服务、生产一线岗位的工作，这往往是很多高校学生不愿意从事的岗位，理想很丰满，现实很骨感，导致学生失去了学习的信心。

(四) 评价方式的单一性

思政课的评价方式主要分为结果性评价（终结性评价）和过程性评价（形成性评价）两种。结果性评价是当前高校思想政治课普遍采用的课程评价方式，一学期的成绩一般由考试成绩与一次实践成绩构成，一次性完成学生的评价。长期使用结果性评价方式的弊端是学生与老师过分重视（特别是学生）考试成绩，忽视思想政治理论课过程学习，导致学生对平时的思政课堂不重视、对其中的社会实践应付了事，书面考试甚至还出现舞弊的现象。教师为了提高期末考试成绩，在日常课程中的教学采用理论填鸭式灌输的教学方法，这与思政课的教学目的与要求显然不符。因此，学校对学生与教师的评价方式影响着思政课教学方式的改变。评价方式的单一化、片面化也是影响着思想政治理论课教学实效性有所欠缺的重要因素。

第二节 新时代高校学生所期盼的思政课

一、生动性、趣味性强的思政课堂

传统思政课教师照本宣科、学生低头看手机、睡觉，课堂死气沉沉。根据调查显示，学生也不希望看到自己在思政课堂上的这种表现，但是面对教师的“照本宣科”，课程理论性很强的特点，学生无法对这种课堂产生喜欢甚至热爱的情感。相对而言，作为新时代的大学生，具有思维活跃、个性鲜明、乐于表现的鲜明特点，他们更喜欢教学手段多样化的生动、活泼的课堂。他们喜欢利用互联网进行抢答，参与课堂小组讨论、辩论等教学活动，特别对比较贴近学生生活实际的课外实践活动比较感兴趣。生动性、趣味性强的思政课堂是大学生比较感兴趣的课堂。

二、考核方式多元化的思政课堂

传统的思政课考核方式一般采用结果性评价，即期末考试成绩加实践成绩构成了这学期思政课成绩，平时表现所占比重不明显。学生的获得感不强，感觉自己是思政课堂上可有可无的一员。根据调查显示，高校大学生更倾向于教师采用多元化的考核方式，学生愿意成为课堂的主角，参与到教师的各种教学活动中，教师根据大家的表现酌情加分，克服了学生惧怕考试的心理，即便在期末考试没考好，如果在平时课堂上表现积极教师加分多，同样也可以取得好成绩。因此，相对于传统课堂的单一考核方式，多元化的考核方式更能得到学生的青睐。

三、多才多艺地走在时代前沿的教师

根据调查结果显示，高校大学生对思政教师的期望值比较高，他们不喜欢只讲书本知识甚至拿着书本念的教师，喜欢掌握最前沿多媒体教学技术、知识渊博、讲课方式风趣幽默甚至是能歌善舞的教师，如果思政教师如网红般身怀“绝技”，这样的思政课堂绝对是座无虚席。

第三节 新时代高校思政课教学主客体分析

一、高校思政课师资队伍现状分析

(一) 高校思政课“双师型”师资相对薄弱

近年来，国家越来越重视学校思想政治理论课，中共中央办公厅、国务院办公厅于2019年8月印发《关于深化新时代学校思想政治理论课改革创新的若干意见》，2020年，教育部令（第46号）《新时代高等学校思想政治理论课教师队伍建设规定》，强调高等学校应当根据全日制在校生总数，严格按照师生比不低于1∶350的比例核定专职思政课教师岗位。按照文件要求，各高校加大思政课教师队伍建设，抓紧招聘思政专兼职教师，思政课教师的师资队伍不断壮大，但仍然存在一些突出问题。如部分思政教师是从管理岗位转到思政课教师队伍中来的，他们在教育教学的能力上有待提高。总体说来，思政课教师的队伍建设需要进一步的努力与探索。

1. 高校思政课教师学历不齐

目前，高校思政课教师学历参差不齐，部分教师需要提升学历层次，目前是本科生甚至专科生学历的教师还占有相当一部分，这些教师授课有一定的优势，如授课经验丰富，但他们对思政课新知识、心理学知识、多媒体先进技术等知识的系统学习不够，难以运用最先进的现代化的教学手段和教学方法。同时，在相当一部分高校思政课教师队伍中，一部分教师是从校外或者校内聘请的兼职教师，这些教师的学历参差不齐，相对于专职教师而言，他们在对学生的思想动态的掌握和引导上以及授课经验方面稍显逊色。

2. 高校思政课教师的“双师”素质不高

高校思政课教师大都是从高等学校毕业后直接迈入学校的工作人员，他们一般只掌握思政课的理论知识，很少有到相关企业或社会机构进行实践和培训，很少取得思政课教师相关的心理咨询师证等证书，很少参与专业教师协同培育学生工作。缺乏“双师”素质的思政课教师对高校学生毕业以后所要从事的专业岗位知识了解甚少，他们的思想观念很难跟上时代的步伐，较难实现对学生相关的职业指导和社会实践指导，甚至有时存在在为学生解答实习和实训过程中遇到的问题产生思想冲突和矛盾。

3. 高校思政课师资队伍薄弱

目前，高校思政课师资队伍薄弱，存在着数量不足、教学观念传统、教学方式不新和科研能力不足等问题。

(1) 教师数量不够，教学任务繁重。高校由于思政课教师数量配比不够，思政教师的教学任务比较繁重，很多教师要承担较重的教学任务，一般来说，高校的思政专任教师每周教学工作量至少为16学时，因此，教师绝大部分时间忙于教学，用于科研的时间就相对较少，这对教师个人的成长和发展非常不利。

(2) 教师的教学观念相对传统。部分高校思政教师把思政课当作一般学科课程来进行教学，对思政课的思想政治教育性重视不足，一些教师还继续采用传统的教学观念。有些教师采用"满堂灌"的形式向学生传授知识，让学生死记课堂上教师讲述的知识作为教学的主要任务。这样一来，忽略了学生的主观能动性，学生没能很好地发挥主动性和积极性，"教师为主、学生为辅"传统角色没有得到改变，学生成为被动接受知识的"容器"。另外，一些高校思政教师没有很好地把握教学内容，在课堂上过多讲述社会现象，忽视了引导学生深入学习理论知识并加以消化吸收是思政课教学的主要任务。受这种传统教学观的影响，学生被动接受教师传授书本知识，打造思政"金课"的美好愿望落空。

(3) 教师科研能力有待进一步提高。在有些高校思政课教师看来，思政课教师不需要花过多的精力进行科学研究，只要抓好分内的教学工作就行，再加上高校教师普遍存在教学任务过重的问题，他们没有太多的精力进行教育教学研究。因此，学术界有关高校思政课教育教学的研究著作不多，高校思政课教师在关于思政教育教学改革的学术成果在高校学术研究工作中所占份额也不大。思政课涵括的范围非常广泛，从哲学、历史学、伦理学、心理学、道德、法律到政治、经济、文化、社会等，高校思政课教师有些因为自身知识的缺乏或者因为懒惰和不够努力，没有进行相关知识的学习，导致没有相应的能力开展教科研活动；有的迫于职称评审的压力，不得已"为了科研而科研"，因而出现高校思政教师科研水平和层次不高的现象，科研成果质量较低。

二、高校学生现状分析

(一) 高校学生思想现状与问题分析

1. 政治信仰坚定，但部分表现出功利化倾向

根据调查显示，大部分学生政治信仰坚定，在回答"你愿意加入的政治组

织”一题时，选择加入党组织的学生占66.8%，只有3.7%的学生希望自己成为民主党派成员，对任何政治组织都不感兴趣的学生占12%。不难看出，调查结果体现出了大部分学生对中国共产党是支持和信任的，这对思政教育工作是一种肯定。但是调查同时还发现：就“学生入党或入团的动机”这一问题，有58.3%的学生的动机是“能够更好地发挥自己的作用并早日成才”，出于“信仰共产主义”才要求加入党组织的学生仅仅占19.5%，这表明相当一部分学生对党的性质、宗旨理解认识还不到位、入党动机不纯，表现出一种功利化、实用主义的倾向。

2. 人生观价值观主流健康向上，但部分学生个体利益取向明显

根据调查结果显示，大部分学生具有健康的人生价值观，在回答“人生中最重要的是什么”一题时，选择人生中最重要的是“健康”的学生占56%，而且这一题多数学生的答案较为一致，17.36%的学生选择信念，11.85%的学生选择美德，不难看出，大约80%的同学选择是正面的、健康向上的，这反映出高校学生主流思想是健康的，积极向上的；在回答“你认为人生最大的幸福是什么”这一题时，选择“生活有意义、事业有成就”的学生占32.73%，选择“有温暖家庭”的学生占25.6%；选择“身体健康”的占11.7%；7.9%的学生选择“被人尊重、被人理解”；8.42%的学生选择“有知心朋友”。不难看出，虽然大部分高校学生的人生观、价值观多元化，但方向是健康向上、能够紧跟时代的主流，并没有出现较大的偏颇。

但调查也发现不少问题，部分高校学生的人生观、价值观存在着功利化、利己化的趋势。11.6%的学生认为人生最重要的是权力、金钱、地位；9.5%的学生认为生活舒适、收入高为人生最大的幸福；在人生价值的问题上，48.75%的学生认同人生价值主要体现在“对社会贡献的大小”，但人数还不到一半。33.45%的学生认为人生价值在于自我满足的程度，甚至15.5%的同学说不清楚。以上调查结果令人担忧，警示目前我国高校思政教育面临着挑战，“金钱至上”“享乐主义”“利己主义”等一些不良思想正在影响着学生们的“三观”。

3. 道德认同感强，基础文明素质弱，认知与行动相矛盾

从调查结果来看，在爱国家、爱集体方面，大多数学生都爱国家、爱集体，即大多数同学认同社会基本的道德规范。认为弘扬爱国主义精神十分必要的同学占比87.9%；认为个人利益应服从国家、集体利益的同学占比76.89%；在讲诚信讲礼貌方面，推崇诚实守信的基本道德的同学占比84.9%，其中有93.5%的同学赞同并认同在公共汽车上见到老弱病残幼应该主动让座；在爱劳动守纪律方

面，78.6%的同学表示在轮到自己打扫卫生等劳动时会积极去干；49.8%的同学表示会遵守交通法规，承认自己经常闯红灯的同学只有11.9%。在知孝、敬重信誉方面，32.9%的学生表示自己经常与父母交谈，50.1%的学生在家经常主动帮助父母做家务；66.8%的学生认同在就业过程中不能违约，要注重自己和学校的信誉。

不难看出，一般高校学生基本都有正确的道德观，与社会发展方向基本是相同的；但由于学生的自律性不够强，一般缺乏对现代公德和传统美德的实践，道德认知尚没有有效内化为道德行为，所以在一定程度上存在着认识和行动脱节、知行背离的现象。

4. 学生思想状态总体健康向上，但部分学生个性反叛，情绪不稳定

根据调查数据显示，43.1%的学生认为在学校感受到有目标、心情舒畅、充满生气；35.9%的学生感到无聊、心情压抑；8.3%的学生属于得过且过混文凭类。由此可见，学生思想总体积极向上、健康稳定；但不能忽视的是，部分学生的思想和心理上还存在不少困惑和问题，学生学习和生活还有诸多不适应的地方。这就需要我们必须静下心来、扎实深入地研究学生，找准问题，提出对策，为学生的成长成才创造条件。

三、高校学生思政课学习状况与问题分析

(一) 教学方式方法待改进

问及学生对思政课的态度时，88.6%的同学对此类课程感兴趣，反映一般的同学占7.8%，对思政课不感兴趣的同学占2.3%。根据具体调查数据显示，学生只是对传统的教师讲授为主的陈旧的教学方法不感兴趣，超过78.54%的学生希望老师通过采用更多有意思的教学方法，如课堂辩论、情景剧表演、诗歌朗诵等学生喜闻乐见的教学方法，有68.4%的同学希望思政课老师能给他们参与讨论、发表见解的机会。可见，高校思政课需创新教学方式方法，在调研学生的需求和特点的基础上，进一步提高教学实效性。

(二) 教学模式与学生的思维方式要契合

根据调查数据显示，大多数高校学生对思政课实践教学重视程度不高。实践教学在思政课教学中是育人的有效方式，实践教学的重要性不可忽视。68.54%的学生认为很有必要请用人单位来校谈他们对从业者的要求，即岗位需求；

59.34%的学生希望到用人单位参观学习或请用人单位调查实践教学的可行性。

高校学生希望思政教师采取哪些思想政治教育方式呢？依次有课余文化生活、思想政治类实践活动、学校团组织活动，学生会活动。65.43%的学生喜欢文艺联欢类的思政活动形式，42.43%的学生喜欢公益活动，38.45%的学生喜欢体育竞赛。由此可见，要切实增强思想政治教育教学的感染力、吸引力，必须进行细致调研，深入分析学生的需求和期待，积极创新形式，丰富实践载体，着力打造“三全育人”的思想政治工作体系，形成协同效应，把思想政治工作做到学生的心坎上。

（三）教学的时代感和吸引力需加强

由于互联网技术的飞速发展和学生获取信息的渠道不断增多，思政课的教学形式也面临着新的挑战。想要真正提升学生对思政课的“好感”，切实增强思政课的实效性，广大的高校思政教师应积极主动学习互联网技术，提升使用信息技术进行课堂教学的能力，加强思政课和信息技术紧密结合，通过现代化的信息技术手段，进一步提高思想政治课的针对性和亲和力。

同时，通过与高校思政课教师开展座谈发现，高校教师普遍对高校学生的思想、行为与学习的主要特点评价为：有一定的知识面，但是文化基础不扎实，认识停留在表面，未养成良好的学习习惯；绝大多数学生缺乏学习动机，缺少独立思考的能力；严重依赖手机和网络。自我意识较强，功利主义色彩明显。产生这些问题的主要原因是以下几点：一是部分高校学生学习兴趣不强，学习基础相对而言比较薄弱，他们把更多的注意力放在专业学习、就业等方面，认为想要找到好工作的主要决定于专业课的学习好坏程度。此外，有极少数学生认为思政课是可有可无的课程，从而学习动力欠缺，兴趣不浓。这样一来，给原本理论性强、学习起来学生感到比较枯燥的思政课造成较大压力，教师的教学难度增大。

第四节　新时代高校思政课教学载体分析

一、思政课的主渠道作用尚未彰显

思政课在高校人才培养过程中发挥着主阵地、主渠道作用。但是近年来，人们对思政课的主渠道作用利用不足，使其作用尚未彰显。通过数据显示，主要存在以下问题。

(一) 对思政课的教育教学目标认识不够深刻

引导高校学生树立正确的世界观、人生观和价值观，是高校思政课教育教学主要目标。同时，培育学生树立崇高的职业理想和责任意识，培养德智体美劳全面发展的综合性技能型人才，也是高校教育教学的主要目标。世界观、人生观、价值观的形成，需要经过长期的社会实践活动，要在真、善、美与假、恶、丑的斗争中才能牢固树立起来。思政课对学生的影响是潜移默化的，需要通过长时间的实践和学习才能凸显出来，不能见到立竿见影的作用。此外，大多数高校思政课教学的考核方式单一，主要以卷面成绩来断定思政课的教学效果，使得教育教学目标变成了简单地完成任务。故此，人们对思政课的主渠道作用难免产生模糊甚至误解，难免会认为思政课是可有可无的课程，认为思政课在培养学生的世界观、人生观、价值观中发挥的作用不明显，也不能在教学过程中取得良好的效果。

(二) 学校师生对思政课缺乏正确的认识

高校学生不喜欢上思政课，学习积极性不高，存在很多问题。主要问题在于学校对思政课不够重视，抓得不紧，要求不严；任课教师对上课时间的安排具有随意性；学生对思政课的态度有待端正等。据调查问卷分析发现，在平时的思政课授课过程中，只有23%的学生认为领导经常去听课，42%的学生认为偶尔领导会去听课，26%的学生认为领导从来不去听课。在问及任课教师如何安排上课时间时，只有32%的学生认为教师严格按照学校规定上课，35%的学生认为教师把课集中在一天上，48%的学生认为教师按照个人需求进行调课。62%的学生对思政课的态度不端正，学习行为比较被动，45%的学生被动接受并只是强记。

二、教学内容分析

在市场经济条件下，新时代的大学生受各种诱惑影响，功利化思想越来越明显。在思政课教学中，如何考虑到学生的成长和成才需要，提高大学生对学习思政课重要性与必要性的意识，使学生充分认识到学习思政课不仅是新时代加强社会主义、共产主义理想信念教育的要求，也是个人成长成才的需要。如果不结合这些实际，思政课教学会变得非常枯燥。通过调查问卷数据分析，笔者认为新时代高校思政课教育教学的内容主要存在以下几个方面问题：

（一）教学内容时代性不强

新时代独生子女相对增多，“00后”的大学生有诸多标签，如卖萌、撒娇、任性、冲动、独立性不强、过分依赖父母、缺乏艰苦奋斗的精神。高校思政课的教学内容是采用教育部统一规定教材，注重加强学生世界观、人生观和价值观教育，内容不全面、片面化，忽视结合岗位需求高校大学生应该具备的成才观、科技观、就业观等方面教育。与新时代高校大学生具备的新特点联系不强，教学内容略显空洞。课堂上所教内容不能帮助学生用于解决和分析现实生活中遇到的困难。目前，大多数高校在思政课的教学中新增了对高校大学生现代职业精神的培养，但还是有部分学校没有紧跟形势，教学内容没有结合社会的变化而变化。

（二）内容与学生生活实际结合不强

目前，全国高校使用的思政教材，没有针对高校大学生特点开设自己的教材，教师的授课内容基本上围绕着统一教材展开，与新时代高校大学生的实际特点结合不紧密。根据高校大学生人才培养方案，高校需要培养思维活跃、动手能力强的综合性应用型人才，大学生既要会技能、懂技术，还需要具备较强的与客户沟通、交流等综合性技能。同时你，高等院校思政课使用的教材理论内容过多，几乎没有图片，没有色彩性，大学生兴趣不浓。如果高校思政课一直都不能结合岗位需求和大学生的特点、年龄特点对大学生的使用教材和授课内容进行改革，高校思想政治教育工作面临的问题与困难会一直存在。

三、教学方法相对陈旧

教学方法是教师实现教学目标的重要手段，教学方法使用情况直接影响教学效果以及教学目标能否达成。通过数据分析，目前高校思政课上采用的教学方法主要存在以下几方面的问题：

（一）教学模式相对落后

大多数高校仍然采用传统的“教师为主，学生为辅”的教学方法，教师仍然拘泥于灌输式的知识传授。根据调查数据显示，有78.34%的学生认为学校思政理论教师普遍采用“填鸭式”教学模式，这种教学模式往往忽视学生的主体地位，只注重教师的主导作用，自始至终都将学生置于从属和被动地位。教师是决策者，居高临下，拥有绝对的权力，学生是服从者，处于被动角色，自然积极性不高，这种教学模式很难培养出学生的创新思维能力。

(二) 教学忽视学生主体性

在高校思政课教育教学过程中，教育目标和内容普遍过于理想化，使得思政课教师进行整齐划一的“齐步走”，没有注重学生差异性，学生没有自己的见解，只是无条件地被动认同和遵从教师传授的道德取向和道德规范，学生没有机会提出质疑，也无权力提出自己认可的与教师传授不一样的新的道德取向与道德规范，更无法通过社会实践活动，从中体验得出来满足和快乐。学生只是机械地、被迫地、消极地接受教师传授的各种“美德”。

(三) 教学方法缺乏创造性

根据调查数据显示，大多数高校思政教师在课堂教学中采用传统的灌输式教学方式，课后与学生实际联系不多，有的甚至根本无联系，这大大影响了教学的实际效果。教无定法，贵在得法，有利于教学和学生学习的就是好方法。如果教师上课呆板，从头到尾都是拿着稿子在念，还是“一支粉笔，一张嘴，从头讲到尾”的传统思政课，这样的思政课是不可能受学生欢迎与喜欢的。在融媒体时代下，如果不采用现代科技成果，不采用先进的多媒体技术和互联网，还是继续“教师一言堂”式的传统授课方式，想要获得教学效果良好的思政课是不可能的。

四、教学环境分析

(一) 思政课“双师型”师资相对薄弱

随着高职院校“半壁江山”地位的凸显，教师队伍不断壮大，相应思政课教师的队伍也不断壮大，思政教师的专业能力也不断提高，但还是存在一些问题。有相当一部分教师是兼职教师，是从学校的管理岗位转过来的，他们有着丰富的学生管理方面的经验，但是他们在思政课上的课堂驾驭能力有待加强。相对来说，思政课教师的队伍建设仍需进行努力和探索。

1. 思政课教师学历参差不齐

根据调查数据显示，目前大部分高校思政课教师学历有所提升，75%的思政课教师具有硕士学位，但是仍然有一部分教师还是本科学历，这些教师授课经验丰富，但他们缺乏对思政课新知识、计算机知识和心理学知识的系统学习，难以运用现代化的教学方法和教学手段。思政课教师队伍中，一部分是校外或者校内的兼职教师，这些教师的学历参差不齐，授课经验有多有少，他们在对学生思想动态的掌握和引导上比专职教师稍显逊色。

2. 思政课教师的“双师”素质不高

高校思政课教师是从高校直接毕业的大学生，除了掌握思政课的专业知识以外，没有得到社会或相关企业实践和培训，大多数没有与思政课教师相关的心理咨询师证书等，缺乏“双师”素质的思政课教师，对高校大学生毕业后要具备的岗位知识和岗位技能了解不是太多，对基层现状了解不是很多，思想观念与社会现实容易脱节，对学生的社会实践指导和职业指导不多，对学生在实习、实训过程中产生的思想冲突和矛盾爱莫能助。

（二）思政课考核效果不突出

思政课的考核是评价教学效果好坏的一种重要手段，也是教学过程的一个重要环节，同时也是保证教学质量、稳定教学秩序的重要途径之一。但在实际的高校思政课教育教学中，通常考核只是一纸空文，考核流于形式，考核手段单一，采用一次性的考核即终结性考核为主，缺乏对学生过程学习的关注，考核结果通常不能真实反映学生实际学习情况和学习能力，也无法反映出教学质量，从而影响了教学目标的实现。

1. 考核流于形式

大多数高校思政课采用理论考核和结果考核，对学生的实践考核、课外考核、过程考核不重视。即使有些学校对考核方式做了一些改革尝试，将过程考核和期末考试结合起来，但很多时候对平时考核缺乏科学设计而往往流于形式。期末考核或考试多采用闭卷、半闭卷或开卷的形式，这种考试方法的影响因素很多，对学生真实的思想政治素质和能力状况反映不够。过程考核主要设置出勤率、课堂表现、社会实践作业等几个观测点，但是没有量化评价学生的课堂表现、社会实践作业等，实践考核通常采用撰写一篇论文的方式，学生没有真正下去实践调研。

2. 考核缺乏对学生真实发展的关注

一门课程的考核，主要目的应该是通过分析考核结果，了解学生的思想现状和学习现状，以此督促学生提高分析问题、解决问题的能力。从而在促进学生全面发展的同时增强学生的社会责任感，促进学生德智体美劳全面健康发展。但是通常情况下，高校思政课的考核方式并没有达到这一目的，从教师角度观察，考核是为了证明教师完成教学任务，思政课的考核方式没有起到应有的作用，对教师而言，考核是为了证明完成教学任务；对学生而言，表示他们获得一门课程的学分，教师和学生更多地关注考试成绩，忽视了思政课真正的“育人”作用，这样的考核方式容易产生教考分离的现象，学习仅意味着获得一门公共课的学分。这种缺乏“育人”理念的考核方式，容易产生教考分离的现象，教师为考而教，学生为考而学，为拿到学分而学，容易出现平时不学习甚至不上课，临近期末复习应付的现象，使考核失去应有的意义。

3. 学生的问题

高职院校学生属于高等院校学生，经历过高考，他们和普通本科学生一样，有理想、有朝气、有活力、有激情、有干劲。但是，高职院校学生也有与普通本科生不同的特点，如在学习过程中主动性欠缺，学习起来比较懒散，需要教师推着学，需要在教师的监督下学习，学习习惯较差，在这些学生多年的学习过程中，养成了较差的学习习惯。在思政课的课堂中，一般采用大班授课，学生人数多，教师难以顾及班上的每一名学生，这就给有些想从中偷懒的学生提供了机会。长此以往，思政课的教学效果不能达到预期目标。

第五节 新时代高校思政课三课堂分析

高校思政课第一课堂是指理论课堂，这是思政课的主课堂。第二课堂是指在思想政治理论课主渠道课堂教学环节以外的，由学生自愿参加的形式多样、内容丰富的教学活动的总称。第三课堂即思政课社会实践教学环节。

一、高校思政课第一课堂教学现状分析

高校思政课的第一课堂，目前，高校思政课第一课堂教学现状如下：

（一）课程内容有待完善

高职院校思想政治理论课教材内容集中在思想政治理论知识方面，对关系到学生的心理问题、情感问题、就业问题、人际交往问题方面的内容显然不够完善，解决不了学生的实际问题，学生甚至把它当成可有可无的课程，表现出抵触心理，自然不想来上课。

（二）教师的教学方法落后

部分高职院校思想政治课老师一直沿用传统教法，灌输式的教学方法贯穿整

个课堂，未重视学生的主体地位，学生与老师不能站在同一层次上，两者缺乏平等的双向交流，教师在教学过程中也不顾及学生的感受，自然不能引起学生的需要。部分年轻老师体会到传统教学方法的弊端，为了迎合学生，专挑学生感兴趣的话题、感兴趣的内容讲，甚至在课堂上讲一些反动、粗俗的内容，放任学生的自由导致课堂的失控，很明显失去了思想政治课堂该有的面貌。[①]

二、高校思政课第二课堂教学现状分析

高校思政课第二课堂教学，主要是指以校园活动为载体的思政课教学，目前高校思政课第二课堂教学主要存在以下问题：

（一）对其重要性认识不够

目前高校思政课教师普遍把主要精力放在第一课堂教学上，对思政课第二课堂的重要性认识还不到位。一方面高校把更多的关注点放在加强思政课基础设施建设，提高理论教学效果方面，对思政课第二课堂教学的重要性认识不足。另一方面是高校思政课教师本身存在认识不到位的问题。不少老师把第二课堂教学作为第一课堂的辅助教学手段，并没有花太多的时间和精力放在第二课堂教学上。最后是一部分高校并没有将思政课第二课堂的凸显地位显示出来，对第二课堂的教学效果也存在一定影响。

（二）学生参与学习的主体性缺失

因为学校和教师的不重视，自然学生参与第二课堂的积极性受到影响。高校思政课的教学主要目的是让大学生在学习马克思主义等相关理论知识的过程中，培养正确的世界观、人生观、价值观，能科学地认识社会，对社会的各种现象做出正确的判断。但部分大学生在接受思政课第二课堂教学过程中，出现心不在焉的现象，有些去上课但没有认真学，有些干脆就不去，学习缺乏主动性，自然教学效果打折扣。

（三）第二课堂教学的形式化态势较为明显

高校思政课教师因为对第二课堂的重要性认识不到位，但是又明白要有第二课堂教学内容，所以注重从形式上突出思政课第二课堂教学，并没有从实际行动

① 陈丽萍. 构建高校思想政治理论课翻转课堂的教学模式［J］. 劳动保障世界，2017（29）：64＋69.

上去落实第二课堂教学。高校思政课程多学科交叉，且内容覆盖面广，各种课程之间相互作用、相互补充，紧密联系。但高校在进行第二课堂的具体教学过程中，并没有突出各门课程之间的联系，各自为战，重形式、轻内容，自然第二课堂的实际教学效果受到较大影响。

三、高校思政课第三课堂教学现状分析

高校思政课第三课堂教学，指的是实践教学。目前存在的问题主要有：

（一）对实践教学的认识存在偏差

高校和思政课教师对实践教学的认识水平存在参差不齐的状况，在某种程度上有认识的偏差。首先，部分高校和思政课教师对实践教学的认识性有待加强，有的教师竟然认为这是可有可无的教学，实践教学始终只是思政理论课的有益补充，这就在很大程度上阻碍了实践教学的顺利开展。其次，部分高校和思政课教师能够认识到实践教学的作用，但是对其内涵认识不到位，存在一定的误差，有的把高校思政课实践教学与社会实践教学等同起来，这种认识上的偏差实际缩小了实践教学丰富的外延，使实践教学局限在现场考察、实地调研、实地参观等形式，认为思政课实践教学一定要走入社会，要有足够的经费才能保证实践教学活动的普遍性和持续性；另外就是把思政课课堂教学的某些形式等同于实践教学，实际是扩大了实践教学的外延，对于思政课课堂教学和实践教学没有真正认识到位，这就限制了思政课实践教学真正作用的发挥。

（二）实践教学组织的规范性缺位

高校思政课实践教学组织起来存在不同程度的规范性不到位的问题，主要表现在以下三方面。首先，高校思政课实践教学组织存在随意性问题。虽然从国家、教育部规定要限制思政课实践教学的学时，但是并没有制定操作性强且灵活的实践教学实施计划，也没有在时间和精力上来规划和安排实践教学过程中需要涉及的场所、交通、行程等琐碎事情。其次，思政课实践教学内容规范性不强，不少高校对实践教学做出了相关的规定，但是学校并没有制定统一规范的实践教学大纲，教学目标不太明确，教学任务不明确，甚至还出现部分思政教师将实践教学和大学生专业实践、社会实践混为一谈的现象。最后高校思政课实践教学组织、统筹协调存在某些问题。高校思政课有好几门课程，但是很多时候一个学校的思政课实践教学没有一个统筹规划的安排，很多课程的实践教学都是各自为政，各门思政课教师缺乏及时有效的沟通，这就容易导致教学资源利用的不合

理，实践教学的效果难以得到保证。

(三) 实践教学的考核机制缺失

制定科学合理的高校思政课实践教学考核机制，是提高实践教学质量、确保实践课教学顺利开展的重要条件。正如前所示，高校对思政课实践教学认识不到位，自然对实践课教学的考核评价机制缺乏管理，不少高校重视对思政课第一课堂即理论课堂的考核，但对于第三课堂即实践教学的管理较为宽松。在对于实践教学的考核内容、形式、方法等没有一个统一参照或者标准，操作起来存在很大的困难，此外，系统完善的审核和监督体系也没有建立起来。不少高校对实践教学的考核评价机制还处在初级阶段，对于学生学习实践教学的考核通常要学生递交一篇调研报告或者考察心得草草了事。从学校到思政课教师、到学生，对思政课实践教学都存在重视不够的情况，因此，高校思政课实践教学收效甚微。

第三章 新时代高校思政课教学改革创新

第一节 高校思政课教学改革创新的指导思想

一、坚持党的领导

高校思政课承担着对大学生进行系统的马克思主义理论教育和开展党的基本理论、基本路线、基本纲领和基本经验教育的任务，是培养德智体美劳全面发展的中国特色社会主义事业合格建设者和可靠接班人的主渠道。习近平总书记强调："高校肩负着学习研究宣传马克思主义、培养中国特色社会主义事业建设者和接班人的重大任务。加强党对高校的领导，加强和改进高校党的建设，是办好中国特色社会主义大学的根本保证。……加强和改进思想政治工作，切实把党要管党、从严治党落到实处。"① 因此，高校思政课教学改革要坚持党的领导为根本指导思想，这是高校思政课教学模式改革的政治方向。

在新时代背景下，市场化、网络化、全球化等深入发展，高校在思想领域面临着各种冲击与挑战。高校思政课是高校思想政治教育的主阵地，如何应对各种错误思潮的挑战，是高校不可推卸的重大使命。高校思政课是坚持马克思主义和马克思主义中国化最新理论成果为指导的，我国高校是党委领导的，为此，在高校思政课教学改革中要坚持党的领导，站稳政治立场，明确政治方向。

在高校思政课教学改革中，坚持党的领导，坚持高校党委的主体责任。高校党委要全面领导思政课教学工作，把握方向、管理大局，为高校思政课教学改革提供政策支持，确保改革顺利进行。同时，要坚持完善党委领导下的校长负责制。校长为党委领导提供充分的保障，形成党政合作的高校思政课教学改革的格

---

① 习近平．坚持立德树人思想引领加强改进高校党建工作［N］．人民日报，2014－12－30（01）．

局，形成各部门各负其责、齐抓共管的工作机制，切实做好高校思政课教学改革工作，以期达到提高教学质量与效果的目的。

二、坚持德育为先

高校人才培养目标是德智体美劳全面发展的中国特色社会主义事业建设需要的综合性人才，具备丰富的专业知识很重要，但是全面发展的综合素质更重要，其中德育又是重中之重，关系到整个教育的根本发展。

党的十八大指出："全面贯彻党的教育方针，坚持教育为社会主义现代化建设服务、为人民服务，把立德树人作为教育的根本任务，培养德智体美全面发展的社会主义建设者和接班人。"① 教育的根本任务是要立德树人。在全国高校思想政治工作会议上，习近平总书记再次强调："要坚持把立德树人作为中心环节，把思想政治工作贯穿教育教学全过程，实现全程育人、全方位育人，努力开创我国高等教育事业发展新局面。"② 这就为高校思政课教学改革指明了方向。"先做人，后做事"，这是很多高校人才培养理念，高校思政课最重要的目标是培养学生树立正确的世界观、人生观、价值观，促进学生具有健康的心理素质、健全的人格、严谨的道德规范、良好的生活习惯、良好的精神状态，促进高校大学生全面发展。很显然，过去传统的"教师为主、学生为辅"的教学模式已经不适应新时代发展需要，必须积极探索高校思政课教学新模式，坚持立德树人、以德为先的教育导向，提高教学的针对性和实效性。

三、坚持"八个相统一"

习近平总书记在思想政治理论课教师座谈会上指出，推动思政课改革创新，不断增强思政课的思想性、理论性和亲和力、针对性。为此，要坚持政治性和学理性相统一，坚持价值性和知识性相统一，坚持建设性和批判性相统一，坚持理论性和实践性相统一，坚持统一性和多样性相统一，坚持主导性和主体性相统一，坚持灌输性和启发性相统一，坚持显性教育和隐性教育相统一。这"八个相统一"，既为高校思政课改革创新指明了方向，也是新时代抓好思政课教学改革必须遵循的指导思想。

---

① 胡锦涛. 坚定不移沿着中国特色社会主义道路前进为全面建成小康社会而奋斗［N］. 人民日报，2012－11－18（01）.

② 习近平. 把思想政治教育工作贯穿教育教学全过程 开创我国高等教育业发展新局面［N］. 人民日报. 2016－12－9.

（一）政治性和学理性相统一

高校思想政治理论课任务重大，承担着为国家培养社会主义建设者和合格接班人的重要任务，因此，高校思政课教师必须政治立场坚定，信仰坚定，只有这样才能引导并帮助学生坚定共产主义信念，才能正确面对各种政治问题。政治性和学理性是高校思政理论课的双重属性，这也是习近平总书记提出“八个相统一”的逻辑起点，即政治性和学理性相统一，它决定了高校思政课改革的方向，也是高校思政课改革创新的重点。高校思政课具备自身的理论体系和知识体系，具有一定的逻辑性和科学性，在具体教学践中要注重理论联系实践，在分析教材的基础上，结合社会现实教学，这样就可避免高校思政课的政治性和学理性的脱节。同时，大学生从自身实践、社会现象中验证所学理论知识，实现理论与实践的相统一。单方面强调思政课的政治性、忽视其学理性，高校思政课就会变成国家与高校之间的“传话筒”，无法发挥思政课的导航作用。如果只单方面重视学理性，忽视其政治性，就无法体现思政课的权威性，无法对大学生起到思想导航作用，容易造成学生价值的混乱，无法推动思想的进步。因此，高校思政课教学改革必须坚持政治性和学理性相统一。

（二）价值性和知识性相统一

引导并帮助大学生树立正确的世界观、人生观、价值观，以及奠定共产主义的理想信念是高校思政课主要的教学任务。高校思政课教学改革，必须坚持价值性和知识性相统一，这也是完成思政课立德树人目标的重要指导思想。大学生理想信念及“三观”理念并非一朝一夕就能促成的，需要教师在思政课教学中潜移默化地影响学生、指导学生，需要将大学生的理想信念教育与新时代的社会化发展结合起来，在思政课的教学全过程中贯彻社会主义核心价值观教育。高校思政课并非单单讲思想政治，包含的专业很广，涉及的层面较宽，因此，高校思政教师在进行课程教学改革时必须坚持价值性和知识性相统一的教育理念，教师在向学生传授知识的同时，培养学生形成科学的“三观”理念，理智地处理面临的各种社会现象和问题。高校思政课如果单方面地强调价值性忽视知识性就会变得很空洞，说服力不够，如果一味地只强调知识性忽视价值性就会很肤浅，使得学生的思想认识不透彻、不彻底。因此，高校思政课教学改革必须坚持价值性和知识性相统一。

（三）建设性和批判性相统一

社会日新月异，社会的不断发展进步给高校思政课教学带来了机遇，同时也带来了巨大挑战。高校党的意识形态工作也在发生变化，高校思政课从原来的封闭式教学转变为开放式教学，教师、学生的一言一行都可能人尽皆知。再加上国际上思想文化对我国高校思政课教学带来一定的冲击，大学生的思想活动在各种国内外思潮的影响下变得复杂起来，他们有更多的差异性、多变性和选择性。我国高校的主流意识形态遇到了前所未有的巨大挑战。在当今如此复杂的社会思潮影响下，如何避免让大学生受到错误思潮的影响，在高校思政课教学改革中必须坚持建设性和批判性相统一的教育理念，帮助大学生掌握分析批判错误观点的能力，提高思想认识水准，在脑海中过滤净化接收到的信息，提高分析问题、解决问题的能力。

（四）理论性和实践性相统一

理论与实践相结合，这一直是高校思政课的核心内容。高校思政课的重要育人目标就是让大学生系统地掌握马克思主义理论和马克思主义中国化理论成果，用科学理论武装自己的头脑，处理新时代各种社会问题，达到思想铸魂育人的目标。马克思主义理论最为显著的特征便是实践性，理论来源于实践，实践是理论产生的基础，如果脱离了社会实践，任何理论都变得空洞，变得过于主观。大学生在思政教师的引导下，将所学的科学理论与中国特色社会主义现实问题相结合，就能更加客观公正地分析新时代中国特色社会主义的现实意义以及对我国未来发展的重要价值，更能帮助大学生明确自身提升的方向。将思政小课堂与社会大课堂相结合，这也是《关于深化新时代学校思想政治理论课改革创新的若干意见》中的核心要义，因此，高校思政课教师必须重视思政课的实践性，将小课堂与社会大课堂紧密结合，让学生在处理生活和学习中的各种问题的实践中挖掘真理，努力成为新时代的社会主义建设的合格建设者和接班人。

（五）统一性和多样性相统一

高校思政课是为国家培养人才的重要阵地，要提升高校思政课的教育地位必须落实统一性和多样性相统一的指导思想，坚持将传统的单一的高校思政课教学转变为具有针对性和多样性特点的新教学模式。统一性，这是由高校思政课的性质和地位所决定的，高校思政课的教学改革必须坚持统一性；同时，多样性是给高校思政课注入更多新鲜血液和活力，让高校思政课不那么单一，引导大学生从多角度、多方位、多层面去理解学习生活中的各种现象，透过现象看本质，不断提升大学生的学习兴趣，提高思政课的实效性。坚持高校思政课教学改革统一性和多样性，实质上就是坚持守正与创新相统一。守正，即坚守正道，弘扬正气。创新，即创造新事物。因此，统一性是前提，多样性是发展，两者相辅相成，缺一不可。在进行高校思政课教学改革时，必须按照国家方针政策科学合理设置课程，制定科学的教学目标，同时，根据用人单位的岗位需求分解思政课教材体系，在分析大学生学情的基础上开展思政教学工作，创新教学内容和教学方法，形成符合新时代需求的合理的高校思政课教学改革方案。

（六）主导性和主体性相统一

推动高校思政课教学改革，思政教师必须发挥主导作用，将教师的教学能力与学生的学习能力有机结合起来，培养大学生的探究精神和创新精神，最终实现高校思政课教学改革的目标。同时，教师对教学一丝不苟的教学态度可以在侧面带动大学生积极主动学习，营造良好的学习氛围。因此，发挥好思政教师的主导作用，才能更好地调动学生的积极主动性，让大学生从知识被动接受者变为主动者，对学习思政课产生浓厚的学习兴趣，从“要我学”到“我要学”转变。

高校思政教师不仅是思政课的组织者，同时还承担着国家政治意识形态传授者的重任。“学高为师、身正为范”，教师的一言一行，无时无刻不在影响着大学生的行为举止。当然，如果大学生只是一味地接受知识，没有自己的主见，没有自己的独立思考意识，这样的人才不是国家需要的栋梁人才。大学生必须成为高校思政课教学改革的主力，成为高校思政课的主角，而不是旁观者。因此，高校思政教师必须坚持主导性和主体性相统一的指导思想，引导并帮助学生积极主动分析并解决面临的各种社会问题，提升大学生的主动性和创造性，这样才能真正帮助大学生用所学到的理论知识转化为自身的能力，才能真正发挥大学生的主体作用。

当然，在高校思政课教学改革中，教师的主导性和学生的主体性是联系在一起的，不可分割。教师如果不发挥好引导作用，学生很难处理好面临的复杂社会问题；同样，如果学生不积极主动思考问题、解决问题，忽视学生的主体作用，思政课教学改革无法取得预期效果。因此，在进行高校思政课教学改革中，必须将教师的主导性与学生的主体性结合起来，实现两者统一、协调发展，切实提升高校思政课教学实效。

(七) 灌输性和启发性相统一

传统的高校思政课是教师的满堂灌，教学效果可想而知。这是不是意味着新时代的高校思政课教学改革要抛弃教师的理论灌输？高校思政课还需要教师的灌输吗？答案是肯定的。教师向学生灌输知识，这是不能丢弃的一种教学方法。再加上高校思政课本身具有很强的理论性的属性，学生对知识点的理解必须有教师的灌输，需要说明的是，教师的灌输并不是传统意义上的“满堂灌”，“满堂灌”式的教学方式会使教师的语言和动作都很死板，难以激发学生的学习主动性和积极性，思政教师必须用生动的语言，有时还需使用肢体语言，将枯燥的理论形象化，帮助学生更好地理解知识点，让学生将所学的知识内化于心、外化于行。要达到这一教学效果，必须采用启发式教学，教师通过特设的情境等启发学生去思考问题、分析问题、解决问题，实现教师与学生民主讨论交流、平等沟通，实现学与问、教与学的有机融合。

(八) 显性教育和隐性教育相统一

高校思政课教学，其中蕴含的哲理很深，也需要教师具有巧妙的教学艺术。如果能在润物细无声式的教学中达到预期的教学效果，思政课教学改革便是成功的。隐形教育就是这种润物细无声式的教育。显性教育，即教师对学生的一种知识灌输，教师对学生进行系统的马克思主义理论教育，也是将国家的方针政策“装入”学生的头脑。而隐性教育是在思政课的教学全过程中将思想政治教育贯穿其中，达到润物无声的教学效果。新时代的高校思政课与其他课程协同育人的效果并未显现出来，因此，在高校思政课教学改革中，除了要完善相关教学内容以外，还要明确教学方向，丰富教学形式，将传统教学与现代思想相结合，将思政课塑造学生思想心灵的隐性作用发挥出来，在润物无声式的教育中实现思政课立德树人的教学目标。高校思政课需要坚持显性教育与隐形教育相结合，只有这样，才能避免思政课教学工作与社会现实相脱离，才能杜绝大学生因不能面对复杂的社会问题影响到学习的热情。坚持显性教育和隐性教育相统一，可进一步培养学生形成可行的思维模式，坚定正确的政治立场。

四、坚持以学生为本

传统的高校思政课授课强调“传道授业解惑”的过程，注重教学中的“传”和“授”，“以教师为中心”是其主要特点。片面强调教师的主动性，学生只需要接受教师“传授”的知识即可，简单理解学生的学习过程即为被动接受知识的过程，完全忽视学生学习的主动性，缺乏教师与学生之间的良性互动，这就造成学生的学习能力不足的局面，自然，高校思政课教学的实效性不强。在高校思政课教学过程中，要坚持以人为本，即以学生为本，学生是教学过程中的主体，努力为高校大学生的自我管理、自我教育、自我发展创造条件，积极发挥学生的主观能动性，由单向的灌输向多维互动式转变，以提高高校大学生的思想素质为根本，培养高校大学生全面发展。

高校思政课是促进高校大学生的全面发展的主要途径，对学生的思想道德素质培养起着巨大作用。在高校思政课教学中，学生才是学习的主人，处于主动地位，正如习近平总书记在全国高校思想政治工作会议上强调的，“思想政治工作从根本上说是做人的工作，必须围绕学生、关照学生、服务学生”，[①] 因此，一切教学活动都必须尊重学生的习惯、态度、需要、情感等方面的差异，以学生为中心，教师只是起辅助作用，他们是学生学习的指导者、组织者、激励者，要尊重学生、关心学生，培养学生的主人意识，引导学生主动思考、积极探索，同时，要根据学生的实际情况，寻找学生易于接受的教学手段和方法，提高教学的渗透性和针对性，以期达到提高教学效果和质量的目的。

五、坚持理论联系实际

坚持理论联系实际是提高高校思政课教学实效性的保障，是将教材体系向行为体系转变的关键所在，也是高校思政课教学改革的指导思想。高校思政课教学是对高校大学生进行思想教育的课程。但人的思想不是一成不变的，总是在一定的条件卜变化。科学的埋论、先进的思想一定要取代非科学的理论，落后的思想影响到人的思想，否则非科学的理论就会对人的思想起反作用。因此，为了提高大学生的认知水平和认识能力，对大学生传授科学的理论和先进的思想是十分必要，这有利于部分地实现教学目标。但仅仅这一点还不够，因为高校思政课除了向学生传授先进的思想和知识外，更重要的是要培养高校大学生的问题意识，提高大学生运用理论知识和正确处理问题的能力，从而实现从教材体系向行为体系的转变。

高校思政课教学改革坚持理论联系实际，一是在教学内容上要坚持联系理论本身形成、发展的实际，使学生有一种真实地回到理论所产生的实际中的感觉，学生真正理解理论，就不会显得那么枯燥和难懂。二是在教学中教师要坚持联系

---

① 习近平．把思想政治教育工作贯穿教育教学全过程　开创我国高等教育业发展新局面［N］．人民日报．2016－12－9．

当前社会发展的实际，包括联系当前的社会实际和历史的实际，特别要联系改革开放以来中国特色社会主义事业发展的实际。因为大学生在学习、生活和工作中，他们会面临许多现实问题和困惑，高校思政课教学必须给予学生有价值的参考意见。因此，高校思政课教师要根据教学内容和学生的实际情况，用丰富生动的实践案例来回答并帮助学生解决在学习、生活中遇到的难题，对学生进行正确的引导，加深学生对基本理论的理解，使学生正确认识当前中国特色社会主义事业建设的客观规律。同时，高校思政教师要积极开展实践教学，引导学生深入社会实际，改变过去那种躲在象牙塔中读死书、死读书，“两耳不闻窗外事”的局面。学生深入社会实际，才会正确认识和对待社会中出现的各种情况。

六、坚持与时俱进

高校思政课教学改革要坚持与时俱进，这是更好地将马克思主义中国化的最新理论成果贯穿于教学内容之中的现实需要。马克思主义中国化的最新理论成果是建立在马克思主义基本原理同新时代中国社会实际相结合的最新理论成果，是马克思主义本身的要求所在。同时，高校思政课教学要顺应时代发展趋势，“因事而化、因时而进、因势而新”。[①] 与时俱进，一方面要求高校思政教师洞察时代的变化，另一方面还必须深刻地认识并总结历史发展规律，要顺时顺势而变化。因此，高校思政课教学改革必须紧跟时代潮流与趋势，充分运用互联网和现代信息技术手段，探索新时代高校思政课教学改革，反映马克思主义理论的本质要求。只有这样，高校思政课教学才能达到科学性、针对性和实效性的目的。

第二节　新时代高校思政课改革创新的基本原则

一、价值性原则

思想政治教育具有鲜明的党性和阶级性，自然，思想政治理论课教学改革要体现价值性。要形成一种生成性的自觉的、高效的政治立场，保证其正确、积极价值导向而非消极负效价值导向。当然，高校思想政治理论课教学改革正效价值导向不可能自发形成，而是需要一定的价值引导、顶层设计和理性规划。新时

① 习近平. 把思想政治教育工作贯穿教育教学全过程　开创我国高等教育业发展新局面 [N]. 人民日报. 2016－12－9.

代，重点要坚持社会主义核心价值观为导向，将其融入高校全员、全方位、全方面人才培养和育人的全过程，发挥社会主义核心价值观的主导和引导作用，形成一元主导，价值多元的有序格局，形成正确的价值导向和主导性场力，保证思想政治理论课教学改革的社会主义方向。

二、整体性原则

整体性是德育系统的重要特征，也是高校思政课教学改革的重要原则。高校思政课虽然是由多个要素组成的，但它不是要素的简单叠加，而是各要素按照一定的统一性逻辑构成的有机整体，缺一不可。要想得到教学效果良好的思政课堂，必须科学、充分调动各要素的潜能和积极作用，使各要素密切配合，处于最佳状态，发挥整体合力，包括教学主体，以及其他部门，还包括各个环节。一方面，高校思政课教学改革的主体是教师和学生，在改革中不仅要充分考虑到教师的能力和水平等实际，还要充分考虑到学生的实际。考虑到学生不同知识水平、不同思想觉悟、不同心理状况、不同年级、不同专业，不同家庭情况、不同身体状况等实际。另一方面，高校思政课教学改革需从教学目标的达成、课程标准的制定、教学内容的确定到教学方法的选取，从教学过程的组织管理到教学评价的实施，是一项非常复杂的系统工程，环环相扣，无论哪一个环节都不允许出现问题，哪一环节出现问题都会导致教学前功尽弃，同时必须充分发挥教学主客体的积极作用，发挥思政第一课堂、第二课堂、第三课堂的联动作用，促进思政教育管理、课堂教学、校园文化、社会实践等各要素整合和提升，增强协同合力，提高高校思政课堂的实效性。因此，在高校教学改革中，要坚持整体性，从全盘考虑到每个环节实施运行的方方面面，从整体上把握，灵活运用。

三、针对性原则

高校思政课不可能培养学生所有的能力，它不是包治百病的灵丹妙药，因此也不可能解决高校思政课教学中的所有问题，但是即便如此，在高校思政课教学改革中，要有的放矢，坚持从实际出发，具体问题具体分析。高校思政课教学具有极强的针对性，包括教学对象的针对性和教学内容的针对型，因此，高校思政课教师要根据新时代高校大学生的实际情况进行教学。新时代的高校大学生目前都是“00”后，他们的生理和心理都已经逐渐成熟，世界观、人生观、价值观已逐渐形成，且自我意识较强，但他们还未完全定型，容易受到周围环境的影响。由于每个学生的经历和生活环境不一样，思想状况和认识能力也不都相同，都有自己的特殊经历和生活环境，他们的思想状况和认知能力也会有所不同。此外，不同年级、不同专业的学生特点不一样，知识接受的程度也不一样。因此，高校思政课教学改革要针对不同思想、不同层次的学生状况选择适当的教学模式，不能采取一刀切。要针对不同的教学内容开展教学，高校思政课教学内容与学生中学政治课中学过的内容有许多相似之处，因此，教师在教学中，要根据教学的不同内容调整教学方式。如对于高校大学生在高中已经学习并掌握的内容，可以一带而过；对于学生容易掌握的内容，可以加快教学进度；对于学生以前没有接触过的内容特别是难以理解的内容，应适当放缓教学进度。

四、实践性原则

高校思想政治理论课教学改革的实践性，是由其教育对象——高校学生思想品德形成的实践性所决定的。人在本质上是实践性存在，人的生命过程就是一个实践的过程，作为培养社会主义接班人的重要渠道——思政课堂，必须坚持实践性。理论来源于实践，理论也必须服务于实践，思政课堂上教师向学生传授的理论不能凭空而来，须与学生的实践性融为一体。高校思想政治理论课教学改革必须坚持实践性导向。

实践是检验真理的唯一标准，只有在实践中人们才能认识事物的本质与规律。高校思政课教是一种特殊的社会实践活动，因为教师的教学活动和学生的认识活动都是一种社会实践。高校思政课教学就是将二者有机统一的实践活动。通过社会实践，实现知行合一。因此，高校思政课教学除了理论授课完成课堂教学任务外，还应该将开展社会实践作为教学常态。在高校思政课教学过程中，每一个教学环节都包含着与此配套的社会实践活动，这些实践活动围绕着提高学生思想道德素质这一目的而进行，因此，思政课教师的教学必须坚持实践性原则。

第三节　新时代高校思政课教学改革的基本思路

教学目标是教学的出发点和归宿，是教学的核心和灵魂，具有导向、激励和评价等功能，在教学目标的指引下，教学模式有条不紊地运行，同时对教学效果产生影响。如果教学目标错位，直接后果便是导致教学活动处于无序状态。因此，高校思政课教学改革必须明确科学合理的教学目标，因为这直接关系到高校思政课教学改革的成效。新时代高校思政课教学改革应坚持突出三个导向基本思路。

一、突出素养导向教学

高校思政课的开设主要是为了提高学生的马克思主义素养，使学生真正达到“真学、真信、真用”的境界。素养导向教学就是不再把记忆基本理论知识作为大学生思政课教学的主要目标，而是以培育大学生马克思主义素养为目标，通过课前教学设计、课堂教学的组织、校园文化活动等途径，向学生传达党和国家的路线、方针、政策，并将其内化为学生的政治素质，提高他们的自信，培育合格的社会公民。因此，高校思政课教学改革突出素养导向教学。一方面要加强教学内容的政治性与科学性，突出立德树人的原则，这是加强素养导向的根本要求；另一方面要突出信仰教育和能力教育，这是加强素养导向的主要内容。

高校思政课教学的首要任务就是要坚持立德树人的理念，培养学生的政治素养。习近平总书记在全国高校思想政治工作会议上强调，高校立身之本在于立德树人。……要坚持把立德树人作为中心环节，把思想政治工作贯穿教育教学全过程，实现全程育人、全方位育人。

大学阶段是青少年“三观”形成的关键时刻，高校思政课必须重视并利用好这个关键期，把思想道德教育放在教学的首位，遵循教育教学规律，引导学生正确认识社会主义建设的客观规律，使他们增强信念、端正认识，提高思想政治素养，培育他们成为中国特色社会主义事业的合格建设者和可靠接班人。首先，要坚持用科学的理论来鼓舞人、说服人，只有理论本身正确，才能培养学生的素养。高校思政课要坚持马克思主义、毛泽东思想和中国特色社会主义理论体系为指导，坚持以科学的世界观和方法论来武装人的头脑，抵制各种错误思潮的冲击，积极向高校学生传播正能量，不断提高他们的思想觉悟，培育社会主义核心价值观，积极引导学生主动投身于中国特色社会事业建设伟大实践中。其次，高校思政课教学还需要通过开展相应的教学活动，使学生实现从理论到实践的飞跃，实现知识体系向行为体系的转变，不断提高学生各方面的能力和素质，有效地提高学生知、情、信、意、行因素的发展，这是突出素养导向教学的目标。

因此，高校思政课教学改革必须坚持政治性和科学性的统一，必须坚持素养导向，坚持马克思主义、毛泽东思想和中国特色社会主义理论体系的指导地位，坚持用马克思主义中国化最新理论成果武装学生头脑，使学生更好地理解和掌握相应的教学内容，使思政课教学内容的政治性和科学性达到统一，形成正确的科学的思维方式，不再使高校思政课教学内容“假大空”，而是真正有利于引导并帮助高校学生形成正确的世界观、人生观和价值观，能够将在思政课上学到的理论、知识等解决现实中遇到的一些问题，促进自身的成长，并最终实现中国特色社会主义理论“真信、真学、真用”的目标。

二、突出问题导向教学

高校思政课除了向学生传授知识以外，更重要的是要培养学生的问题意识，发掘学生的创造力，发挥他们的主体性，积极引导他们参与到教学过程中来。高校思政课教学存在学生主体作用发挥不足的问题，要改变这种状况，就需要建立以发挥学生主体性的“带着问题来，带着答案走”问题导向教学。只有带着问题学，才会提高学生的学习兴趣，学生的目标性才强、兴趣才高。具体做法是，在高校每个学期思政课教学开课之初，教师所教的每个班每个学生和教师商定并至少提出一个问题，问题范围很广，既可以是马克思主义理论或马克思主义中国化理论与实践的热点问题，也可以是高校学生感兴趣或者关心的问题。这些问题贯穿于思政课教学全过程，学生带着问题开课，跟着问题研究上课，拿着问题结论结课。

在高校思政课教学改革过程中，我们必须坚持问题导向教学具有较高的价值。坚持问题导向教学，将教材的相对稳定性和问题的灵活时效性统一起来，一是分析了教材，对教材是一种深化和有益补充，将以教材为本和以问题突出教材主旨统一起来，实现教材体系向教学体系的转化。采用问题导向教学，引导学生带着平时生活中、社会中的焦点、热点问题去思考与学习，充分发挥学生的积极主观性，利用所学到的知识理论在问题研究中解决学习中遇到的重难点，一方面培养了学生的问题意识，另一方面实现了理论与实践相结合，有效促进了教材体系向教学体系的转化。

同时，在高校思政课教学改革中，突出问题导向教学，要求教师全面把握教材，综合运用参与式、启发式、研究式等多种教学方法的特点，整体上把握好教材与现实的结合点。学生在参与研究、解决问题过程中，可以充分发挥他们的主体性作用，有效调动学生学习的积极性和创造性，学生从单一被动的知识接受转变到主动学习，增强了思政课教学的吸引力和实效性。在高校思政课教学改革中，突出问题导向教学，还能适应当代大学生的心理特点和思想形成规律，有利于促进学生形成创新思维和提高自身的科研能力。新时代高校学生个性张扬、独立性强、思维意识活跃，喜欢从深层次去探究遇到的社会热点、焦点问题，不满足于就事论事。问题导向教学刚好能够解决学生的这一特点，要求学生在运用所学的理论知识围绕课题开拓思维，从更深次地去探究、去解决现实中的问题，这对学生要求较高，要求学生不能停留在课本上，不能仅仅满足于课堂上所学知识，要潜下心来去探究问题、解决问题，不断地去探索、获取新的知识，在探索研究中提高解决问题和培养创新思维的能力。

通过问题导向教学，问题的研究通常不是一个人能完成的，需要团队合作，在合作中，学生不断培养自主学习、独立思考和明辨是非的能力，同时也能提高学生组织管理能力和团队合作精神。通过突出问题导向教学，教师与学生共同完成问题研究，可以改变当前高校思政课教学中存在的师生分离现象，教师发挥主导作用，学生在研究、解决问题过程中发挥他们的自主性，有利于完成教学目标和提高教学的实效性。

三、突出合作导向教学

高校思政课教学不仅涉及教师和学生，还需要学校其他部门的配合协调，这是一项复杂系统的教学活动，在社会实践教学中，还需要与实践基地、企业等互相沟通合作，因此，高校思政课教学改革必须坚持合作导向教学，通过各主体、各部门彼此间的互动合作，提高教学的实效性。合作导向教学强调师生关系的合作和互动，强调教学活动教与学的统一。传统的教师教、学生学的教学模式不能满足学生学习的要求。为此，要在强调教师引导和教育作用的同时，强化学生的主体参与，实现教师与学生的互动式合作教学。

在高校思想政治理论课教学改革中，坚持合作导向教学，可发挥学生的主体性，激发学生的学习兴趣。一方面，能重新定位师生关系，能有效改善目前大班教学下教师和学生很难开展交流合作的尴尬局面。而坚持师生互动的合作导向教学，能充分调动他们的学习积极性，激发他们的参与意识，发挥学生的主体性，提高高校思政课教学的吸引力。同时还可以增进彼此之间的感情，缩短彼此之间的心理差距，促进教学相长。另一方面，合作导向教学是一种目标导向活动，能够有效地促进学生在学习中学会倾听别人的意见，有不少机会表现自己，学会在互动合作中彼此信任、共同发展，增强集体观念和提高团结合作精神，提升自我价值的实现，促进他们良好个性的发展。合作导向教学强调学生学习地位的转换，强调“要我学”变为“我要学”，使学生成为教学的主体，打破了传统高校思政课教学中教师的绝对话语权，符合新时代高校思政课教学改革的要求。

在高校思政课教学模式改革中，坚持合作导向教学，最关键的一点是，要组建合作学习小组。在组建小组之前，要做好教学设计。做好教学设计，要求高校思政课教师对所教课程内容有总体的把握和深刻的理解，根据课程标准、教学大纲以及学生的特点与需求，选择适合开展合作教学的内容。在设计合作教学任务时，一定要选择贴近实际、贴近生活、贴近社会且学生感兴趣、容易合作的内容，特别是与教学内容紧密联系的社会热点、焦点问题。在此基础上，根据合作教学的特点，在分组过程中，注重小组分层，尽量选择不同专业、兴趣、性别等成员组成学习小组，或者让学生自由组合，提出小组构建的建议和要求，学生自己选择一个组长，小组成员以 3～6 人为宜。总而言之，合作学习小组要体现组间同质、组内异质的原则，小组组长和成员职责明确，合理分工并合作，确保每个小组之间的水平、能力的均衡化以及小组的有序合作。

第四节　新时代高校思政课教学改革的总体做法

一、提高学校领导对思政课的认识

1. 建立健全学校管理体制

高职院校要将学生的思想政治教育摆在学校各项工作的首位，除开设正常的思想政治课外，同时重视其他基层党团对学生的思想政治教育。学校建立和完善党委统一领导、各个部门各负其责、全力配合、齐抓共管的教育管理体制。

2. 加强思政课教育教学的政策支持

2004 年，中共中央、国务院发出《关于进一步加强和改进大学生思想政治教育的意见》，明确提出，高职学校领导班子要切实负起责任，把“培养什么人”“如何培养人”这一重大课题始终摆在重要位置。学校要有一位院领导主管思政课教学，加强对思政课的领导，发挥好学校相关部门如宣传部门、教务处、思政课教学单位等部门的合力作用，共同做好思政课教育教学工作。同时，要将改善和提高思政课教师的待遇放在首位，当学校有合适的晋升职位、科研立项和出国进修留学等机会时，要考虑思政课教师，在政策上给予鼓励和帮助。在人员编制、相关课题经费和教育教学设备等方面为思政课教师提供良好条件。

二、提高思政课教师的整体素质

(一) 任课教师应该带头掌握马克思列宁主义基本理论，掌握毛泽东思想、邓小平理论和“三个代表”重要思想、科学发展观、习近平新时代中国特色社会主义思想等马克思主义新成果

要养成读马克思主义原著的习惯，真正把马克思主义基本原理弄懂，把马克思主义与马克思主义中国化的理论成果联系起来，真正做到理论联系实际，运用马克思主义基本原理说明现实社会问题，这是思想政治理论课教师的基本功。

（二）任课教师在教学的学科领域，应该有相应的科研成果

要适应新的教学方案，要在新的形势下把理论问题讲活，教师就必须具有较强的科学研究能力，积累较多的科学研究成果。这样才能应对日益复杂的思想意识形态领域提出的挑战，才能在较深的层次上解答学生提出的问题。

（三）任课教师要注重研究青年大学生的各种社会思潮

青年大学生的社会思潮是社会环境的反映，是各种社会矛盾促成的思想意识，是思想政治教育面对的最鲜活的素材，是联系大学生思想的最直接的途径。对社会思潮的研究，应该连续、持久、稳定地进行，坚持数年，就会有明显的理论水平的提高，就会提高适应当代青年思想实际的能力。

（四）任课教师要深入社会实际，加强调查研究，不断开阔理论研究的视野

任课教师应该经常深入各个不同领域的社会实际，了解城乡改革开放、发展社会主义市场经济的实际情况和遇到的问题，懂得人民大众的生活疾苦，在社会实践之中不断寻找新的理论研究的课题。

三、减轻学生的学习压力

学习兴趣怎样才能被唤起呢？实践证明：应在压力较低的情况下。所以，减低思想政治理论课的学习压力，也是激励学生学习兴趣的方法之一。那么，思政课教师的压力需不需要减少？答案也是肯定的，必须减少高职思政课教师的压力和无谓的焦虑。

在校园里常有这样一种叹息：学什么都没劲。部分学生对未来没有信心，存在悲观的情绪。原因是多样的：如没有明确的目标，或者没有成功的喜悦，或者没有积极乐观的心态，这样势必导致学生存在一种消极的状态。心理学家认为，人们获得成功的经验对促进心理健康是非常重要的。如何使每一位学生都可以在愉快的心态下更积极主动学习，明确自己的奋斗目标，是思政课教学中一个值得认真对待的问题。例如，创造一种特殊的环境或者一种特殊的气氛，使人人都能够在平等开放的状态下去交流，达到毫无戒备，提前安排好这样的活动，把一切可能发生的情况尽量考虑，综合安排和设计，形成了一定的纪律和秩序。从每个活生生的人出发，抓住了人心，在公平、民主的氛围下，使学生的创造才能和创造潜力得到适当的发挥。

四、变教师主体为教师主导，让学生成为课堂的主体

改变传统的教师灌输式的教学方法，让学生大胆走上讲台。例如，设计每节课前的新闻播报环节，要求学生利用5～10分钟时间，播报近一周内的新闻事件。在准备播报素材的过程中，学生不知不觉成为了事件的亲历者。新闻播报不仅让学生接触到那些原本离他们很远的生活，还锻炼了口头表达能力。把话语权交给学生，改变了教师独霸讲台的传统格局，提高了学生思政课学习的主动性、参与性，活跃了课堂的气氛。如设计课堂讨论环节，让学生的头、手、脑全部动起来，充分发挥了学生的主观能动性。

五、开展课堂讨论，让学生动脑去“悟”

在教师的“激发、诱导、点拨”下，学生自己独立思考问题、解决问题，在讨论过程中，学生要发表意见，甚至要与他人展开争论，用有理有据的语言加以表达，也就自然而然地促进了语言表达能力的发展。在发现与其他学生的观点有矛盾但又都有道理时，在产生困惑中具有了辩证思维能力。课堂讨论不仅能外在的体现学生的主体性，而且在其过程中反过来又能内在地增强学生的主体意识。课堂讨论让学生学到了知识，让老师的授课更加的全面，更加有趣，既活跃了课堂的气氛，又让学生得到最大的发挥，进而加深了学生的记忆，让学生学到的东西更加的牢固。[①]

---

① 陈丽萍．高职院校思想政治课教学改革创新研究［J］．读与写（教育教学刊），2016．13（07）：46－47．

第四章　新时代高校思政课第一课堂教学改革创新

第一节　课程教学理念的创新

一、突破教师为主学生为辅的传统教学观念

教学理念是教学方式改革创新的内在动力，对教学效果起决定性作用。根据调查数据显示，传统的高校思政课教学以教师为主体，学生只是被动接受知识，注重教师作用，忽视了学生主动积极性的发挥。在设计的问卷调查中，认为思政课教师在课堂上应该扮演的是“指导者”的角色的学生有64.54%，认为教师扮演“参与者”角色的占24.48%，认为教师扮演的角色是“监督者”的占2.4%，仅有15.89%认为教师应扮演“主讲者”角色。可见，当前“00后”高校学生能够比较清楚地认识到自己在学习中的主体地位。因此，打破传统的教师为主学生为辅的教学理念，是实现高校思政课教学方式创新的首要问题。调整教师与学生在教学中的地位，变“教师为主、学生为辅”为“教师主导、学生主体”，重新调整教与学、目的与手段、知识与能力、过程与结果的关系，形成新的教学价值追求，增强大学生的学习责任感，提高大学生的主体地位，重视大学生的学习体验与感悟，培养大学生自身的分析能力、思维能力，建立正确的世界观、人生观、价值观。

二、树立开放、平等、服务的教学思想

传统的教学理念注重“尊师重道”，在高校思政课课堂，教师在教学活动中的主导地位，在教学中具有绝对的权威，学生只需被动接受教师知识的传授，师生之间的地位相差悬殊。目前高校学生多数是“00后”，“00后”大学生思维活跃、思想开放、乐于表现、个性张扬，注重自我需要与自我实现。以往针对传统

的“乖学生”的教学方式显然不适合当今的“00后”的高校学生。故此，高校思政课教学改革，要做到：首先，教师要尊重学生，树立师生平等理念，教师不能一人独断，要给予学生发言、质疑的机会，多倾听学生的意见，多听取学生的学习需求，让思政课变成一个开放的课堂、自由的学习空间；其次，高校思政课教师要摆正自己的位置，在教学活动中要相互尊重，平等对待，要明白在教学活动中，学生与教师仅是角色的不同，而不是上级和下级的隶属关系；再者，高校思政课教师要将高校学生当成独立的个体，把握自身引导者与辅助者的角色，尊重高校学生的个性，秉着服务于高校学生学习的理念，帮高校学生进行学习上的探索。总之，高校教师要切实体会高校学生的学习需求，树立全新的教学理念，让高校学生摆脱身份的束缚和压抑的学习角色，让学习回归纯粹，将更多的注意力放在对思想政治理论课的探索、学习与交流上。

第二节　加强思想政治理论课的主渠道作用

新时代条件下，随着社会形势的发展变化，高校思政课教学面临着新问题。针对出现的这些新老问题，通过对其成因进行分析，我们要想提高思政课教育教学的效果，必须采取相应措施加以完善与改进。

一、加强思想政治理论课的主渠道作用

高校思政课是高校对学生进行思想政治教育的主渠道，为了发挥好主渠道的作用，必须从根本上重视思政课建设，建设好思政课的软硬环境，积极引导学生，发挥思政课的主阵地作用，提高教学水平与教学质量。

(一) 加强思政课的软环境建设

为确保思政课在高校思想政治教育中的主阵地、主渠道作用，16号文件强调：“要按照充分体现当代马克思主义最新成果的要求，全面加强思想政治理论课的学科建设、课程建设、教材建设和教师队伍建设，进一步推动邓小平理论和‘三个代表’重要思想进教材、进课堂、进大学生头脑工作。要加强对思想政治理论课的宏观指导，采取有力措施，力争在几年内使思想政治理论课教育教学情

况有明显改善”。[1] 一是加强高校思政课教育教学的政策支持。高校领导班子要重视思政课建设，要把“培养什么人”“如何培养人”这一重大问题始终摆在学校重要位置，切实负起责任，必须加强对思政课的领导。学校必须配备专职副书记或副院长主管思政教育教学工作。学校除了思政教学部门以外的其他部门，如宣传部门、教务处等相关部门要相互配合，齐抓共管，共同做好思政课教育教学工作。同时，高校须及时向思政课教师传达党和国家的有关文件和政策，把改善和提高思政课教师的待遇作为重点工作来抓。当学校有合适的科研立项、职位晋升和出国进修留学等机会时，要在政策上给予鼓励、帮助和支持思政课教师。要为思政课教师的相关课题经费、人员编制和教育教学设备等方面提供良好软环境条件及政策支持。

二是建立健全学校的管理体制。高校要把学生的思想政治工作贯穿于教育教学的全过程，将此项工作摆在学校各项工作的首位。思政课是对高校学生进行思想政治教育的重要平台，除此之外，其他基层党团组织、部门也要发挥联动作用。高校要建立和完善党委统一领导、各个部门全力配合、各负其责、齐抓共管的良好育人环境。学校做好顶层设计，统一领导高校学生思想政治教育工作，对本校学生思想政治教育做出全面统筹和安排，结合思想政治教育工作状况和高校学生思想状况，制定学生自我教育的管理体制，制订思想政治教育的总体规划，学校基层党团组织要把加强和改进大学生思想政治教育的各项任务真正落到实处。

（二）加强思政课的硬环境建设

关于思政课的硬环境建设，《意见》明确指出：“高等学校要高度重视，加强指导，加大投入，为高校思政课的建设和发展提供良好的条件；同时，要加强实践教学，围绕教学目标，制定大纲，规定学时，提供必要的经费”。[2] 高校应该加大对思政课教育教学的硬件环境建设的投资力度，不断深化并推进思政课教学改革，为思政课教学提供必备的教学场所和教学设备，规范教学秩序，建立教学的工作机制和保障机制，确保高校思政课教学顺利进行。为此，可从以下几个方面做出努力：

---

① 中共中央宣传部宣传教育局，教育部社会科学研究与思想政治工作司，共青团中央学校部组编．加强和改进大学生思想政治教育文件选编［M］．北京：中国人民大学出版社．2005，2.

② 中共中央宣传部宣传教育局，教育部社会科学研究与思想政治工作司，共青团中央学校部组编．加强和改进大学生思想政治教育文件选编［M］．北京：中国人民大学出版社．2005，8.

1. 更新思政课的教学设备

良好的教学设备是开展思政课教学的基础条件。为了让思政课教学取得良好的效果，高校相关部门要把更新思政课的教学设备经费列入预算，尽可能完善思政课教育教学设备，确保教学工作顺利开展。例如，在开展正常的思政课教育教学上，高校要提供必要的教学设备和教学场所，基本的电脑、多媒体教室、荧屏、录音笔和话筒等现代教学设备，优化教学手段。要把思政课对学生的思想政治教育工作作为对高校办学质量和水平评估考核的重要指标纳入高校的建设和教学评估体系。

2. 加强思政课的课外环境建设

高校加大资金投入，提供充分的活动场所给思政课的教学。可精心设计学校的具有革命特质的文化馆，如理想信念馆、党史馆等，具有浓浓的校园文化气息的学生社团中心、学习园地、校报栏、图书馆等，具有思想政治教育性质的倾诉心声的互联网网站、校园广播电台以及思政课校内实践场等，为对学生进行思想政治教育提供良好的校园环境。此外，高校申请固定的当地博物馆和相关行业单位、红色旅游胜地等校外实践基地，为思政课开展社会实践提供场所。

3. 引导学生适应新时代的变化

随着社会形势的发展变化，高校学生的生活方式多多少少刻上了时代的烙印，但同时也带来了各种不同的思想政治问题。高校思政课教师要把握学生的思想动向，关注学生出现的新问题、新状况，及时与学生沟通解决学生的问题。

（1）引导学生适应新环境。随着学习、生活环境的变化，新时代的高校学生价值观念跟着发生了深刻的变化，他们追求更为具体、世俗、现实的目标，更加关注个人具体的生活问题，甚至还出现价值目标功利化和短期化倾向，这些观念的转变相应带来了一些新的问题。他们很多时候仅仅从个人的发展角度来考虑学习和生活中遇到的各种问题，他们遇到的是人生存在的意义、生存的压力和多元价值观念选择的困惑和苦恼。这就要求高校思政课教师讲授社会主义核心价值体系，强调宏观、全局、长远的问题，讲述当个人利益与社会价值发生冲突时，个人应该做出的选择。因为部分高校学生面对新环境时，认为高校思政课教师不再了解他们的生活实际和思想特点，开始怀疑思政课、思政课教师，甚至厌倦思政课。高校思政课要想发挥应有的作用，取得预想效果，必须有针对性地进行引导和教育，使学生能正确面对这些新的变化。

（2）引导学生正确筛选信息。以前，大学生主要通过报刊、书籍、电视、广播等媒体接触信息，教师对学生的层层灌输，其内容也是经过层层过滤、把关，已删除不适当的信息，信息选择自由度小、倾向基本上一致，选择难度也相应较小。互联网时代，高校学生通过各种渠道了解更多更广泛的信息，各类信息充斥着互联网。“这些信息良莠不齐，往往是真实与虚假、科学与愚昧、先进与落后、文明与不文明的信息混杂在一起，甚至包括淫秽、黄色、暴力、凶杀等有毒有害的信息，正在影响着学生的思想，有学生承认在互联网上收到过不文明甚至反动的信息，有学生曾在网上遇到过不文明现象，如谩骂、恐吓等。”[①] 高校学生受知识面的影响，通常不能理智地对待这类消极信息，信息处理能力有限，特别对于辨别力不强、社会化程度不高的高校学生而言，要进行适当的辨别和选择，是非常困难的。处理信息能力较差的学生遇到难以处理的信息时，他们通常失去是非判断能力，要么囫囵吞枣，要么漂浮不定。因此，高校思政课教师要引导学生正确筛选信息，提高学生辨别和选择信息的能力。

4. 增强教学的针对性

高校思政课程改革的核心是教学内容的改革，提高教学内容的针对性，这是取得良好教学效果的前提。高校思政课教师应适当调整自己的授课内容，应根据不同专业的学生采用不同的教学方法，增强教学的针对性。

（1）增强教学内容与学生的实际相联系。高校思政课教师要紧跟时代和社会实践的发展步伐，与时俱进，强化马克思主义的基本理论、基本观点和基本方法，走进学生的内心世界，加强关注高校学生的思想困惑、关注的热点、难点问题，动态地把握教学过程和教学内容，做到教育与现实相结合，理论与学生实际相结合。

（2）提高教学的针对性。提高教学的针对性，这是让学生对思政课和思政教师感兴趣最有效的方式。高校思政教师要找准教学内容与学生实际需求的结合点，教师引导学生主动参与学习，自主地进行活动目标的建构、活动内容的设计与执行，独立思考与探索解决所面临的问题，在活动中培养学生决策、思考、组织、协调、解决问题的能力。当然，高校思政课教师不是百宝箱，不可能解决学生的所有问题。例如专业学习问题、就业问题和情感问题等。思政教师主要是从解决学生的思想政治方面问题，讲解基本政治理论知识，帮助学生解决自己的思想问题以及学会分析社会政治现象，引导学生逐步树立科学的世界观、人生观和价值观。

---

① 张小飞．高校思想政治理论课教学与大学生思想政治工作．［M］．成都：西南交通大学出版社．2005年6月版，第64页．

第三节 优化思想政治理论课的教学内容

高校思政课承担着对学生进行培养和教育的重要任务，是对学生进行思想政治教育的主阵地，具有系统性、规范性和导向性的特点，具有较强的社会价值。因此，高校思政课应将培养学生的道德、思想政治、法律、心理等素质要求放在重要位置。需要特别指出，高职院校思政课的教学内容几乎和本科院校没有太大区别，只是在本科院校思政课内容的基础上进行压缩，与高职院校学生实际联系不够密切，并没有突出高职院校教育的特点，思政课教师应在充分调研学生实际需要的基础上，结合教材特点，优化思政课的教学内容，把“三观”教育、职业道德教育和心理健康教育、法制观教育、形势与政策的教育、社会实践教育等纳入思政课的教学内容中来。

一、高校学生的“三观”教育

高校思政课的首要任务是培养学生具有正确的价值观念，即正确的世界观、人生观和价值观，是人们对待生活拥有正确的人生态度，也是人们正确认识世界和改造世界的强大思想武器。对学生进行“三观”教育，对于高校学生明确工作和生活的方向、树立科学的世界观和方法论、形成积极健康的生活态度具有重要的意义。

（一）对学生进行科学的世界观教育

世界观是人们对世界的总的看法和根本观点。引导并教育学生用正确的世界观认识世界和改造世界，将会促进社会的发展。而错误的世界观对人们认识世界将产生阻碍，阻碍人们改造客观世界和主观世界。高校思政课应以系统、科学的马克思主义世界观对学生进行教育，对学生进行历史唯物主义和辩证唯物主义教育，使学生能用科学求实的态度对待生活，不作假、不浮夸，减少学生实践的盲目性，形成对世界的正确认识。

（二）对学生进行科学的人生观教育

人生观是人们在社会实践中形成的对于人生目的和意义的根本看法，也是世界观的重要组成部分，它决定着人生道路的选择方向、对待生活的态度和人们实践活动的目标。在学习和工作中，高校学生在学习和生活中难免会遇到挫折，有的学生承受能力有限，难以抗拒生活中的困难，遇到困难就倒下；有的学生因为之前高考失利，对生活失去信心，抱着混日子的态度学习和生活，甚至还对学校老师和学生产生敌对情绪，这种消极悲观的心态对学生的健康发展是很不利。因此，思政课教学过程中，对学生进行马克思主义的科学人生观教育，使学生真正认识人生的真正价值在于对他人和社会的贡献；引导和帮助学生以积极的态度面对人生道路上的困难和挫折、生存和发展的问题，坚决抵制悲观主义、享乐主义的人生观，树立为人民服务的人生观。

（三）对学生进行科学的价值观教育

价值观是人们在一定环境中所产生的动机、目的、需要和情感意志的综合体现。它是指人们关于什么是价值、如何创造价值、怎样评判价值等问题的根本观点。随着社会经济的发展和社会转型以来，西方的价值观念和传统的价值观念对人们的价值观产生冲击，出现价值观念多元化。这些变化对学生的价值观念产生影响，使学生不知道自己信仰什么价值观念，一定程度上动摇了学生的信仰，甚至造成了学生的信仰空白。有的学生产生极端个人主义，为了自己的私人利益不惜牺牲家人、他人的利益，对他人造成严重的伤害。因此，在高校思政课教学中，教师应该用社会主义核心价值体系引导、教育学生，使学生认识到集体利益高于个人利益的意识，正确处理好个人利益与他人利益，个人利益与集体利益的关系，形成与主流价值观相统一的价值观。

二、高校学生的职业道德教育

高校思政课重要的一项教学内容就是培养学生形成良好的职业道德，这也是高校教育特点在思政课中最直接的体现。从业者不仅要求具有良好的职业技能，同时还要求从业者必须具有良好的职业道德。因此，高校思政课教师要重视对学生进行职业道德教育，有针对性地突出职业道德教育，细化职业道德教育内容，对不同的年级、不同专业学生的职业道德教育的内容有不同的侧重点。

（一）对学生进行职业理想教育

高校学生必须具备职业理想，因为这是高校学生在职业活动中的最高期望和奋斗目标，是高校学生人生理想的重要部分，对学生未来的职业行为起着引导和激励作用。高校思政课教师要引导、帮助学生树立远大的职业理想，激发学生提升职业奋斗目标，使学生认识到职业理想的作用和意义，并为自己的职业理想付诸努力。同时，高校思政教师要引导学生结合自身实际掌握一些实现自己的职业理想的方法与途径，包括对学生进行职业生涯的设计指导、基本的人际关系的处理指导，求职择业的方法指导，继续学习深造的指导等。

（二）对学生进行新时代职业精神培养

在新时代，科学技术正以迅猛势头在发展，各国之间竞争日益加剧，交流日趋频繁，使得从业人员在以后的岗位中必须具有新时代职业精神。首先是创新精神。创新是一个国家、一个民族不断发展的关键条件。同时，一个企业，要想在行业领域处于优先地位，也需要不断发展、创断。培养高校学生的创新意识是实施素质教育的重要任务，是职业道德教育的内在要求。现代职业精神的培养要求学生树立创新的理念，认识到创新的重要性，并在工作和学习当中掌握职业创新的方法和途径。其次是竞争与合作精神。新时代的到来，意味着竞争与合作的到来。21世纪是竞争愈演愈烈的世纪，对人才的素质要求越来越高，高校学生必须正确对待在工作和学习竞争中遇到的种种挫折，正确认识竞争与合作的辩证关系，敢于竞争，善于合作，培养团队协作精神，与他人建立良好的关系。

三、对学生进行心理健康教育

高校学生必须具备健康的心理素质，这也是对高校大学生的基本要求。新时代社会需要的人才不仅要有良好的思想道德品质、文化素养、专业技能和身体素质，还必须具备健康的心理素质。因此，对高校学生进行心理健康教育不仅是时代发展的需要，也是高校思政课教师的责任，也是为了适应新时代社会全面发展对培养高素质、综合性、技能型、应用型人才的必然要求，它对于培养高校学生具有良好的个性心理品质、促进高校学生身心健康发展、文化和专业素质协调发展具有重要作用，有利于提高高校学生适应能力，增强高校思想政治教育的针对性、主动性和实效性。

一是对学生进行自我意识教育。高校思政课教师应对学生进行自我意识的指导，包括引导学生正确认识并面对自己的学习和生活、心理特征，学会发挥自己的特长，挖掘自己的潜力，正视自己的优缺点，妥善安排自己的学习和生活，合理分配时间，引导学生了解自己的价值，确立适合自己各方面发展需要的目标，并为之努力。在这个过程中，自然而然地帮助学生树立自信心，提高自尊，战胜自卑，在学习和生活中学会自我管理、自我调控和自我发展。

二是对学生的情感疏导教育。高校有及个别学生受各方面条件限制，心理不平衡，逆反心理存在，通常看不上老师和身边的同学，抱着混日子的态度来高校学习。尤其当学校的师资力量、教学条件、教学水平与其期望有所差距时，难免会产生浮躁的情绪，对学校和教师的正常教学秩序产生抵触心理。新时代的高校学生大多是家里的独生子女，在家里过着饭来张口、衣来伸手的养尊处优的生活。有时候会将自己的坏脾气发泄给身边的同学，与同学的相处也产生一定的问题。因此，在思政课教学过程中，思政课教师应引导学生了解自己的情感，学会正确认识自己的情绪，控制自己的情绪和情感，正确面对校园爱情中的失恋问题，使学生在乐观、积极的情绪中健康成长，并向身边的人传递正能量。

三是对学生进行就业心理辅导。随着社会经济飞速发展，高校不断扩招，高校学生的就业压力也越来越大，很多即将毕业的高校学生因为担心找不到工作做噩梦、失眠等，出现各种心理问题。有的高校学生甚至因为承受不了这些诸多压力选择自杀，也有个别学生在参加工作后发现从事的工作和当初的理想职业有明显差距多次离职。因此，高校思政教师必须采取强力措施对学生进行心理辅导。例如，可以成立心理辅导室，聘请具有过硬专业素质的心理辅导教师，疏导学生的心理问题；教师在授课过程中，积极引导与鼓励高校学生大胆讲出自己的问题与困惑，教师及时给予解答；引导学生树立正确的择业观念，使学生树立干一行爱一行的职业平等观；心理辅导教师对学生进行相关的挫折训练，使学生在困难中坚强起来。

四、对学生进行法制观教育

对高校学生进行道德、法律和纪律教育是维护社会秩序的重要途径。高校思政课教师在对学生进行法制观教育时，要把对学生的职业道德、法律和纪律要求紧密结合在一起。要求学生严格遵守法律和在今后的职业活动中的道德规范及各项规章制度，让学生自觉遵守国家的法律和纪律，正确行使自己的权利，维护我国的法律秩序，真正做到学法、知法、懂法和守法，并善于运用法律捍卫自己的合法权益。

五、对学生进行形势与政策教育

在新时代，对高校学生进行形势与政策教育是非常有必要的。形势与政策的教育内容包括国际国内热点难点问题、马克思主义的形势与政策观教育、高校学生的就业形势与政策。对学生进行形势与政策教育，宣传我国现阶段的方针政策，有助于帮助学生更好地认清形势，引导学生正确分析国际国内发展的变化，明确自己奋斗的目标，更好地处理好眼前利益和长远利益、个人利益与集体利益、国家利益的关系。

（一）对学生进行国际国内热点难点教育

新时代高校学生思想活跃，他们关心国家大事，能力很强，关心国际的变化，了解外界信息的渠道很多。他们关注国际国内重大的时政问题，如“新冠疫情”“十九大”“十九届五中全会”“台湾问题”等，这些都会引起学生的思想波动和广泛关注。对于这些学生关注的问题，思政课教师应引起高度重视，及时调整所讲授的内容，引导学生用马克思主义的形势与政策观分析身边发生的重大国内外问题，引导学生认真探究问题、澄清是非，探究问题发生的根源，统一学生的认识，维护社会的稳定。

（二）对学生进行马克思主义形势与政策观教育

马克思主义形势政策观是高校学生分析时事、看待世界的世界观和方法论，也是我国高校形势与政策教育教学的重要内容。高校思政课教师必须引导学生正确分析国内外形势，正确掌握党和国家方针政策这一基本理论武器，提高高校学生分析问题，解决问题的能力。因此，思政课教师在具体授课过程中要引导学生夯实自己的理论基础，引导学生学会用马克思主义形势与政策观分析国际国内发生的热点、难点问题。

（三）对学生进行就业形势与政策教育

新时代高校学生普遍关心自己未来的就业问题，他们非常关心自己所学专业的就业形势和政策。事实上，高校思政课教师面对的是不同年级不同专业的所有高校学生，教师应综合考虑为不同年级不同专业的学生分析当前高校学生的就业形势。特别是合班上课时，教师应根据学生所学专业的特点，配合学生所学的专业知识学习，带领学生分析本行业、本专业的就业形势与政策，让学生了解自己未来的就业前景，帮助学生把握国家或者地区的就业政策以及将来所从事行业的就业形势与政策，提前让学生全面提高自己的综合素质，提升自己的就业能力。

六、对学生进行社会实践教育

高校思政课除了安排合理的理论课之外，也必须安排适当的社会实践课。高校思政课的社会实践是高校学生社会实践活动的重要组成部分，主要内容包括：理论宣讲、社会调查、参观考察红色之旅、拜访先进人物等。

（一）组织学生进行理论宣传和社会调查

高校思政课包括马克思主义基本理论知识、党的方针政策和当前的形势与政策等内容，具有很强的理论性。一方面，通过思政课第一课堂的理论教学，学生已经初步掌握了相关理论知识，为了让学生更好地巩固学习成果，高校思政课教师可成立学生宣传小组，到农村、社区、学校等地方宣传党的方针政策、马克思主义理论和当前的形势与政策。学生在宣讲的时候，对于发现宣讲对象存在的各种问题，及时记录，回校后与思政教师一起讨论解决方法。另一方面，高校思政教师还组织学生就社会问题进行社会调查，如学生在学习过程中遇到的问题、社会热点问题、教材中的重难点等问题开展调研，撰写调研报告，形成调研结果。这样一来，一方面有利于提高学生的思想政治素质和理论素养，另一方面加深学生对思政课理论内容的理解，有利于学生形成运用正确的理论和科学的方法分析和解决问题的能力。

（二）组织学生进行红色旅游考察

高校思政课教师可组织学生到当地的红色旅游景点进行参观考察，重温革命先辈们的革命生涯，激发学生的爱国热情。同时，教师还可组织学生到当地或者附近的博物馆、革命纪念馆、烈士墓园等参观考察，让学生更进一步了解我国的历史，增强学生对国家、社会主义的热爱，培养学生的家国情怀、爱国热情和社会主义精神。此外，思政课教师还可引导、组织学生访问当地先进人物，特别是本行业、本专业的模范人物、先进人物，用先进人物的鲜活事例教育学生，通过发挥先进人物的模范带头作用，使学生全面认识自己，激发学生的荣誉感和社会责任感，并在学习中不断完善自己。

高校思政课的教育教学是高校思想政治教育的一个重要组成部分，是由各方面因素构成的。以上是根据高校思政课教学的特点、高校学生的实际情况、选择几个重要的方面进行阐述。除此之外，高校思政课的内容还应该包括对学生的思想教育、成才教育、爱国主义教育、社会公德教育、社会主义教育和婚恋观、家庭道德教育等，这些也是对高校学生进行思想政治教育的重要因素，是我们继续研究的材料。

第四节　创新思想政治理论课的教学方法

科学合理的教学方法是保证高校思政课保持良好教学效果的重要前提。教学方法包括教师采取的教学手段、教学模式等。教学方法有理论与实践相结合的方法、案例教学法、启发式教学法、任务驱动教学法、案例教学法等。

一、理论与实践相结合的教学方法

本身高校思政课理论性较强，学生学习起来更加费劲。因此，高校思政课教师在具体授课过程中要注意以下几点：

（一）采用通俗易懂的教学方法

高校思政课教师要根据所教内容和学生的学情特点，采用学生容易掌握的通俗易懂的教学方法，针对枯燥的理论内容，教师要将枯燥理论内容通俗化、鲜活化，提高学生学习和参与教学活动的主动性、积极性。教师在与学生的交流中，可以忘记自己是老师的身份，要做一个“合作者”，把学生视为一起交流学习的志同道合的朋友，鼓励学生打消自卑和失落心理，大胆表达自己的想法。如在课堂上组织学生进行演讲比赛、辩论比赛，锻炼学生的口头表达能力，提升学生的自信心。

（二）带领学生参观红色旅游景点

高校思政课教师可根据实际需要，带领学生参观本地的红色旅游景点、革命纪念馆等，采访当地的先进革命人物、模范人物，观看与教学内容相关的影片。参观考察后，学生撰写心得、感悟，并对自己在参观考察中发现的问题与老师和同学们交流看法，一起商量提出解决办法，使学生们在外面接收的“刺激”转化为情感体验，将之内化于心，外化于行，最后内化形成良好的思想政治素质。

二、案例教学法

案例教学法是由哈佛商学院（HBS）首创的管理教学方法，这种教学方法主要是通过社会发生的真实事件作为教学的主要内容，教师与学生一起分析、讨论该案例，通过师生的交流，商量得出相关结论。案例教学法最重要的特点便是能将枯燥理论通俗化，能够通过学生们容易理解的事件，经过教师与学生的共同探讨，在分析案例的过程中得出道理，得出一般理论。基于案例教学法的本身优势及高校学生的特点和高校思政课题的实际情况，将案例教学法运用于高校思政第一课堂之中，是一种比较切实可行、效果较好的路径方法。

案例教学法是以案例为媒介，引导教师与学生共同对案例进行分析，共同探究、分析案例中的相关逻辑关系，最终得出结论的一种教学方法。在高校思政课堂上，运用案例教学法，通过特定的方式向高校大学生讲述案例，引导学生分析、探究案例，促使高校大学生更加容易理解思政理论，并将所学理论内化于心，外化于行。

（一）案例教学法在高校思政课堂中的特征

一是案例的政治性。在高校思政课教学中，该课程的性质决定了在课堂上使用案例教学法的方向便是政治性。习近平总书记在学校思想政治理论课教师座谈会上发表了重要讲话，深刻阐述了政治性是思政课的本质属性，坚持政治性是思政课的首要任务，讲政治是第一要求。因此，在高校思政课堂上，将政治性贯穿于课堂始终是至关重要的。

二是案例的争议性。案例的争议性，决定了在高校思政课堂上是否适合采用案例教学法的关键点。案例教学法的运用，重点落在教师和学生对案例的探索和分析之中。案例教学法的最大特点就是需要通过师生共同讨论、分析，最终从中得出结论，因而案例的选择不能太简单，应该是比较复杂的甚至是有争议性的，而不是那些不需要进行思考大家一眼就能看出结论来的案例。因此，案例具有争议性，一方面拓展了学生自我思考的空间，另一方面对高校思政课教师的总结归纳能力也起到促进作用，属于双赢。

三是呈现的形象性。在选好案例后，怎样在学生面前生动形象地呈现，这是一门艺术，值得高校思政课教师仔细思考。案例的呈现方式可以多样化，教师可以借助多媒体技术、也可以通过教师的语言、表情、动作等进行展示。在呈现案例的教学过程中，需要教师潜移默化而非刻意地将学生带入到案例情景之中，让学生通过倾听或者观看具体的案例，将枯燥的理论在脑海中形象化，更好地理解理论。

四是效果的启发性。坚持“以人为本”，在最开始呈现案例时，不把案例的主题目标显现出来，重要在引导学生发挥主观能动性分析案例、探究案例。高校思政教师引导高校学生运用科学的方法对案例的深层含义及相关拓展性和延伸性问题进行探究，引导学生自我探索、自我思考，达到启发式的教学的目的。

(二)案例教学法在高校思政课堂中的流程

1. 课前准备

课前准备包括案例选取、案例理解及课堂实施三个方面。首先，高校思政课教师对自己在课堂上需要向学生传授的知识具体是什么，全面理解该知识，吃透知识。在理解的基础上，选取合适的案例，通过一定的方式如播放视频或者教师口头讲述的方式在课堂上向学生呈示案例。其次，教师在选取好案例之后，结合学生需要从案例中掌握的理论和案例本身具备的特征，教师灵活驾驭课堂活动，制定详细周密的在教学过程中案例实施的流程，案例的实施流程一定注重细节，考虑可能出现的多种状况，避免出现差错。最后，高校学生在充分了解案例及案例实施流程后，运用自身的知识储备和各种方式对案例进行分析、探究，教师也参与到与学生一起分析、讨论案例中的逻辑关系以及蕴含的深刻含义，直至学生完全消化吸收案例，为后续的课堂参与做好准备。

2. 课堂实施

课堂实施流程一般分为学生个体分析、分组讨论和教师总结三个部分。首先，教师让学生通过观看或者倾听案例，整理案例中的资料，初步形成自己的观点，接着进行小组讨论，小组讨论需要充分，在遇到个别小组讨论不充分的时候，教师下到小组中，了解具体情况，并引导小组成员深入分析案例。各小组成员在讨论中充分表达各自对案例的认识与思考，成员在讨论过程中应尊重每个成员的意见。在讨论中碰撞出思想的火花，小组讨论能起到汇集小组成员的智慧的目的，最好形成小组的统一观点。还有一种情况，便是小组成员在讨论时可能出现彼此观点不一致的情况，此时应该尊重每一名成员，保留各小组成员不同意见。最后每一小组派代表阐述本小组意见，教师做总结，进一步深化学生对案例的理解，明白其中蕴含的深刻道理或者理论。

3. 课后实践

高校思政课堂最终的目的是让高校学生对课堂上的知识完全掌握透彻，并将知识内化于心，外化于行。在教师总结各小组讨论结果后，学生到底有没有理解并彻底掌握知识点？需要进一步落实到实践行动上去。在课堂中，教师通过分享真实案例，将枯燥思政理论与现实有机结合起来，目的是让高校学生对抽象理论知识的理解更加深入、透彻。在课后，思政教师也应引导学生在认识理论并彻底掌握的基础上，将所学理论运用到于平常生活的实践中去，消化吸收理论并将理论为己用，切实做到理论联系实际，促进高校学生的自我提升。

（三）案例教学法在高校思政课堂中的积极作用

1. 实现教师与学生的双向互动

事物的性质由内因起决定性作用。要打造充满活力的高校思政课堂，思政教师和高校学生必须共同参与努力。仅仅强调依靠高校思政课教师的主体作用，单靠教师单方面的灌输，容易使学生产生疲乏感甚至厌倦感，难以使思政课堂顺利进行，再加上高校学生自我思想、自我约束力还不够成熟等特点，容易使整个课堂走偏。在高校思政课堂上，采用案例教学法，教师在教学过程中引导、启发学生分析案例，学生积极参加与到教学过程中，案例成为连接师生的重要纽带，最终在教师与学生的良性互动中得出道理或者理论，初步实现教学目标。

2. 提升学生自主学习能力

案例教学法重在引导学生进行自我思考，摆脱以往传统的“灌输式”“填鸭式”教学模式，高校思政课堂不再是教师单向向学生灌输知识的传播平台，而是激发学生主动学习的激情。教师在课前向学生发布案例内容，学生在课前查阅相关资料，为全面了解相关知识做好充足的准备。在课堂上，通过教师与学生之间展开的头脑风暴，使学生加深对案例的认识，深刻分析案例，提升学生的逻辑思维能力。课后，教师总结在课堂教学中产生的问题，并引导学生对相关问题进行思考，学生的反思能力得以增强。

3. 提升高校思政课堂的活力

一直以来，高校思政课堂便是思政教师“唱独角戏”的课堂，“我说你听”是传统高校思政课堂的真实描述，加上思政课本身理论性较强，学生学习起来觉得枯燥无味，甚至对思政课产生厌烦情绪。将案例教学法引入到高校思政课堂中，引入的案例一般形象生动，改变了以往高校思政课堂“一潭死水”的面貌，增添了高校思政课堂的活力与魅力。在课堂教学过程中，注重引导学生自主思考问题、分析问题，增强学生自主学习的兴趣，提高学生积极学习思政知识的兴趣。针对案例教学，教师与学生进行良好互动，彼此之间甚至产生了火花，这样一来，提高了高校学生对高校思政课堂的期待值。

4. 提升高校思政课堂实效性

通过案例教学法，高校学生通过课前自主学习，课堂中与教师一起对案例进行分析，课后总结反思，彻底弄懂案例，对理论的理解更加深刻。在案例分析讨论过程中，教师通过听取高校学生对案例的分析，了解高校学生真实的想法，根据不同学生对案例的反应，教师有计划地针对不同特点的同学进行不同的指导。

高校思政课上引入案例教学法，一方面提高了高校学生学习的主动性，另一方面加深了教师对学生真实思想理论状况的理解，提升了高校思政课堂的实效性。

四、案例教学法在思政教学运用中的制约因素及应对措施

（一）高校学生课堂积极性不够

学生的学习态度是否积极直接影响着思政课堂的效果。学生在课前和课后都抱着积极的学习态度，对学生和教师的作用都是巨大的。对学生而言，积极主动学习可提高自主学习能力，对教师而言，积极向上的学习态度还可影响教师的授课热情。相反，如果课堂毫无生气、死气沉沉，学生的学习效果不佳，教师也会连带受影响，课堂目标自然难以实现。此外，由于高校思政课的理论性较强，教学形式单一，加之大学生接收信息的渠道较多，大多数高校学生将思政课堂定性为晦涩难懂的课堂，他们通常是将思政课作为获得学分的一门课程，对思政课一直不重视，学习思政课的积极性自然不高。

（二）高校思政教师对案例教学法的认识不足

案例运用是否成功，需要师生共同努力。在课前、课中、课后需要师生连贯努力，思政教师需要课前选取合适案例，在课中引导学生分析讨论，探讨案例中蕴含的深刻内涵，课后引导学生实践，这些都需要教师有一定的技巧。但是有些教师在实际运用中，混淆案例教学法和举例教学法，认为两者是同一种方法，但事实上两者是有区别的，二者之间最大的区别便是结论状况。举例教学法是已经有结论了，为了让学生进一步理解这一结论通过举例来说明。案例教学法还没有结论，师生通过对案例的分析、探究，最终推导出结论。因此，如果把举例教学法当作案例教学法来运用时，不能真正发挥案例教学法的作用，失去了案例教学法中启发式的优势。

（三）高校思政教师选取案例水平有待提升

高校思政教师在选取案例时容易出现以下三个问题：第一，部分教师对理论的认识不够透彻，对将要讲授给学生的授课内容理解不到位，导致选取了与教学内容不相符的案例。第二，有时思政教师会选取一些轻松搞笑的案例来达到良好的课堂效果的目的，选取的案例缺乏深度，难以贴合教学内容；第三，部分教师习惯将前人使用过的教学典型案例为己所用，未做到具体问题具体分析。有时候学生可能通过其他渠道获取了相关案例，这就导致使用的教学案例在课堂上缺乏

吸引力。

(四) 高校思政教师案例呈现不到位

案例教学法的灵魂便是将案例形象地呈现给学生，学生只有身临其境代入角色，案例教学法才能取得最初的效果。呈现案例教学的方法技巧有多种，例如采用播放视频的方式，这是一种很简便直接的呈现方式。教师利用音频影频等工具，充分运用媒体功能，向学生呈现形象具体化的案例。但通常情况下，高校思政教师往往在选取了合适的案例后，呈现时语言平淡，不能直观呈现案例的真实效果，教师对案例的把握准确度不够，从而大大降低了教育课堂效果。

为解决上述在高校思政课堂上使用案例教学法存在的阻碍因素，应从高校思政教师、高校学生以及学校方三方面进行思考应对。

第一，高校学生应提高学习思政课的意识，将学习思政课作为一项重要的事情来对待，提升自主学习能力。高校学生课堂参与程度与状况对课堂教学效果影响很大。首先，高校学生应该明白自己作为学生的第一要务就是学习，端正学习态度，认识到思政课在高校学习中的重要性。其次，高校学生应充分了解思政课的重要性，深化对思政课的认识，认识到学习思政课可以提升自己各方面的能力。最后，在具体参与教师采用的案例教学法过程中，配合教师认真做好课前准备工作，明确自己的目标，在分析案例的过程中，不断提升主动学习及思维创新能力。

第二，高校思政教师应提升自我素质。高校思政教师是案例教学法的发动者、组织者和实施者，案例教学法在思政课堂中的运用情况如何，教师发挥着主导作用。故此，高校思政教师自身的政治素质、思想素质、道德素质、知识素质等必须同步跟上，需要教师自我不断提升。除此之外，高校思政教师必须认识到案例教学法的重要性与必要性，只有教师真正掌握案例教学法的来龙去脉，才能选取到合适的案例，更好地将案例教学法与教学内容相结合，引导学生对案例分析讨论，并准确从案例中分析得出与教学内容相一致的理论。

第三，高校应为案例教学法在高校思政课教学中营造良好氛围，增强高校思政教师教育教学能力培训力度。加强高校思政教师思想政治教育，将高校学生培养成为思想品德修养高、专业技能强的全面发展的综合性人才，这是学校的首要政治任务。学校是高校思政课的强大后盾，因而，提升全体师生对思政课的重视，加强思政课考核，营造良好的高校思政教学氛围，是高校义不容辞的责任。高校思政课教师的教学能力对思政课的具体效果发挥至关重要，教师教学能力需要后天进行培养，并非天生就有的，学校可聘请专家来校开展讲座等形式对高校思政教师进行培训。

三、分组教学法

(一) 分组教学法的含义

分组教学法是指“根据学业水平、能力、性别、个性等特征差异，将学生分成若干个学习小组，并对小组内部成员进行组织划分，通过提出共同任务激发小组成员通过合作、互动、交流等方式达成目标的教学方式”。[①] 分组教学法，将班级学生分成若干小组，布置相关任务，小组成员开展合作，完成教师布置的任务。分组教学，目的是让学生在分工、合作中共同完成教师布置的任务，一方面能培养团队合作和竞争能力，另一方面还能调动学生参与教学的积极性，促进学生全面发展。同时，还有利于提高学生在实践中将所学知识内化于心的实践能力、提升学生语言表达能力和组织管理能力。分组教学还可改变传统教学中“满堂灌”教学模式，充分发挥学生主体性。分组合作教学法强调学生之间的相互合作，发挥每个学生的主动学习能力，以合作学习理论为基石，更加注重学生的主体地位。在分组合作教学中，因地制宜，因时制宜、因材施教，能有效地做到坚持统一性和多样性有机结合起来，一方面能兼顾到不同特点学生学习情况，另一方面能按时达成教学目标。

高校思政课采用分组合作教学法，坚持灌输性和启发性相统一，注重挖掘学生学习的内在潜能，充分体现学生的主体地位，同时也充分发挥了思政教师在授课过程中的主导作用。高校思政教师要引导学生发现问题、探究问题、解决问题，学生在循序渐进的学习中水到渠成地得出结论，获得真知。开展分组合作学习，充分体现了师生之间平等交流的关系。学生在组内合作、组间竞争的基础上，与教师共同努力打造出一个学生积极、老师风趣、师生关系融洽、内容充实、课堂生动的思政课教学氛围。

(二) 分组教学法的步骤

分组教学法的具体实施步骤如下：第一，分组和确定小组长。分组是分组教学的第一步。一般情况下，教师根据学生学习特点、习惯、学习能力，按照高、中、低三个层次进行分组，5 人左右为一组，这是比较科学合理的分组方法，也可由学生自由选择，但是这种分组法在考虑学生高、中、低层次方面欠佳。为加

---

① 陈朝东，杨文．我国分组教学研究的现状及问题——基于文献综述的视角〔J〕．教育研究与评论：中学教育教学，2018（10）：47－50．

强小组管理和顺利完成教学任务，分组后，教师或者小组成员选拔有一定组织管理能力、认真负责的同学担任小组长，这样便于小组的管理和顺利完成教学任务。第二，教师在分组的基础上，根据教学内容，设计小组活动任务。在设计活动任务时，教师要根据最新教育理念，合理巧妙地设计教学内容和教学形式，从传统的教学活动的宣讲者转化为设计者，重视学生的主体性，充分发挥学生主体作用。第三，制定小组学习或活动的规则。为了避免小组合作流于形式，规范分组教学，要充分发挥小组长的作用，制定出小组长和小组成员职责规范，小组学习或活动过程记录表，明确奖惩制度，并强调各小组成员的分组合作教学中的表现与考核挂钩。第四，分组展示学习或活动成果。小组合作的最后环节便是展示小组分组合作学习成果，也是锻炼学生口头表达能力和胆量的好机会，锻炼学生自信心，也是课程过程性考核的依据。

（三）分组教学法的意义

1. 有利于提高教学实效

小组成员在分组学习中，能坦诚表达各自的想法和学习心得，发挥主动学习、开动脑筋思考的好习惯、好精神，在讨论交流中不断碰撞出思想的火花，坦诚交流自己的经历和在这次学习过程中的体会、对知识的理解等，将思想理论课教材中的知识即间接经验，转化为直接经验即学习体会和心得，调动学生主动学习的积极性，促进理论知识的理解和吸收。同时，学生在交流过程中产生更多的理解和共鸣，帮助学生解决学习过程中遇到的各种问题，有利于学生与学生之间关系的拉近以及融洽师生关系，从而达到了充分调动学牛学习主动性和积极性、贯彻理论联系实际的教学要求，提高教学实效。

2. 有助于思政课教学改革

目前大多数高校的思想政治理论课第一课堂普遍采取大班教学，每个大班的人数达到70人以上，教学过程中因为人数较多效果不佳。分组教学法打破了传统灌输方式，便于更好组织课堂、活跃课堂气氛。课堂上以分组形式开展教学，小组充分进行交流讨论，分享学习心得和体会，有时候小组开展社会调查、共同制作PPT、微视频等，进行小组成员之间内部汇报。有时还以小组为单位开展校内外考察参观等，加强了小组成员的综合能力的锻炼，强调学习过程考核，改变了传统的期末一次性考核评价方式，创新高校思政课教学改革方式，为教师最后对这门课的教学评价改革提供依据。

3. 有助于提升学生综合素质能力

分组教学法强调小组成员的分工合作，有利于提升学生合作竞争意识，提高小组成员的沟通交流能力、运用现代信息技术能力、语言表达能力等，有利于教师布置的教学任务的完成。小组成员就教师布置的课前任务开展社会调查，很好地锻炼了学生合作能力；小组成员就学习问题进行讨论交流，提升学生语言表达能力和思维能力，搭建学生沟通交流平台；小组成员就学习的任务共同制作PPT、微视频并进行汇报，提高学生运用现代信息技术的能力，同时还能锻炼学生的口头表达能力以及胆量；以小组为单位的进行校内外参观考察，小组长和小组成员必须进行充分准备，准备过程中锻炼了小组长、班干部以及小组成员之间的协调管理能力。

(四) 高校思政课教学中使用分组教学法存在的问题

1. 分组合理性不够，重形式轻内容

在高校思政课教学中，很多教师会采用分组教学法方式。但在具体实施的时候，往往片面追求课堂气氛，分组停留在表面，许多教师在分组的时候并没有注重学生的自身特点，不能综合根据分组内容、不同专业特点、学生学习能力的差异进行不同层次的预期，不论教学内容是什么都一把采用分组进行。目前，高校思政课多为大班教学，许多教师在分组时就座位或者按照宿舍进行，有些直接由学生自由搭配或者由学生自行组织或班委负责组织，分组具有较大的随意性。忽视教学内容只注重教学形式的分组，一方面伤害了学生学习的积极性和主动性，另一方面降低了高校思政课的实效性。

2. 分组合作学习目标模糊

很多高校思政教师采取分组教学法只是迫于学校安排的教学任务，教师分组只是简单地把任务布置下去，有的还把所有分组工作抛给小组长或者班干部，对各小组在分组合作中遇到的问题不闻不问，不及时解答学生提出的困惑或者遇到的难题，也没有有效引导各小组积极思考分组任务，使得学生的思考、探索偏离教学主题。因为这些老师在分组教学中未进行明确指导分工，分组合作任务仅由一两个学生完成，致使相当一部分学生缺乏明确目标，有的学生敷衍塞责，讨论仅仅在平时表现积极或者成绩优秀的学生之间进行，这样便导致学习能力相对弱、成绩相对差的学生被“边缘化”，分组教学并没有达到应有的教学效果。

3. 教学过程考评单一

教学效果如何，需要采用合理科学的考评方式。考评是教学过程中的最后一环，也是引导学生总结反思、深入思考、拓展延学的重要步骤。在各小组派代表进行小组合作学习成果展示中，有些高校思政教师完全充当“旁观者”，未能准确掌握学生学习知识的情况，对各小组存在的问题没有及时指出来或者进行指导，教学重难点问题自然得不到解决。有些高校思政教师不注重各小组分组学习过程中各学生的综合表现，仅以最后小组的成果展示作为最终的评价，缺少小组的自评和小组间的互评，评价方式不科学，并没有形成完善的评价标准体系。

（五）分组教学法在高校思政课中运用的反思

1. 联系学生实际科学分组

科学合理的分组是保证课堂教学高效有序进行的重要前提和基础。在高校思政课第一课堂，初次尝试进行分组教学时，可每组 3～4 人，在小组成员合作能力有所提高后，每小组成员可扩充到 6～8 人，因为小组人数过多，学生参与机会明显减少，小组人数过少，成员之间合作效果不佳。因此，小组人数不宜过多也不宜太少。分组要按照学生学习能力强弱、性格特点、兴趣爱好等进行，按照“组间同质、组内异质”的原则，尽量做到各小组之间实力相当，做到组间总体水平一致，保证每个小组都有高、中、低三个层次的学生。这样科学合理的分组能很好地促进不同小组间的竞争合作。具体分组时，采用互补抑制的方法，互补的方法即是保证每组内的男女比例要适当，注意性格特点和思维方式等方面的互补，合理配置高、中、低等学生，实现小组内的互学互助。抑制策略主要是避免某些不合理因素导致的分组效果不佳，例如同兴趣、同宿舍、同乡等有小团体倾向的学生分在一组。分组要体现层次性、差异性，使不同特点的同学优势互补，具有不同的观点想法的学生产生强烈的思想碰撞交流，这样便能提高高校思政课的实效性。

2. 强化督导力保证分组实际效果

科学合理的分组是保证该教学方法实效性的前提，而对分组过程实行有效的督导决定着教学目标能否实现和教学效果能否达成。分组过程中思政教师仍然起着引导作用，特别当学生在学习过程中遇到困惑甚至出现偏转时，教师要及时答疑解惑，及时引导学生不能偏离教学内容，引导学生把理论联系实际，深入思考教学重点难点问题，切实做好学生成长成才的引路人。在分组过程中，教师要引导学生明白合作学习不等于不要竞争，强化组间竞争和组内的竞争，保障学生的有效参与。在每个小组内抓典型，树立榜样，榜样起带头作用，激励小组成员全员参与完成分组内容。培养学生团队意识、合作精神、集体观念。在实行分组教学法时，还可以结合使用案例法、任务驱动法等科学组合，切实增强教学效果。

3. 科学合理设置分组内容

高校学生在分组学习时，教师设计的教学内容要密切联系教学大纲要求，结合课程教学的重点、难点，系统整合设计教学活动；内容设置要具有针对性，结合学生的阶段发展特点，以问题为导向设计贴近学生专业、兴趣、专长、能力为主的具有知识性、趣味性为一体的教学内容。分组学习的内容要难易适中，内容具有可操作性，学习内容太难或太容易都无法实现预期效果。特别注意的是设置主题要具有开放性，因为分组内容的最终选择权是学生，所以学生可以从多角度展开，这样大大调动了学生的学习热情，提高了学生的参与度。

4. 做好分组过程考核保证教学效果

高校思政课必须优化考评方式，坚持过程评价和结果评价相统一。一方面要让每一名同学参与到学习过程中来，小组成员共同商量学习成果。各分组成员讨论并交流学习成果的过程，实质上是查漏补缺、相互学习的过程，在这个过程中，学生的价值观、性格、情感等方面实现互动，引导学生正确处理因性格、习惯等差异造成的冲突，提升个体综合能力与品质。另一方面要综合评价学生学习成果。学习成果的评价应该包括学生自评、组员互评、组间互评及教师评价，坚持过程评价与结果评价相统一，全面考查学生的综合表现，确定学生在小组合作中的成绩。最后科学制定高校思政课成绩考核评价体系，对学生思政课的成绩评定应体现过程评价和结果评价。结合小组成员在分组学习时的表现和展示的教学成果的质量及小组的综合表现进行综合评价。通过综合评价，提升学生学习的内在动力，激起学生参与学习的积极性，扭转学生对思政课学习存在的敷衍塞责和应付考试等错误观念，小组合作的进行，增强教师与学生之间的沟通交流。

分组合作教学法需要结合学生的基础情况和教学的进展适时地调整教学策略，在教学中的具体运用需要且行且思，需要在教学实践中不断发展完善。分组教学法应用到高校思政课中，通过学生之间进行的互相讨论和交流，达到“人人教我，我教人人”的良好局面，弥补了教师在教学过程中不能面向每个学生教学的不足的缺陷。当然，分组教学法要想取得良好效果，需要高校思政课教师精心组织安排，对学生进行认真指导培养，学生用心去反思、实践、提升，小组学习法与其他教学方法、教学技术的结合运用，促使高校思政课教学方法的创新，达到创造良好教学效果的教学目标。

四、问题导向教学法

（一）高校思政课问题导向教学法的内涵

坚持问题导向是马克思主义方法论中的一种，是以解决问题为指引，集中所有的资源和力量去分析问题、研究问题，并力求寻找问题答案。问题的存在是需要研究讨论并加以解决的疑难点。对学生而言，通过对问题的探索、追问和解决，提高自身的创新能力和认识能力。因此，如何发挥问题在高校思政课教学过程中的价值，就成了问题导向教学法的关键点。在高校思政课教学过程中，问题导向教学方法，主要是指高校思政课教师在教学过程中以问题为导向开展教学活动，引导学生分析问题、探究问题，最后解决问题，在此过程中形成正确的政治认同与价值观，提高思政课的教学效果。

高校思政课的问题导向教学，遵从发现问题—提出问题—分析问题—研究问题—解决问题的严密逻辑。不难看出，其中的逻辑起点是发现和提出问题，目的在于解决问题。要通过分析问题、研究问题，找到问题的答案，形成共识。首先，问题导向教学的第一步是发现问题。因此，高校思政课教师采用问题导向教学首先要求有问题意识，要聚焦教材重难点、社会热点、思想疑点等领域，有意识针对性地提出问题。特别要说明的是，教师提出的问题必须是真问题而不是假问题、伪命题，只有这样，才能完成问题导向的逻辑全过程，完成思政课的育人实效。其次，正确分析研究问题是重中之重。提出问题只是第一步，也不是简单地向学生抛出问题，需要教师引导学生一起思考问题，分析研讨问题，将问题的根源和本质寻找出来。同时这也要求高校思政课教师不仅要政治立场坚定，又要有发现问题的敏锐、正视问题的思维逻辑、把握问题本质的睿智；也要求我们运用辩证唯物主义和历史唯物主义方法深入分析与研判问题，必须全面、透彻地分析研究问题，得出解决问题的正确结论。最后，解决问题是根本。提出问题是第一步，但是如何解决问题需要花费大量精力。问题的答案并不能从天而降，需要通过思政课教师引导学生思考问题、分析问题、探究问题，学生从中找到问题的解决办法，从而达成思政课的效果。

高校思政课采用问题导向这一教学方法，不仅培养学生的问题意识，而且对增强学生的全面分析问题的逻辑思维能力有很大的推动作用，更重要的是能帮助高校学生解决对一些理论或现象的困惑。

（二）高校思政课问题导向教学法应遵循的基本原则

1. 价值性原则

思政课的根本任务是要着力解决“培养什么人、怎样培养人和为谁培养人”这一根本问题，要坚持政治性和学理性相统一、价值性和知识性相统一。这是高校思政课教学改革必须坚持的方向。这就要求高校思政课教师在知识的传授过程中，要用力量强大的真理引导学生处理复杂多变的国际国内形势，用习近平新时代中国特色社会主义思想武装学生的头脑，坚决拥护党的理论体系、党的路线方针政策以及发展战略；培养高校学生爱国主义情怀和坚定“四个自信”，坚持用奋斗与奉献、青春与实践去实现中华民族伟大复兴的中国梦，成为中国特色社会主义的建设者和合格的接班人。因此，问题导向教学要紧紧围绕问题提出和教学引导这一价值目标，要让问题导向与价值导向高度一致、有机统一。否则，问题导向教学就会迷失方向，失去意义。

2. 引领性原则

导向是行动的指引和方向。习近平总书记强调办好思政课要坚持教师主导性和与学生主体性相统一，其实质就是要求教师有效发挥主导引领作用。高校思政课采用问题导向教学法，正是坚持教师主导性与学生主体性相统一的体现。随着互联网技术高度发达、社会快速发展，新时代高校学生的思维模式、认知模式、交流工具等学习工具和学习方式较以往的高校学生而言发生了极大的变化，他们独立性强、有一定的主见，思想认识具有鲜明的建设性和批判性，呈现个性多元化特点。高校学生面对当前复杂的社会现象时，在评价和选择的过程中，学生会出现迷茫或者困惑，这就需要高校思政课教师做好思想引领导向。因此，在问题导向教学过程中，高校思政教师要始终凸显教师的主导地位，引导高校学生在分析、研究问题的过程中坚持思想引领和价值引领作用，及时准确解答学生提出的困惑或疑问，对学生的偏离的认识甚至不正确认识要加以回应和剖析，让学生真正弄懂问题症结所在。通过教师的引领指导，学生最终找到问题的正确答案，正确把握问题的实质。比如，在《毛泽东思想和中国特色社会主义理论体系概论》这门课中，讲述社会主义核心价值观这一专题时，可向高校学生抛出“网红”问题，不能将“网红”一棍子打死。因为有些“网红”带着满满的正能量，有些“网红”则对青少年的价值观的形成带来很大的负面影响。高校思政课教师要正面面对这类问题，引导学生深入剖析出现这种现象背后存在的深层次原因，正确辨识哪些是富有正能量的“网红”，哪些是可能会给他们带来负面作用的“网红”，帮助学生树立并践行社会主义核心价值观，自觉抵御“网红”乱象带来的负面影响。

3. 实效性原则

高校思政课教师开展问题导向教学，要深入开展学情分析调研，立足学生的实际情况，真正掌握高校学生的特点、他们关注的社会热点以及难点，在此基础上，有目的性、有针对性地提出问题，引导学生发挥主体能动性作用，引导他们积极参与分析研讨，激发学生分析和探究问题的热情，形成有效的良性教学互动，增强思政课的思想性、理论性、针对性和亲和力，提高实效性。在具体实施问题导向教学时，高校思政教师提出并引导学生分析问题时应注意以下问题：一是提出的问题要与学生的认知水平相适应。不能提出学生根本无法从何下手回答的问题，这就需要高校思政教师把握好问题的难易度。二是问题的分析能引起学生兴趣。高校思政教师提出的问题能否得到广大学生的参与，能否让学生广泛参与探究，能否引起广大学生的兴趣，这是一门艺术，需要高校思政教师好好揣摩与思考。

4. 一致性原则

高校思政课采用问题导向时，教师设计出的问题不能凭空而出，必须与教学内容、教学目标保持高度一致。问题导向教学必须紧紧围绕教学目标和教学内容挖掘问题，因为它是为了有效教学而提出问题。在高校学生的学习生活中，他们面临着各种问题，但并不是出现在他们面前的所有的问题都是高校思政课教学所需要的。教师要选择与教学目标和内容相符合、相一致的问题，以实现问题导向教学的合规律性、合目的性。这就需要高校思政课教师用动态的、发展的眼光去认知问题、挑选问题，要站在新时代的视角去选择、分析问题。在高校思政课教学过程中，特别要注意不能用过去的“老问题”来剖析当前现实中新时代高校学生面临的新矛盾。比如，在讲现阶段我国社会主义主要矛盾这一问题时，因现阶段我国社会的主要矛盾已经由“人民日益增长的物质文化需要同落后的社会生产之间的矛盾”转化为“人民日益增长的美好生活需要和不平衡不充分的发展之间的矛盾”，向学生讲解这一问题时，就不能引用过去社会物资紧缺现象来分析。虽然不管过去还是现在都存在物质紧缺现象，但是不同时代存在的广度和时间性是不同的，导致过去物资紧缺的主要原因是因为社会生产落后，且物质紧缺的现象是普遍长期存在的。而新时代出现物资紧缺的现象也只是部分的、暂时的、特殊的，因为社会生产已进步。因此，采用问题导向教学法，需要密切结合教学内容的时代性和典型性来展开。

（三）高校思政课问题导向教学的实现路径

高校思政课采用问题导向教学要想取得实际效果，除了遵循上述四个基本原则之外，还需要遵循教育教学的基本规律，从理论与实践、教师与学生、课堂与课外等不同维度加强互动，善于将课堂教学设计和实践验证相结合，最终将教学内容内化为学生的思想认同与价值认同。

1. 要精心设计问题导向教学过程

高校思政课教师作为问题导向教学的主导者、组织者，为了将问题导向教学真正落到实处，发挥其应有效果，要做好“四个精”。一是精心设计教学。高校思政课教师备课过程中，要从整体上把握教学内容，精心设计预备实施的问题导向教学过程，精心提出和分析问题的方法、步骤，在对于在教学过程中出现的问题安排精心讲解的时间，对于在课程教学中可能出现的各种问题，都要设计好应对策略，做好精心准备，尽量做到自信引导、心中有底。二是精选提出问题。高校思政课教师要吃透教材，深入分析教学目标和教学内容，精心选择最具有针对性、代表性和探究性的问题，使其能真正对焦教学内容。三是精准分析问题。高校思政课教师向学生分析问题时要精准、全面、到位，要以彻底的思想理论说服学生，以精准透彻的学理分析引导学生，不可只察一面、只观一隅，更不可模棱两可、似是而非，甚至误导观点、哗众取宠，而要以清晰的逻辑分析、深厚的理论功底和强大的真理力量赢得学生、感召学生，让学生从教师的讲解、自己的领悟中自然而然得出结论，让课堂教学水到渠成。四是精准解决问题。高校思政课教师在与学生一起解决问题时不能拖泥带水，要清晰明白，明确告诉学生结论究竟“是什么”，让教学内容真正进学生头脑。

2. 要积极引导学生主动参与

高校学生是思政课教师采用问题导向教学的主体，教师要引导学生主动广泛地参与问题的交流、讨论与分析，着力在“三个情”上下功夫。首先精选学生感兴趣的适合教学内容的问题来激发学生的激情。增强高校思政课的思想性、针对性、感染力、吸引力，高校思政课教师要根据教学内容以及学生的实际情况和认知规律特点，设计出的问题要从能调动学生积极主动参与研究分析问题的视角出发，激发高校学生参与的热情与参与的广泛性。其次要激发大学生的主体性意识情绪。只有唤起高校学生的主体意识，高校的思政课堂才算得上是成功的课堂。高校学生的主体意识被激发后，他们就会自动调节并解决学习和生活中出现的问题与矛盾，从自发性层面自觉提升促进自己全面发展的格局。只有有效激发起高校学生的主体性意识，高校思政课的教学效果才能真正得到保证。最后在问题导向教学中要注重培养学生对民族、对国家和对人民的深厚情怀，只有具有强烈的爱国爱家情怀后，学生学习起来才有兴趣与激情。

3. 要结合实践有效性验证结论

高校思政课采用问题导向教学，无法只通过学生自身的理性思辨使得出的观点或者结论内化为自己的思想认同，需要结合理论、实践、现实加以比较，以验证结论的科学性和真理性。首先是对理论与实践进行比较。比如，为了让学生能深入理解所得结论，高校思政课教师可以采用实践教学，让学生在实践中对比融合间接经验与直接体验，加深对认知的进一步理解。其次对过去与现在进行比较。对于高校学生学习和生活中遇到的一些发展性的问题，可以对过去与现在加以对比分析、纵向比较，来验证观点或者结论的正确性。三是对中西方进行比较。比如，讲解中国特色社会主义民主政治时，为向高校学生全面深刻理解中国特色社会主义制度的优越性，可选择面对突如其来的新冠肺炎疫情，中西方两种社会制度采取的截然不同的措施以及中西方社会处理的具体情况，用最生动、最直观、最有说服力的一次现场教学就可以让学生深刻体会到中国特色社会主义制度的优越性。四是对理想与现实进行比较。高校思政课教师要让学生明白理想与现实往往存在不一致性，需要通过辩证分析和理性对比引导学生正确认识到：理想来源于现实，理想高于现实，但是理想与实现存在较大的差距，理想的实现是一个长期而艰巨的过程，进而帮助高校学生理解和验证当前我国社会发展中遇到的一些问题。

4. 解决问题，落实立德树人根本任务

新时代的高校学生反应迅速，接受能力强，思维容易被带动，但是解决问题时缺乏理性思考。习近平总书记强调："思想政治理论课是落实立德树人根本任务的关键课程。"这为高校思政课办学指明了方向。高校思政课如何落实立德树人这一根本任务，这就成为高校思政课的办学方向。而如何落实立德树人这一任务，主要取决于高校学生如何在处理问题时坚持以马克思主义科学理论为指导，践行社会主义核心价值观。

五、辩论式教学法

（一）辩论式教学法的含义

辩论式教学法，是高校思政课教师根据学生实际和教学内容提出辩论主题，学生组成正反双方，在辩论过程中双方论证自己的观点，反驳对方的观点，从而达到明辨真理、活用知识、增强能力的教学方法。

辩论式教学与以往的传统授课方式不一样。首先高校思政教师根据教学内容设计中心辩题，一般课前发布给学生进行准备，课中组织学生进行课堂辩论。教师在进行辩论活动设计时要结合新教材，注意立足核心素养培育，培养高校学生具有批判性思维和科学精神。采用辩论式教学，学生通过辩论，对知识的理解更加透彻，同时达到提高综合能力的目的。

（二）课堂中辩论与讨论的联系与区别

在高校思政课第一课堂教学中，教师会采用讨论和辩论两种活动形式，这两种教学活动在实际教学中比较容易被混淆，二者既有共同点又有不同点。它们的共同点是：讨论和辩论都能够起到提高学生的表达能力和沟通能力，交流思想、激发思维、分享观点的作用，促进高校学生之间不同观点、不同思想、不同看法之间产生碰撞。不同点主要表现在：首先，辩论是双方就教师提出的辩题就各自持有的观点进行论证，双方运用大量的数据、资料进行论证，观点明确、立场坚定，通过摆出大量的事实驳斥对方的观点，保护自己的观点。而讨论主要是学生就教师提出的某一问题进行交流，阐述各自对该问题的理解。其次，辩论具有一定的程序、规矩和方法与技巧等，而讨论对具体的人数、形式等基本没有太多的规定。最后，辩论最后的结果有输有赢，而讨论的结果没有输赢，通常情况下是大家一致向中间靠拢而达成共同的看法。

（三）课堂辩论活动与辩论赛的联系与区别

高校思政课第一课堂中辩论活动与一般辩论赛既有联系又有区别。课堂辩论活动是辩论赛在教育领域的非正式运用，课堂辩论活动能否取得预期效果，离不开高校思政课教师和学生平时对辩论赛相关知识的积累。辩论赛需要选手做出的准备与努力远远高于课堂辩论活动，因为这是高水平智力之间的一场较量。高校思政课教师要结合教学内容、教学目标等诸多因素，在充分掌握到高校学生当前知识储备的学习能力的情况下，灵活选用课堂辩论教学法，切忌生搬硬套。

（四）辩论式教学法的特点

1. 师生互动性

高校思政课教师运用辩论式教学法，使得学生深度参与课堂，师生把研究和探究相结合，是师生课堂共同探讨的新模式。辩论式教学的显著特点便是师生互动性。学生在课堂辩论时，教师不能凭自己的意愿去随意操控辩论活动的各个环节，但是教师也不能任由双方毫无限制地辩论下去，这些都不利于辩论活动的顺利进行和良好师生关系的形成。高校思政课教师应当明确自己在辩论活动中的角色，从促进学生成长成才的角度出发，做好辩论活动的“倾听者”“设计者”“指导者”，与学生进行思想的融汇、知识的交流、行为的调节，达成理智共识。在课堂辩论中，当辩论选手阐述的观点遵循教材的知识内容体系，符合社会发展规律，而且表现突出，表达的见解独到，教师应以手势鼓励、点头示意、口头表扬等方式表示认同，这也体现了教师和学生的良性互动，有助于增强学生的自信心。当学生的口头表达、情绪情感、行为举止、仪表等诸因素展现出辩论的美感，就会引发其他学生的情感共鸣，得到大家的一致认同，这样便能拉近学生和学生、教师和学生之间的心理距离，为促进和谐愉快、民主平等的良好师生关系奠定基础。

2. 自主探究性

高校思政课第一课堂采用辩论式教学，其主要目的就是培养高校大学生的自主学习精神。自主探究性目前在教育界出现频率较高，也是辩论式教学的一个重要特点。探究，顾名思义，是学生在为获取更多的论证资料进行不断的分析，探究问题，是一个分析和解决问题的过程，在这个过程中，自主探究使得学生的品行、才智等方面得到锻炼。在开展辩论式教学时，高校思政教师需要引导学生如何进行辩论，辩论时要积极活泼，应当切忌咄咄逼人。当然，为了使辩论双方不会表现出相差甚远的现象，教师可在发表辩论题时对辩论双方进行一定的分组指导。因为学生的知识储备和辩论能力水平不一致，有的学生基本功扎实，有的学生基本功相对而言比较薄弱，这样一来就容易造成辩论双方的实力悬殊的情况，会严重打击实力较弱一方学生的参与性和积极性，有时还会使实力较强一方沾沾自喜，沉浸在获胜的喜悦之中，久而久之会养成自大、自满的性格。这样一来，高校思政课第一课堂采用辩论式教学就失去了它原本的意义，就很难充分发挥全体学生的自主探究性。高校学生应敢于公开发表自己的看法和观点，敢于质疑，在思想碰撞的过程中涌现新观点和新想法，在辩论中不断成长，塑造良好的思想品格。

3. 多元创新性

高校思政课第一课堂采用辩论式教学法的另一特点便是多元创新性。这主要表现在高校学生在搜集辩论资料时来源的广泛性、收集资料方式的多样性、参与辩论活动的学生各自独特性、辩论程序的创新性、辩论形式的多样化、辩论评价方式的开放性等。高校思政课第一课堂效果如何，最关键在于教师采用的教学方法是否具有创新性。缺乏创新性的教学方法，无法调动学生的积极性，学生的积极性无法调动，这种教学方法就没有吸引力甚至没有生命力，使得课堂教学效果大打折扣。辩论式教学法与其他教学法最大的区别在于理念创新，它将新的教学理念与培养高校学生创新精神结合在一起，大大提高了高校学生的学习力和创新力，学生在科学理论的指引下深入创新实践，得到全面发展。辩论式教学法对教师和学生的要求较高，学生在辩论活动中，必须弄懂基本原理、基本概念、教材知识。对高校思政课教师来说，教师需要根据教学内容进行取舍，合理安排教学时数，教师不再像以前一样被“机械式”的讲授法所束缚，可适当创新教材知识体系结构，取舍教学内容，这一过程中，对教师的理论分析能力和实践能力是一种较大的考验。对学生而言，在辩论的过程中，通过搜集、分析、总结相关辩论资料，在课堂辩论时，在与对方进行思维碰撞的过程中，产生多元化的观点和看法，产生新的认知方式，在头脑中构建清晰的知识体系，真正将知识内化于心，外化于心，发挥学生的创新精神。

4. 生生对抗性

辩论式教学主张加强教师与学生、学生与学生之间的交流互动，强调尊重学生的主体性，鼓励学生自主探究学习。在双方辩论过程中，两方辩手为了捍卫本方立场，相互辩驳、你来我往，坚定各自立场，驳斥对方。辩论式教学中高校学生进行激烈的辩论的特点体现了既对抗又交流、既合作又竞争的生生对抗性特点。辩论表面上是双方之间展开激烈对抗，但从本质上说是有意识地成全对方。辩论式教学是教师将辩题抛给学生，一般情况下由学生组成正反两方，代表两种截然不同的观点，双方就辩论主题进行唇枪舌战，碰撞出思想的火花。生生之间的对抗性表现在学生开展辩论时双方的对立特点。学生一方面要在有限的时间内将自己所在一方的观点阐述清楚，竭尽全力维护自己的观点，另一方面要寻找各种有力语言、证据等力量，想方设法驳斥对方的立场，这实际上也是学生之间一种思想上的对抗。在辩论时，由教师组织挑选或者由学生自己组成的正、反方辩手、自由辩手、“智囊团”等，当然，这种对抗性只是为了促进学生之间的相互了解，并不是绝对的，是教师为了与学生共同突破重难点。辩论时的融洽又激烈的氛围，容易碰撞出思想火花，这便于形成积极向上、团结协作的合作关系。需要指出的是，高校思政第一课堂中的辩论活动的辩题与一般意义上的辩论赛的辩题是有区别的，课堂辩论的辩题是中性的、可辩性的。为什么说辩题可辨？因为辩题主要围绕教学重难点和贴近高校学生的实际学习生活，而辩题的中性主要因为课堂辩论最终目的不是为了决一胜负或者得到唯一结论，教师只是希望通过课堂的辩论，让同学们能积极主动参与到课堂上，以一种开放的不拘泥于某种格局获取知识的一种学习方式，加深学生对将要学习的知识的认知和理解。需要说明的是，在辩论过程中，教师不能脱离课堂，应随时关注辩论活动的走向，特别是当学生在辩论过程中出现较为严重的攀比心理或好胜心理等过激情绪时，教师应及时调整，引导学生明白融洽的同学关系比辩论比赛谁输谁赢更加重要，辩论时，同学们要重视合作的力量，发扬团队精神，增强彼此的默契度和信任度。

5. 过程生成性

高校思政课第一课堂运用辩论式教学的另一特点便是过程生成性。这是从发展动态的角度概括辩论式教学的基本特点。任何教学过程都是动态的，都不是静止不变的，是学生巩固旧知识、建构新知识的动态过程。首先，在辩论活动开展前，高校学生从教材、生活经验等各种渠道储备了一定的知识，通过紧张而激烈的辩论活动，学生能够加深对知识的理解和记忆，促进形成新知识。其次，辩题的设计具有可接受性和可操作性，这种具有实际意义的任务驱动为学生构建新知识提供了一个确定的框架，这就意味着学生在开展激辩时，对相关知识进行深加工，学生阐述自身观点时能够发现问题，养成思辨精神，同时也能通过倾听对方的观点，在脑海中对这些观点加以辨析，进行追问，从而促进学生知识的增长和技能的提高。辩论不是一成不变的，不是机械的，学生在辩论时组织的语言也不是教师课前预设好的标准答案。通过辩论，学生学会用发展的、联系的、全面的观点去分析和把握他们在学习和生活中遇到的各种问题，使学生能更加理性客观看待各种社会现象，思想更成熟。当然，辩论式教学在具体实施时会受到诸多因素的影响，例如高校思政教师驾驭课堂能力的高低、学生获得资料的可靠性、班级氛围的融洽性等，这些因素的存在会对辩论式教学过程产生一定程度的影响。这就需要高校思政教师提高自身能力，特别是提高处理课堂突发情况等驾驭课堂的能力，在发现学生辩论时出现的新观点、新问题、新情况时，教师应当发挥“调控者”和“指导者”的积极作用，结合教学目标，及时调整辩论方向，以保证辩论活动能够真正实现教学为学生的长远发展服务。

（五）辩论式教学法的意义

1. 提高学生综合素质

（1）转变学生学习方式，激发创新精神。转变学生学习方式，这是高校思政课教学改革的重要一环。高校学生学习方式如何，这是检验教育教学质量的关键因素。传统的高校思政课是教师教，学生学，运用辩论式教学法，改变了这种传统的教学方式，同时也改变了学生传统的学习方式。

采用辩论式教学，激发了学生的创新精神。古人云："学起于思，思源于疑。"疑问是思想的火种，有疑问才会激发起学生继续学习的兴趣，引导学生对所学知识进行质疑。高校学生探索知识的思维过程一般从遇到问题开始，然后通过自己的努力想办法解决问题，又在解决问题的过程中进一步强化所学知识。高校思政教师应注重培养学生的批判性思维，引导学生形成勤于反思和深度思考的态度，质疑和推断所学知识，鼓励每一个高校学生在公开场合敢于表达自己的真实想法，避免产生胆怯、自卑和焦虑等心理。

创新是一个国家和民族保持永续发展的动力。同样，创新也是高校思政课保持不断发展的有效教学方法。高校教师首先要钻研教材，重构教材知识体系结构，积极认真思考如何将教材中的知识、重点和难点，以学生喜欢的、容易掌握的方式呈现给学生，辩论式教学就是这些教学方法中的一种。高校学生的学习不能停留在书本上，停留在教师的知识传授上，停留在对基础知识的理解和记忆上，要敢于尝试用新手段、新方法去学习知识，具有批判精神，这样才有意想不到的收获。辩论活动具有激发学生创造动机的作用，高校学生在对辩题的探究过程中，一般会产生新的观点和想法，高校思政课教师要鼓励学生打开思路，在依据教材内容、符合逻辑思维的基础上，展开大胆想象，打破思维定式，培养高校学生发散性思维、动手动口等实际操作能力，从而逐渐培养学生的创新精神。

(2) 增强学生综合能力，培养健全人格。辩论式教学以一种全新的、开放性的课堂互动方式呈现，打破了传统课堂的教学模式，产生了积极的影响。在高校思政课教学中，引入课堂辩论活动，能够帮助高校学生提高综合能力，形成积极健康向上的人格特点，激发学生在课堂中的表现，达到学以致用的效果。

第一，提高高校学生的语言表达能力。辩论，对学生最主要的要求就是语言的组织和信息的交流，需要高校学生巧妙运用语言技巧，这就要求参加辩论的学生必须具备一定的甚至较好的语言表达能力，同时学生在参加多次辩论中不断提升语言表达力和运用技巧。第二，提高学生的严密论证能力。参加课堂辩论的选手，无论是正方还是反方，都需要组织严密的辩论内容和辩论语言，辩论的语言应具有准确性和逻辑性，辩手应思维敏捷，思路清晰，这样才会打动双方，才会更具说服力。第三，锻炼学生的情绪调控能力。学生在辩论过程中，应学会适应辩论激烈的氛围，合理调控自己的情绪，舒缓焦虑紧张的状态，克制自己的不良甚至负面情绪，减少不良或者负面情绪对辩论产生的干扰。第四，加强学生的应变能力。在课堂激辩过程中，谁都不能保证不会出现突发状况，如果遇到对方辩手进行连续攻击性发问甚至语言过激时，应调整心态，保持沉着冷静，用稳定的心理素质克服突发状况，并以最快的方式调整到最佳状态，继续投入到辩论活动中。第五，加强学生的团结合作能力。在高校思政课堂上采用辩论式教学，强调双方辩手之间的团结合作，这也是一种软实力，在一定条件下能够转化成执行力，需要辩论双方的成员默契配合、共同参与、相互扶持、相互合作。第六，加强学生的礼仪规范能力。学生通过参加课堂辩论，会更加注重自己的站姿、坐姿、手势、鞠躬等仪表仪态，学会尊重他人，形成较好的规则意识，懂得欣赏，学会倾听，不随意打断其他同学的发言，以更加谦虚、自信的态度对待学习和生活。

（3）树立正确是非观，提高思想觉悟。树立正确的是非观，可以起到提高高校大学生的道德修养和发展学生智力的重要作用。需要注意的是，是非观不同于世界观，它更能表明一个人的思想品行是否端正、气度品味是否高尚，表现为一个人对待原则性问题的态度，对于同一个辩题，有正、反双方两大阵营，特别是涉及道德方面相关辩题时，特别要注意。教师要对学生进行积极疏导，使学生通过参加辩论活动，明辨社会生活的真假美丑、是非善恶，明确高尚行为和不道德行为之间具有不可逾越的鸿沟，提高自身的思想觉悟和道德情感水平，坚定根本价值标准。

（4）提高自我评价能力，加强自我教育。高校思政课第一课堂引入辩论式教学，必须坚持评价主体多元化、评价方式多样化等原则，采用学生自评与学生互评相结合。在辩论活动结束后，高校思政教师应当组织学生进行自评与互评，应给予学生较为公正的客观评价。学生在进行自我评价时，教师应引导学生对自己进行全面评价，包括自己辩论活动中的参与程度、语言表达、礼仪规范、踊跃发言、合作、遵守课堂秩序等各方面的优点与缺点，从而更加客观地了解在辩论活动中真实的自己，认识到自己的优势和不足，并且能正确对待，继续保持与发扬自身的优点与优势，不能产生骄傲自满道德心理；正确对待自身的劣势，避免产生自卑、自暴自弃的心理，并引导学生积极改正自身的缺点和劣势，以期取得更大的进步。学生互评时，教师应引导学生。对于在辩论赛中表现突出的学生，不能过于偏向，对于在辩论赛中表现较差的学生，应该多鼓励，更不能借此贬低表现较差的学生。在自评与互评相结合的评价方式下，学生的自我评价能力得到显著提高，学生自我评价意识也得到明显增强，进而促成自我教育。

2. 提升教师综合素养

（1）更新教学理念，树立现代教学观。现代教学观强调，“在教学中，师生积极互动、共同发展；处理好知识传授和能力培养之间的关系；注重学生的自主性，引导学生质疑、探索、调查，促进学生有个性地学习。”① 高校思政课教师应在充分调研学生的真实需要的基础上，立足培养高校学生主动践行社会主义核心价值观，了解高校学生发展不平衡性的特点，巧妙恰当地运用辩论式教学，创造形式多样、教学效果良好的生动课堂。高校思政课教师要善于从发现式辩论、探究式辩论中科学挑选出合适高校学生特点的辩论形式，真正让高校思政课第一课堂活起来。为此，高校思政课教师应更新教学理念，突出培养高校学生的核心素养，在思政课的第一课堂上，引入辩论式教学，对于可以进行辨析的教学重点和疑难点，设计出合理的辩题，在课堂上开展辩论式教学，尽量给予每个高校学生充分展现自我的机会。在辩论结束后点评辩论、讲解知识点的同时，激发学生用质疑精神去自我学习、自我完善，期望实现教学效果最佳化。

（2）优化教学过程，构建活动型课堂。高校的思政课是培养学生“三观”的重要课程。高校学生已经是成年人，培养高校学生具有一定的自主学习能力也是高校思政课的目标之一。在辩论式教学活动中，可以很好地培养学生的学习自主性。采用辩论式教学，必须充分调研学生的知识储备等情况，在尊重学生主体性的前提下，调动学生的积极性、主动性，让学生能主动参与到辩论教学中来。教师要引导高校学生“勤思”“多思”，并在思考中培养学生的思维辩证能力。在辩论之前，学生通过搜集相关资料主动发现问题、提出问题，并且与同一组队员一起查找书本、搜集证据，找到解决问题的办法。在辩论过程中，可以发挥团队协作的能力，一方面可以将问题抛给对方辩友进行争辩，也可以向“智囊团”发起求助，如果这样还是找不到问题的解决办法，由教师进行解答，最后由师生共同总结得出问题的解决办法，即结论，在这个过程中，高校学生的自学能力和解决问题的能力自然而然得到提高。需要注意的是，在高校思政课第一课堂中引入辩论活动，对教师的要求比较高，如何保证辩论过程的流畅性、完整性、系统性是高校思政课教师在设计辩论活动前所面临的挑战，教师必须联系学生学习、生活实际和社会实际的基础上进行辩题设计，辩论活动的整体设计要秉着进一步优化教学过程的宗旨，既要与当前的教学步骤相一致，又要考虑到教学时数的紧凑性，提高辩论式教学的实效性，为构建高效而富有活力的高校思想政治理论第一课堂而努力。

（3）丰富知识结构，提升教学业务水平。新时代的到来，高校思政课教学内容更新，培养目标与之前相比也发生显著变化，需要教师掌握的知识和技能越来

---

① 刘强．思想政治学科教学新论［M］．北京：高等教育出版社，2009．

越多，对高校思政课教师提出了更高的要求。上好每一节课，是每一名教师必须承担的基本责任。高校思政课教师承担着培养新时代德智体美劳全面发展的大学生的崇高的使命感和责任感，如果仍然采用以往的教学方法，显然不适合发展要求。为此，高校思政课教师必须坚持新课程理念、创新教学方法。教师的知识结构包括专业知识、教法知识、综合知识等。高校思政课教师承担着重要的育人功能，在高校思政课第一课堂上引入辩论式教学，需要高校思政教师具备扎实的专业知识，这是辩论活动能否取得预期活动的基础与保证。除此之外，高校思政教师还需要具备包括人文素养和科学素养在内的综合知识，必须具备求真务实的教学态度，精心设计辩论的程序。高校思政课第一课堂采用辩论式教学，一方面启迪学生的思维，为学生创设精彩的课堂辩论活动，另一方面能够提高教师的教育智慧和丰富教师的教学实践，教师还能从中总结和获取更多的课堂活动组织经验，为争做新时代创新型教师奠定基础。高校思政课教师通过进行辩论式教学，要求教师事前熟悉辩论的规则与程序，掌握一定的辩论技巧，为学生挑选合适的辩论主题。高校思政课教师在此过程中应改变传统刻板的教材呈现方式，注重辩论活动过程中生成性课程资源的开发与利用，为学生创设一个围绕辩题进行自由辩论、探究解决、构建新知的真实情境，促进学生获得经验知识，使教学内容具有主题性、可接受性、生活性、连贯性，以达到丰富高校思政课教师知识结构、提高他们教育教学业务水平的目的。

（4）培养反思习惯，促进自我成长。辩论式教学，以课堂辩论活动的形式展开，是一种教师与学生共同参与的教学方式。高校思政课教师要做辩论活动的总设计师，主要承担着“指导者”“实施者”“评分者”“总结者”等多个角色。这就需要高校思政课教师对自己在辩论式教学中的职责范围、教学技巧、提升目标等方面有清楚的认识，这样一来有助于教师自我认识的形成。高校学生能否健康发展、能否主动学习，能否将学到的正确的价值理念消化、吸收，能否成为全面发展的国家和社会需要的综合性人才，都离不开高校思政教师的政治指引。最后，高校思政教师在辩论式教学中，进行不断反思，了解自身的优势和不足，并采取措施进行补救，继续发扬自身优势，逐步成长。在每一次辩论活动之后，教师必须进行总结。包括对辩题的设计是否科学、对辩论活动进程的把控是否有效，对辩论过程突发情况的处理是否及时与合理，这些都是教师活动之后反思的内容。这对高校思政教师而言，既是一种挑战，也是一种磨炼。辩论活动的结束，并非真正意义上的结束，而是教师进行总结与反思的另一开始。实现“在教中学、在学中教”，在教学中实现共同进步。

(六) 辩论式教学法在高校思政课中运用的策略

1. 高校思政课辩论式教学法运用的原则

(1) 循序渐进原则。我国自古以来倡导教学应该按照一定的顺序进行。在高校思政课中，运用辩论式教学法是由高校思想政治理论课学科知识的严密性、系统性决定的，也是由学生认识知识由抽象到具体、由简单到复杂的循序渐进的过程决定的。只有循序渐进，高校学生才能形成逻辑性、系统性、完整性的知识体系，才能真正达到在辩论活动中培养高校学生逐渐养成批判性思维和提高高校学生综合能力的目的。在具体开展辩论活动时，教师向学生抛出的辩论主题应符合教材教学内容，教师注重引导学生在辩论中抓住主流、抓住主要矛盾，在头脑中形成科学准确的整体知识概况。

(2) 趣味性和知识性相结合原则。在高校思政课中，引入辩论式教学法，目的之一就是增强思政课的吸引力和趣味性。首先在辩题的选择上，要使辩题具有吸引力，在辩论的过程中，学生辩论的语言要有趣味性、幽默性，辩论过程要体现精彩性等；知识性主要是指高校思政课教师选择的辩题不能完全为了迎合学生的口味而忽视了它必须来源于教材的特点。把教材知识以辩论活动这一新的方式呈现，不能忽视了课堂纪律，过分注重辩论的热闹氛围，这样会导致使学生只顾着追求“闹哄哄”的课堂场景而偏离辩论的主题，从而影响学生对重点、难点及知识点的深入理解。只有在尊重教材知识体系的基础上，增加辩论的幽默性和趣味性，才能够真正实现引导高校学生掌握辩论技巧、突破理解教学重难点的目的。

(3) 师生民主合作原则。在高校思政课第一课堂中，引入辩论式教学，必须坚持师生民主合作原则，民主合作原则是指在教学过程中，教师和学生以平等的身份参与教学活动。

2. 学生参与辩论式教学的意义

(1) 明确学习目标，认清辩论的意义。在辩论开始前，学生需要制定学习目标，查找与辩题相关的资料，明确辩题的方向，力求在辩论活动中获得积极的体验。学习目标的确立，对指导学生进行自主学习起到一定的激励作用。学习目标的确定能够激励将学生的内在需要转化成动机，激励学生的学习朝着一定的方向前进。在高校思政课辩论活动中，学生将自己的行为表现与制定的学习目标进行对照，矫正和调整一些行为，从而增强学习效果。高校学生需要在平时的学习和生活中积累多方面的知识，在面临教师抛出的辩题时，能够抓住辩题的重点，明确辩论的任务，通过自己的积极努力实现制定的目标，并且在搜集资料时及时发现存在的问题并加以改正，以利于提高自身价值。高校思政课教师需要引导同学们认清辩论的真正意义，保持良好的心态，而并非一味地追求胜负，将好胜心和上进心混淆在一起，过于追求胜利容易造成自我怀疑和焦虑，不利于正确认识自我、接纳自我。只有和他人和谐相处，保持平和上进的心态，建立良好的同伴关系，才有利于自身的健康发展。

（2）积极主动参与，做好充分准备。在课堂辩论过程中，高校学生一方面通过多种渠道、多种方式搜集相关的材料积极准备辩论，另一方面在辩论时，遵循辩论的礼仪规范，严格遵守课堂秩序，能耐心倾听他人发言，不打断他人发言。一般来讲，可以由教师组织正反双方辩手，也可以由学生自行组成辩论队伍。辩论时，正、反双方首先进入审题立论阶段，抓住重点，陈述所在一方的观点；接下来，双方进行攻辩阶段，在这一阶段时，要学会抓住对方漏洞，进行深入辨析；再次，双方进入自由辩论阶段，发挥各自的语言特长，畅所欲言；最后，双方归纳观点，进入总结陈词阶段。辩论结束并不意味着教学活动的结束，教师应回归教材，立足课本，对学生进行正确的价值引导。在整个辩论过程中，正、反双方辩手都具备反应能力和抗压能力，配合默契，及时提出问题并解决问题。凡是参与到辩论活动的同学，包括辩手和“智囊团”，都有各自扮演的角色，承担着一定的任务，只有每一位参与的同学做好充分的准备，全体同学积极参与，才能够让辩论教学活动朝着健康的方向发展，进一步拓展高校学生的知识面，提升学生彼此之间的情感，以获得更高教学目标的实现。

（3）及时总结反思，注重自我调整。在课堂辩论结束后，学生应及时进行总结与反思，根据自己的表现做出合适的调整，提升自我能力。学生应克服干扰性因素，实事求是地总结评价自己在辩论时的表现，认识到自己的优缺点，特别是有哪些需要改进的地方，采取积极的态度改正。这样一来，通过自我调节与反馈，高校学生在日后的学习和生活中能够不断实行自我反思与监控、扬长避短，不断完善自己的人格。比如，在辩论结束后，学生可以深度剖析自己在辩论活动中的表现，有些同学虽然平时学习刻苦，成绩较好，但是缺乏在公开场合表达自己观点的勇气；有些同学虽然能够积极投入到辩论活动中，但是缺乏倾听他人想法的耐心等。学生也可以通过对辩论过程中的自我反省来进一步认识自己，比如反思自己是否通过参加辩论活动达到了预期的学习目标，是否在辩论过程中遵守课堂纪律、是否做到完整阐述自己的观点等；学生还可以与同学和教师进行交流，虚心听取他人对自己的评价，并客观对待教师和队友以及其他同学对自己的评价。

3. 提高教师运用辩论式教学的水平

(1) 整体设计辩题，制定科学的活动方案。高校思政课教师进行整体设计时，承担着“设计者”和“调控者”的角色，教师需要从整体上掌握辩论活动的设计。为了加强培养学生的批判性思维和提高学生的综合能力，教师在设计辩题时需要事前熟悉教材知识点并加以细心斟酌，以保证与辩论活动相关的概念的清晰明确性。同时，辩题不能太过于细化，如果辩题过于宏观和宽泛，会限制学生的思路，造成学生无从下手的局面。高校思政课教师可以从教材中的知识点选择合适的知识点作为辩题，也可从社会时事热点中筛选出恰当的辩题，还可以依据教学重点、难点内容设计辩题。因为教学难点一般是学生难以理解的知识点，选择与难点相关的辩题，具有一定的深度，同时还可以激发学生的求知欲望。此外，高校思政教师在课前根据所设计的辩题，制定合适的活动方案。辩论活动方案在一定程度上体现了高校思政教师的教学理念的掌握程度，同时还体现出教师的教学业务水平。只有采取合适的活动方案，才能更加激发学生就辩论的主题进行积极思考的兴趣。

(2) 优化辩论程序，保证辩论过程的流畅性。在开展辩论式教学时，高校思政教师需要简化、优化辩论的步骤和程序，确保辩论过程的流畅性、完整性和系统性。高校思政课第一课堂教学是一个不断发展的动态过程，而非孤立静止的，由课程资源、教学内容、教学设备、教师、学生等诸多要素构成，这些要素相互作用、相互制约，共同对教学产生影响。辩论式教学的开展，需要教师制定细致的活动方案，学生在辩论时还应当熟悉并遵守辩论的基本规则，遵循一定的礼仪规范，严格辩论程序。

一方面，高校思政教师要根据教学需要和学生的实际水平，灵活选用辩论形式。可选择探讨式辩论、发现式辩论和综合式辩论。探讨式教学可以采取教师与学生进行辩论，也可以采取学生与学生之间开展辩论，形式灵活多样化。教师在讲完某一知识点后，向学生展示辨析题；发现式辩论一般在正式授课前；需要说明的是，在辩论活动进行中，学生可能会出现各种情况，这时教师应向学生提供必要的指导与帮助，保证辩论活动顺利进行。例如，有些学生在辩论过程中可能由于过度紧张而造成体态不自然、表述不清等现象，教师要用较为平和的语气和肢体语言来安抚学生的不安情绪，及时给予学生鼓励，引导学生继续完成观点的阐述。如果有学生在辩论时提出了与预期不同的观点，教师应通过恰当的方式进行讲解、调整，不应该立即批评或否认，或者引导学生之间进行积极讨论、答疑解惑，帮助学生疏通思想，以免打击学生的积极性。

(3) 总结辩论结果，采用多元化方式进行评价。在高校思政课堂引入辩论式教学，如何检测教学效果？笔者认为应建立多元化的评价体系。有效的评价对教师和学生的成长起着巨大调控、导向、激励、促进作用。辩论结束后，高校思政教师进行总结点评。总结点评要遵循客观性原则。一方面教师对辩题涉及的知识点进行系统归纳，升华本次辩论的主题，一方面复习和巩固之前学习的知识，另一方面加深对新知识的理解。辩论的整个过程都是开放的，允许参与辩论的学生从不同角度阐述自己的观点，驳斥对方的观点，甚至还可以提出质疑。辩论活动结束后，教学还可以继续，因为这本身是一个持续的过程，可以将辩论延伸至课后的思考，学生就此还存在的疑问进一步拓展延学，以求获得更进一步的提升。

高校思政教师还应树立正确的评价观，要把更多的精力放在关注学生是否真正深入辩题进行深度思考，不能只停留在辩论是否热闹的表层，要让学生从辩论过程中获得对知识新的理解。一般情况下，在学生与学生的辩论中，教师应合理安排辩论时间，安排正、反双方辩手辩论的时间，同时还要安排好计时员、记录员和监督员，并根据辩论和课堂实际需要设置“智囊团”“评审团”等。这样一来，基本做到让每位同学都有机会参与自由辩论，真正体现学生的主体性。最后，教师在总结评价辩论活动时，应从多角度、多维度评价学生的表现。比如学生的语言表达能力、临场应变能力、团结协作能力、情绪控制能力等，这些都是评价的重要观测点。在评价学生是否完成既定的知识目标时，注意观测学生的情感和态度状况，引导学生形成正确的价值观。

六、情景剧教学法

(一) 情景剧教学法的定义

将情景剧作为高校思政课第一课堂的教学手段开始于 2007 年，受到艺术专业采用戏剧教学法的启发，高校思政课教师尝试在思政课第一课堂上使用情景剧教学法，通过创设一定的情境，让学生在体验式中学习，大大激发了大学生学习思政课的热情，而且教学效果显著。从此以后，高校思政课教师开始在思政课第一课堂上全面使用情景剧教学方法。2015 年，本科院校思政课教师普遍引入情景剧教学法到思政课第一课堂上，实现了情景剧教学法的学生全覆盖和课程全覆盖。高职院校作为高等学校中的主力军，如何提升课堂教学质量一直是困扰高校教师的难题，作为高校课程中教学效果一直有待提高且非常重要的课程——思想政治理论课，该如何让高校学生喜爱它？高校思政教师一直在摸索。情景剧教学法的运用，给高校思政教师带来了福音。这是一种充分尊重课程教学规律、学生的成长规律和思想政治工作规律的教学方法，通过创设学生自编、自导、自演、自拍的情景剧，达到消化、吸收知识点的目的以求获得最佳教学效果的教学方法，该教学法要求学生全员参与，教师全程指导。

高校思政课第一课堂引入情景剧教学法，要求高校思政教师进行集体备课，分析高校学生学情，形成教学策略，制定学生学习成果评价等环节，这是一种易于操作的、系统的、完整的教学模式。高校思政教师根据课程教学任务和教学目标，创设与教学内容相吻合的情景剧剧目选题指南。学生自由组团或者在教师的指导下组团，一般6～8人为一团队，根据教师颁布的选题指南，确定情景剧的主题，并围绕主题，发挥团队的创作才能，撰写剧本；学生进行分工，分配好人物角色，拍摄录制成视频或者编排为舞台剧；评价方式采用小组自评、小组互评、教师点评相结合的多元评价方式，实现评价的相对客观、公平。最后教师进行点评，总结各剧组的表现。

（二）高校思政课引入情景教学法的意义

1. 尊重学生成长规律，激发学生共鸣

高校思政课的授课对象是具有思维意识和思考能力的“人”——高校学生，他们是一群特殊的群体，不是简单的知识接受者和承受者，因此，高校思政课教学必须尊重学生的成长规律。

首先，尊重学生成长规律。如何将高校的教材体系向教学体系进行转化，这是高校思政课教师共同面临的一道难题。如果教师仅仅把教材中的知识点生搬硬套地搬到课堂，高校学生兴趣一定不高，教学活动亲和力一定不够。如何将教材中的知识点和基本理论巧妙地呈现在高校学生面前，这是一门艺术，高校思政教师必须采用学生喜闻乐见的方式加以呈现。因此，要激发高校学生对思政课的认同喜爱，激发他们的共鸣，首先要实现教材体系向教学体系的转化。情景剧教学法，将教材中的重点、难点与当前国际国内的热点、焦点问题，以及学生的学习生活等结合起来，容易激发学生的共鸣。通过回顾经典历史事件，激发高校学生强烈的民族自豪感和爱国热情，充分认识和领会到社会发展客观规律；通过演绎、分析社会热点现实问题，进一步加深高校学生对人生目的、人生意义、人生价值的认识和理解。通过创设情景，学生进入情境，唤醒学生主体意识，引导学生自主发现问题、探讨问题并力求解决问题。在高校思政课情景剧教学法过程中，教师要引导高校学生通过亲身体验，对思政课学习产生强烈的兴趣与认同感，学生对思政课产生共鸣，提升思政课教学亲和力。

其次，充分调动学生的学习主动性。新时代高校学生的一个显著特点就是他们愿意主动地探究思考问题，不愿意被动地接受教师灌输给他们的理论和知识。采用情景剧法教学模式，刚好可以突破这一局面。情景剧教学法，首先选定主题，充分发挥高校学生的创新性、自主性，允许每一团队成员根据自己的兴趣爱好、专业背景选择合适的情景剧主题，需要指出的是，高校学生在选定剧目主题时，要选择具有前沿性、代表性、时代性的又能自主发挥的主题。在具体实施时，表演学生将毫无生气的知识、文字折射到现实场景中，让学生深刻体会到思政课不再是枯燥呆板的课程。指导高校学生在撰写情景剧剧本时，教师指导学生分析问题、解决问题的能力在教学过程中潜移默化地形成，完成自我认识、自我践行、自我评价、自我提升的教育过程，为高校思政课教学的真学、真懂、真信提供坚实的基础。

最后，促进从理论到实践的转化，提升思政课的感染力。实践是检验真理的标准。学生学习的目的是要将学习的理论转化为实践，解决现实问题，学会用理论联系实际的观点处理学习问题是高校学生必备的素质。

第一，在高校思政课中引入情景剧教学法时，高校学生将理论知识自然带入到具体情境中，进一步加深学生对理论知识的理解。思政课理论性、思辨性强，将理论带入具体的情景实践中，可以使学生更好地理解理论知识、增强学生对理论知识认知的广度、深度，促进学生学以致用、知行合一。高校思政课引入情景剧教学法，学生自编、自导、自演、自评情景剧，在这个过程中，学生自主探究学习，在学习过程中，进一步产生对马克思主义基本理论的认同，验证马克思主义理论的科学性；在此基础上，引导学生自觉运用马克思主义基本理论分析和解决问题、提高处理问题的能力。思政课情景剧教学法是对“理论联系实际”的积极回应，学生只有真懂、真信马克思主义基本理论，才会运用该理论分析问题、解决问题。

第二，体现了以学生为本，培养了学生的综合能力、实现了个体全面发展。在高校思政课引入情景剧教学法，将枯燥理论转化为学生的价值认同，培养学生形成正确的价值观，坚定了学生的马克思主义信仰。学生在准备情景剧的过程中，通过剧本编写、资料查阅、道具准备、演出排练、视频拍摄、视频制作等过程，增强了自主学习、创新实践、团结协作的意识，提高了思维能力、写作能力、语言表达能力、动手能力，极大地促进了高校学生的全面发展。同时，培养了学生的理性思维能力和自主思考能力，突出了学生的主体地位。

2. 发挥隐性教育功能，提升思政课的说服力

新时代高校学生接收信息的速度快、渠道广，思辨能力较强，但是对知识内

容、理论观点的接收带有一定的抵触情绪，需要在思政课第一课堂教学活动中，做好潜移默化的隐性教育，提升思政课的说服力。

首先，制定好高校思政课教学目标，创设合适的学习情境，做好高校学生的思想政治教育。在高校思政课教学中，采用情景剧教学法，进行高校思政课的隐性教育，把握好课堂教学的系统性、前沿性、知识性、严谨性，围绕学习生活中遇到的难点、热点开展情景设计，努力利用和挖掘贴近学生现实生活的素材，重视学生的生活世界，多角度、全方位地把思政课学习与家庭生活、校园生活、社会生活有机结合起来；由高校思政课教师把控整个教育过程，学生创设恰当的学习情境，在这一过程中，充分发挥情景剧教学法在高校思政课教学中的隐性教育功能，引导学生认识和掌握人类社会发展的历史必然性、正确认识当代中国国情、掌握理想信念教育、正确认识自身的时代责任和历史使命。在实施中，通过高校学生的自主学习，增强学生的社会责任感，激发学生进一步理解与认知教学内容，达到养成素质、掌握知识、提高能力、坚定信念的良性教学循环。

其次，践行“三全育人”理念，形成大思政工作体制。在高校思政课采用情景剧教学法，学校要引起高度重视，建立开展情景剧教学法的联席会议制度，形成制度体系，不能让高校思政课教师唱独角戏，建立以马克思主义学院或者思政课部为主体，教务处、宣传部、校团委、学生处等各个部门联动的协同育人机制；调动学校其他部门的管理人员、教辅人员、知名校友等作为情景剧指导教师；在情景剧展演环节，学校在官微、官网等开设平台，扩大高校思政课情景剧的影响力。建立大思政的教育理念，通过多方合力，有效利用校本资源、社会资源，为高校思政课情景剧教学法提供人才、组织、经费等保障，形成“三全育人”格局。

（三）高校思政课情景剧教学法的运用策略

1. 践行教书育人活动的双主体理念

（1）以高校学生为主体，培养高校学生自觉意识。在高校思政课第一课堂中采用情景剧教学法，强调高校学生发挥自身的主体意识，注重学生的理论探究性、学习与实践性，在剧本主题拟定、剧本撰写、角色演练、反思改进等过程中，结合本学科知识，进行探究性学习，内化马克思主义的基本原理，培养善于发现问题、理性分析问题、有效解决问题的能力，培养高校学生正确的“三观”。在高校思政课引入情景剧教学法的全过程中，思政教师要充分发挥高校学生的积极性，主动学习马克思主义理论，形成高校学生自主学习理论的自觉意识。

在高校思政课第一课堂引入情景剧教学法，要求班级学生全员、全过程参与，给每个学生分配学习任务，通过这种体验式的学习，起到充分发挥学生的主观性和创造性的作用。这将对于学生的知识广度的拓展、创新意识的培养、实践能力的锻炼、精神生活的丰富等方面起到极大推动作用，有利于促进学生的全面发展。

（2）以教师为主体，全程指导与参与教学过程。在高校思政课第一课堂运用情景剧教学法，教师不能当旁观者，要积极引导、组织学生参与活动，要求学生以情景剧为载体，运用综合知识储备，进行协作性、自主性、研究性和创新性学习。同时，在具体过程中，教师全程指导并做有效监控，引导情景剧走上正常轨道，情景剧必须紧扣教材体系，围绕教学内容开展，避免将情景剧教学法变为纯娱乐性的文艺活动，避免观点评判、历史事实等方面出现偏差。在高校思政课第一课堂采用情景剧教学法，实现了线上与线下的有效衔接，是高校思政课第一课堂的重要组成部分与载体，增强了高校思想政治理论课的教学实效性，促进了高校思政课的整体发展。

2. 明确思政课情景剧教学法的教学属性

（1）充分体现马克思主义理论学科属性。在高校思政课属于马克思主义理论学科体系中的课程，在高校思政课第一课堂上，采用情景剧教学法，必须紧紧围绕马克思主义基本原理、马克思主义中国化的理论成果这两大主题，引导高校学生再现理论情境、历史情境、现实情境，在具体撰写情景剧剧本、演练等时候，进一步深化对理论知识的理解，提高分析问题、探究问题、解决问题的综合能力，并将科学理论内化于心外化于行，将理论内化为自身信念与修养，极力做好高校学生的思想政治教育工作。

（2）紧密围绕思政课教学体系。在高校思政课第一课堂引入情景剧教学法，要求该方法与教材体系、教学目标、教学内容等方面保持高度一致。该教学法必须以高校思想政治理论课为基础，在高校思政理论课第一课堂上，使用情景剧教学法，必须严密遵循情景剧教学法的教学属性，紧紧围绕高校思政课教学任务与教学目标与展开教学。引入情景剧教学法，是为了增强高校思政课第一课堂的教育性。在具体实施过程中，需要教师合理制定教学计划、合理安排教学时间，做到与高校思政课的课堂教学同步进行。

3. 抓好情景剧评价与展示环节

（1）把好教学评价关，完成教学内容的认同与升华。引入情景剧教学法，情景剧既是高校思政课的教学活动，也是教学成果。在高校思政课情景剧的评价环节，教师要事前做好评价指标体系的顶层设计，重点考察高校学生在情景剧中表现的对马克思主义的基本理论、社会热点与难点问题、个人道德修养、法律意识与法治思维等重要问题的认识与理解处理能力，对某一问题的分析与解决能力，切不可在设置评价指标体系时忽视学生对知识点的掌握和理解能力，避免将学生在情景剧中的表现评价占比过高。

在情景剧的互评环节，学生可以对本剧组成员和其他剧组成员的表现进行评价。检验学习效果，实现检验学生对课程知识点的理解、消化能力。同时，在学生的互评环节中，还可以发现学生对同一事件或不同问题的态度，这样便有助于高校思政课教师及时了解学生是否真正掌握知识点以及存在的问题。

（2）做好成果展示，扩大思政课情景剧的育人广度。对于经过师生共同评选出的获奖或者优秀的情景剧，教师一定要给它们找到合适的展示舞台，通过网络展播或舞台展演的方式进行至少为期两个月的展示。因为通过成果展示环节，一是加强了对在高校思政课第一课堂引入情景剧教学法的宣传，扩大影响力，同时还可以让学生在展示情景剧的过程中有获得感，为学生贴近生活、贴近中国特色社会主义理论与实践、贴近思政课进一步打下良好的基础。二是扩大了高校思政课第一课堂引入情景剧教学法的育人广度。情景剧不但是高校思政课第一课堂的教学成果，同时也能通过教学资源、教学案例、优秀剧目进行展示，让更多的高校学生通过表演、观看情景剧，进行自我教学活动反思，发挥该教学法的育人效果。

4. 做好情景剧教学成果的积累

在高校思政课第一课堂中引入情景剧教学法，所使用的情景剧剧本是很好的教学资源和教学案例。高校思政课教材体系呈现的是基本的理论知识，但是情景剧折射出来的是充分结合大学生自身特点的、思政学科的、鲜活的社会现实情境与历史情境。因此，高校学生表演的情景剧剧目是贴近大学生的、有效的教学资源与教学案例。高校思政课课堂引入情景剧，情景剧的排演、展示等环节依赖于多媒体技术，但是，高校思政课教师切忌将思政课第一课堂的课堂教学变为视频观赏课。教师根据教学内容和情景剧剧情需要，要在情景剧合适的关键环节选择暂停，带领学生就剧情透露出来的对某一问题进行深入思考与分析，充分发挥情景剧在高校思政课第一课堂中的教学功能。高校思政课教师可按照课程、剧本做好高校思政课情景剧资源库建设，力求将情景剧覆盖至各门课程，在思政课的教学中、校际交流中发挥了积极的作用，这是毋庸置疑的宝贵教学资源。

（五）高校思政课课情景剧教学法的实施

1. 教师集体备课

高校思政课一直要求教师集体备课。集体备课前开展全面调研，分析当前高校学生的知识能力、学习能力、性格、行为等特点，整理、搜集当前社会焦点、热点问题，分析学情特点，根据教学目标和教学内容精心设计高校思政课情景剧选题指南，要求高校思政课的情景剧选题指南必须来源于教学内容；并做好情景剧教学法在高校思政理论课中实施的教学计划与教学日历。在各门高校思政课情景剧指南的设计中，一方面要紧密结合在校大学生的实际情况和当前国内外社会焦点、热点，另一方面要紧密结合高校学生的日常生活、学习等实情，充分体现地域特色、学校特色，以保证高校思政课第一课堂引入情景剧教学法遵循生活化的原则。

2. 学生排演剧目

第一，确定情景剧主题。以教学行政班为单位，在教师的引导下或学生自行组建团队，大概 6～8 人为一个团队；组建好团队后，根据教师开列的课程情景剧选题指南，确定好选题，然后开始撰写剧本，写好后交由教师指导、审核。在审核环节中，教师要统筹协调各团队选题，避免扎堆集中选题，力求做到选题覆盖全部教学内容。第二，创作剧本。高校思政课教师鼓励学生在尊重事件原貌、历史事实的基础上，发挥各自团队的想象能力，自行创作剧本。在这一步骤中，教师要引导学生根据各团队选题，查阅相关资料，并做好剧本的审核工作。第三，排练剧目。高校思政教师鼓励学生在排练剧目时因地取景、因地取材、充分发挥学生的主观能动性，利用废旧物资设计服装道具，以实现通过情景剧的体验式、情境式教学达到高校思政课最佳学习效果的教学目标。最后，剧目展示。高校思政课情景剧展示方式有 DV 剧和舞台剧两种形式。无论采用哪一种形式，目的是让学生的综合表现呈现在广大师生面前。当智能手机、DV 机普及后，情景剧的展示方式也与时俱进，开始出现了 DV 情景剧的形式，这样大大提升了高校思政课情景剧的艺术感染力。

3. 剧目评价与展播

第一，学生互评。以班级为单位，高校思政教师组织学生之间互评情景剧。在互评环节，学生通过其他同学对各自在情景剧中的评价与反馈，实现思政课教学内容的反思与复习。第二，专家评价。教师聘请学校教务处教师、校外专家组成复评和决赛环节的评审专家，最终评选出优秀情景剧剧目。第三，剧目展播。评选出的优秀情景剧剧目，将在班级 QQ 群、微信群、学校官网进行为期三个月的网络平台展播，以提升高校思政课情景剧的辐射力和影响力，拓展情景剧的教育功能。

4. 教学反馈

在高校思政课第一课堂引入情景剧教学法，效果如何？这是对该教学方法的一种反馈与反思。教学总结应包括以下几个部分：一是高校学生填写各课程组设计的科学合理的调查问卷，教师根据问卷数据做好分析；二是思政教师提交教学感悟与个人教学总结；三是该思政课教学团队负责人根据高校学生与该门课程教师的反馈形成年度思政课情景剧教学法教学总结，为进一步在高校思政课第一课堂推广应用情景剧教学法做好活动经验总结。

七、演讲比赛教学法

（一）演讲比赛教学法的含义

演讲比赛，是一种在大中小学普遍推广的活动，也经常被老师运用到课堂上。演讲比赛是大学生极为喜爱的一种教学方式。在高校思政理论课第一课堂使用演讲教学法，能充分调动高校学生学习的主动性、创造性，培养竞争意识，激发高校学生渴望参与教学的热情，能够较大地激发学生的学习兴趣以及参与意识与创新思维，能更好地发挥学生的主体作用，对于学生综合素质的培养能起到很大作用。

（二）演讲教学法使用注意事项

因为演讲教学法使用起来比较简单，操作起来也比较容易，因此，在这对高校思政课第一课堂引入教学法进行简单使用原则、使用方法、环节的阐述。

1. 设计好演讲比赛的主题和相关要求

演讲比赛和其他普通的比赛一样，需要有相应的比赛要求、比赛规则和比赛环节。这些都需要高校思政教师提前设计好。教师设计好之后，可以打印出来以纸质稿交给班级学习委员，学习委员再发给同学们。在互联网时代，教师更多采用通过QQ、微信、邮箱，发电子版给学习委员，再由学习委员转发给同学，让同学们做好比赛的准备工作。

在这一环节，要注意以下几点：第一，教师给学生发布课前要自学或者预习的知识点或有关章节内容，学生如遇不懂的地方可通过微信、QQ、短信等方式与教师进行交流、讨论等。高校学生只有全面充分理解知识点，才能做到演讲时不偏离主题，不偏离中心。第二，学生可对演讲主题进行一定范围内的创新。高校思政教师虽然在课前拟定好演讲比赛的主题和相关要求，当秉着发挥学生主体性原则，学生可以根据自己的理解、知识点的基础等实际情况作出一定的创新和调整。可以鼓励学生根据实际进行调整和创新，只要不偏离主题就可以进行大胆尝试，主要目的在于培养学生的创新思维能力和实践能力。最后，教师应鼓励学生积极参与演讲比赛。教师应采取相应的措施鼓励参与演讲比赛的学生。制定加分规则，凡是参与到演讲比赛的学生，无论是策划人、主持人、选手、评委，还是记分员、计时员等，都根据各自的表现情况加以计分，同时计入课程期末综合成绩的评定。

2. 选择合适内容进行演讲比赛教学

高校思政课堂引入演讲教学法，并不意味着所有的知识点都可以采用这一方法。特别对于那些理论性很强、学习难度很大的知识点是不适合采用演讲教学法的。理论性很强的知识点还是主要采用“理论讲授法＋启发式教学法＋提问式教学方法”等。例如在《毛泽东思想和中国特色社会概论》课中关于新民主主义的内容就不适合采用演讲教学法，应以教师讲授为主。在关于“中国特色社会主义文化”这一知识点时，可设计“如何弘扬中华优秀传统文化”进行演讲比赛教学，可发挥高校学生主观能动性，还能活跃课堂气氛。使学生在这种体验式教学中进一步理解、吸收相关理论知识，真正将党的理论、方针政策入脑入心。

3. 教师发挥好指导、监督作用

高校思政教师是思政课堂的“引路人”，必须做好赛前指导、过程监督的作用。课前，教师根据教学内容和学生实际情况做好赛前指导，课中，教师安排学生做好记录，教师也做好相应的记录。记录内容主要包括学生演讲时的语言、情感，演讲是否实现创新，对知识点的掌握是否正确，尤其要对学生在具体演讲过程中暴露出来的问题进行重点梳理，待比赛结束后进行反思、总结，留到下次课再进行详细的点评、总结。同时，教师也可以作为评委参与对学生演讲打分，这就体现了教师作为整个课堂演讲比赛中的一员参与整个比赛过程，体现了学生的主体地位；教师评委和学生评委不一样，看问题的角度不一样，这样可以使演讲比赛呈现出多元化的特点，体现了高校思政课的多样性。

4. 教师点评、总结好演讲比赛教学法

在高校思政课中引入演讲比赛，这是一种教学方法，也是一种手段，演讲不是目的，而是检验学生知识掌握得如何的一种手段。但是每个上台演讲的学生时间是有限的，各参赛选手在课前对演讲主题进行资料的收集、预习，但是高校学生的理解有限，对相关内容的把握不是太准，这种情况就需要教师在下次课点评总结时对整章内容做详细讲解，并就演讲中暴露出来的学生对知识点的了解不透彻等问题作出及时纠正。对表现好的学生加以表扬，指出他们的优点在哪，创新在哪，解答学生在演讲中存在的疑惑并作详细解答。其他学生加以借鉴，也可起到调动学生学习的主动性和积极性的作用。

5. 教师打分，计入期末综合成绩

高校思政教师根据学生的综合表现应给予每位参赛学生打分，并相应计入期末综合成绩。高校思政教师应合理设计思政课评价方案，注重过程考核，学生参加演讲比赛就属于过程考核的观测点之一。课程考核方案必须具体，突出演讲比赛在过程考核中的比重，因为这是一种收效较好、学生又乐于接受的教学方式之一。这种参与课堂教学活动打分的做法可以极大地调动学生参与的积极性，能起到锻炼高校学生综合能力的目的，以实现高校思政课第一课堂教学改革的目标要求。

八、研究性学习教学法

（一）研究性学习教学法的含义

研究性学习不是我国产物，在 18 世纪，研究性学习就在西方被大规模的提倡，之后一共提倡过 3 次。但是研究性学习在我国运用的历史并不长。并且在世界上，对研究性学习这种教育理念没有一个统一的名称，有的学者认为这是一种教学策略，也有的学者认为这是学习方式，笔者认为，可以从广义和狭义来理解研究性学习的含义。广义上的研究性学习包含“研究性学习课程”“研究性学习方式”“研究性教学策略”；狭义上的研究性学习仅指刚刚提到的某一或某几个方面的具体的研究性学习，本书中的研究性学习是从狭义上来理解的，是指一种教学策略。

作为教学策略的研究性学习是一种教学方式，是指教师为了提高学生学习的主动性、积极性以及学习兴趣，从而指导、促进、引发学生的研究性学习活动的一种教学方法。在高校思政课堂上，采用研究性教学策略，学生进行研究性学习活动，高校学生只有在教师的指导和要求下进行研究性学习活动，才可以将这种教学策略称为研究性教学策略。这是一种相互依存的关系，即学生以积极的态度参与探究活动，调动学生的探索欲望，并获得适应新时代社会的各种技能。

（二）研究性学习教学法的特点

（1）研究性学习教学法的主体是学生。广义上的研究性学习教学法的实施主体可以是教师，也可以是学生，本书中指的是学生作为研究性学习的主体。

（2）研究性学习教学法服务于学科教学任务。高校思政课教师把研究性学习教学方法运用到第一课堂，其目的是完成课程教学任务，这是研究性学习作为教学方法与其他研究性学习形式相区别的最根本的特点。

（3）研究性学习活动的周期较短。作为教学方法的研究性学习是在高校思政课第一课堂教学中开展的，这就限制了学生的研究性学习活动的课时安排，并且研究性学习教学法是为思政课教学服务的，所以它只是教学活动中的一部分，而不是教学活动的主体。高校思政课教师在第一课堂可以开展一次或者多次研究性学习活动，但不管次数多少，研究性学习活动的周期都是比较有限的、固定的。

（4）研究性学习教学法注重结果。研究性教学法一般由思政教师发布研究性学习教学任务，通常要求学生以小组的形式完成一个研究性学习任务，最后以论文、研究报告、PPT 或视频等形式来展示研究性学习成果，教师最终评价学生研究性学习结果。在这一过程中，高校学生在教师的指导下、更多的是自主地去完成研究性学习任务。教师无法参与到学生的具体研究性学习过程中去，教师在此活动中是扮演引导者的角色，因此，对于学生在研究性学习过程中的具体表现教师难以评价，更多的只能依据学生的研究性学习结果来进行评价。

（三）研究性学习教学法的理论基础

为更好地在高校思政课中认识和运用研究性学习，需要对研究性学习的理论基础做深入分析。毛泽东指出“感觉到了的东西，我们不能立刻理解它，只有理解了的东西才能更深刻地感觉它。”[①] 因此，为了更好地在高校思政课堂上运用研究性教学法，需要更进一步认识它、理解它。

1. 人本主义学习理论

罗杰斯提的出“以学生为中心”的教学理论，即人本主义理论，提出学生要养成主动学习过程，特别关注发挥主观能动性作用，注重学习内容与个人之间的联系，使学习有内在的动力。认为学习真正的目的不在于学到多少知识，而在于学会掌握学习方法，在于感受各种经验。

“以学习为中心”，意味着教师扮演的是一个引导、促进者的角色，教师主要是帮助学生探索学业、生活以及与他人的关系。主要有以下特点：① 在课堂教学中要创造一种良好的心理接受的气氛，这种气氛比教学技能更为重要。② 教

① 毛泽东．毛泽东选集（第一卷）[M]．北京：人民出版社，1991 年版，第 282－298 页．

学应以学生共同感兴趣的问题为出发点，围绕发展学生各方面的目标进行。③在此教学中建立的是师生完全平等的教学关系。

研究性学习教学法的使用，意味着学生主动参与学习过程，通过教师提出研究性学习问题激发学生学习动力。教师在研究性学习教学法中扮演的是引导者、促进者的角色，学生一般组成学习小组，共同努力完成学习任务。通过研究性学习帮助学生学会学习，在感受各种经验中获得知识。研究性学习的特点与罗杰斯的人本主义学习理论具有许多内在的一致性，因此，认为罗杰斯的人本主义学习理论是研究性学习的理论基础之一。

2. 建构主义学习理论

建构主义并非指某一个具体理论，而是指某一类理论。苏格拉底被认为是最早的建构主义者之一。建构主义对知识、学习、学生、教学都提出了新的观点。

(1) 新知识观。知识是一种关于各种现象的较为可靠的假设或解释，并不是对现实世界的绝对正确表征，换句话说，建构主义认为知识的正确性并非是绝对的，而是需要根据具体的情境进行再创造。

(2) 新学习观。建构主义认为学习不是教师向学生传递知识的过程，而是学习者建构知识的过程，学生是主动的信息建构者，不是被动的刺激接受者。学生的学习是内化相关的知识和技能的过程，通常通过某种社会文化的参与来实现，因此，学习活动应该与社会实践活动结合起来，通过“学习共同体”的合作互动来完成。

(3) 新学生观。建构主义认为学生并不是毫无思想的空洞的个体，他们一般带着已有的经验背景走进教室学习的。因此，教师必须重视学生已有的观念的学习。

(4) 新教学观。让学生通过问题解决来学习，这是建构主义教学改革提出的最核心、最基本的思想。教学的任务是建立一个能够共同提出问题、共同解决问题的学生团体。教师为学生团体解决问题起到引导作用。问题的设计要结合学生现有的知识经验，使学生找到新旧知识的联系，通过这样一种问题解决的方式实现学生对知识的建构。

建构主义是研究性学习最主要的理论基础。建构主义的新学习观、新教学观是研究性学习的最直接的理论基础。研究性学习与传统教学最大的区别在于，教师通过设定一些学习选题，让学生以小组的形式合作完成学习，而不是把知识“灌输”给学生，是通过问题解决实现学生对新旧知识的建构。

3. 主体性教育理论

主体性教育是在对传统的教师为主、学生为辅的教学反思的基础上而产生和发展起来的一种现代教育理论。主体性教育的核心是发挥学生主观学习能动性。主体性教育具有民主性、科学性、开放性、活动性的特征。因此，主体性教育已经成为我国教育教学改革与发展研究中的一个重要课题。

研究性学习把学习的主动性交还给学生，坚持认为学生是学习的主体。在研究性学习教学法的过程中，教师与学生的传统的“你教我学”的状态被打破，不再是“灌输”与“被灌输”的关系，教师与学生是一种民主平等的关系，教师在研究性学习教学法当中起到促进作用，而学生是在学习中起主动作用。研究性学习教学法通过小组共同活动在“做中学”，以小组合作的形式开展学习，学生利用课后时间完成学习选题，学生走出教室，走出校园。研究性学习体现了主体性教育理论的特点。

（三）研究性学习教学法在高校思政理论课第一课堂中运用的可能性

1. 研究性学习教学法符合“思政课”教学改革的方向

习近平在全国高校思想政治工作会议上的讲话指出：“做好高校思想政治工作，要用好课堂教学这个主渠道，思想政治理论课要在改进中加强，提升思想政治教育亲和力和针对性，满足学生成长发展需求和期待”。[①] 长期以来，我们一直把更多的关注力放在“思政课”的意识形态教育作用上，即注重教师是权威性，学生是被动地接受知识的对象，教学就是“我讲你听”，而忽视了“思政课”实际是一种教育。作为意识形态教育同时也作为一种教育的“思政课”具有其自身的特殊性，应该遵“思政课”教育教学改革应从教育学、心理学方面寻找改革的趋势和方向，是“思政课”教学改革的趋向所在。教育对象即学生，是我们应该重视和研究的一个重点。新时代教育更加重视学生的“学”，高校思想政治教育也同样如此。研究性学习要求学生积极主动地学习，教师是一个引导者，而学生在教师的引导下积极探索，进一步消化、吸收知识，因此，研究性学习理念与“思政课”教学改革的方向一致。

2. 研究性学习教学法符合高校学生理想的“思政课”的特点

（1）高校学生理想的“思政课”课堂。要想把“高校思政课”建设成为学生乐于接受、真心喜爱、终身受益的优秀课程，首先高校思政教师对高校学生究竟喜欢什么样的思政课堂进行研究。

---

① 习近平．把思想政治教育工作贯穿教育教学全过程 开创我国高等教育业发展新局面［N］．人民日报．2016－12－9．

为此，我们设计了课前调查问卷。在问及高校学生“我理想的大学‘思政课’”课堂是什么样的？其中：有34.34%的高校学生理想的“思政课”课堂是“老师上课生动且师生经常就某些问题共同探讨、研究型的课堂”，21.56%高校学生理想的“思政课课堂”是“老师认真授课，学生认真听课，课堂互动较多、氛围较活跃”的课堂，只有12.34%的高校学生理想的“思政课课堂”是“老师认真授课，学生认真听课，课堂偶尔有互动”的课堂。不难看出，绝大多数高校学生喜欢师生互动良好的“思政课课堂”，并且有33.5%的学生喜欢师生共同活动的研究型的课堂，只有少数高校学生选择没有互动的“思政课课堂”。这反映出高校学生渴望能和老师平等交流并共同探讨一些问题，传统的“老师讲，学生听”的这种教学方式已满足不了新时代高校思政课堂需要。因此，只有增加教师与学生之间的良性互动，才能实现新时代高校思政课第一课堂的良好课堂。

开展研究性学习，加强高校思政教师与学生之间的互动是必不可少的，不管是课堂外的互动还是课堂内的互动都会明显增加。这就打破了传统的教师“一言堂”的灌输式课堂，将研究性学习运用于“思政课”教学之中，加强教师与学生之间的积极互动。

当问及高校学生希望“思政课”怎么上这个问题时，61.43%的高校学生希望“老师能经常涉足一些值得思考的问题”，55.65%的高校学生希望“通过思政课能学到更多的课外知识”，希望“大家能有更多的相互学习和思想交流的机会”的高校学生占比42.67%。希望采用“小组合作学习”的同学占比47.56%。希望“老师设置一些专题让我们进行自主的学习和研究”的同学占比31.65%。不难看出，高校学生对心中期望的“思政课”与传统的“教师一言堂”的思政课格格不入，传统的思政课满足不了新时代高校学生的需要。因此，要真正发挥“思政课”对高校学生的思想政治教育的主渠道和主阵地作用，必须对高校思政课的教学进行方法上的改革和创新，运用多种切实可行的教学方法，形成教师与学生良性互动的生动局面，实现教学方法的创新，真正实现课堂教学实效性。

（2）高校学生对“思政课”教学方法改革的期望。当问及高校学生对“思政课”教学方法改革有何意见是什么时，根据调查结果显示：64.45%的高校学生建议思政教师采用“多样化的教学方式”，51.30%的高校学生认为应采用最先进的教学方法，48.56%的高校学生期望“他们能够参与进去”，17.54%的高校学生认为“老师不要讲太多，应该发挥学生的主体作用”，只有极个别的高校学生认为“没必要进行思政课堂教学改革”，“老师在台上讲，我们在台下听就行了”。这表明绝大多数学生赞同思政教师采取多样化的、先进的、与时俱进的教学方式，而非传统的教师一言堂的教学方式。同时，在高校思政课第一课堂教学中引入研究性学习教学法是一种较好的教学方法。

从以上调查数据显示，可归纳出大学生喜欢的“思政课”特点有：① 教师手段多样化；② 师生互动较多；③ 同学们在学习中能相互学习、交流；④ 课堂上教师能开展提高学生综合素质的活动；⑤ 师生之间关系融洽；⑥ 学生在课堂上能得到较大的锻炼。高校学生认为“思政课”教学方式方法应该“与时俱进”“更加多样化一点”，认为思政教师应充分挖掘学生学习的积极性和主动性，变原来“学生都是被动地学”为“学生主动地学”。“探究性”是研究性学习教学法最大的特点，大学生特别是高校学生需要在思政教师的指导下积极主动地参与研究性学习，这种学习是一种探究性的学习过程，需要教师与学生进行交流、互动，同时更多地要注重学生与学生之间的团结合作以及互动。在高校思政课第一课堂引入研究性学习教学方法，严格意义上讲，能够增加“思政课”对高校学生的吸引力和影响力，提高高校学生对“思政课”教学的满意度。

（四）研究性学习教学法在高校思政课第一课堂中运用的原则

研究性学习教学法本身是客观存在的客体，是没有有效性的，而只有将作为实践主体的人即高校学生将研究性教学法运用于实践当中，才能产生其应有的效果。这里所说的研究性学习教学法的有效性是指在“思政课”中运用研究性教学法是否有效。将研究性学习作为一种教学方法运用到高校思政课第一课堂中，归根到底教学方法是为课程即高校思政课程的教和学服务的。因此，我们判断研究性学习教学法是否有效，指的是研究性学习教学法在高校思政课第一课堂教学中所发挥的作用、产生的效果等，这种效果能对高校思政课教学目标的达成产生促进作用。

1. 确立目标原则

实践活动是在一定的目标指导下的活动，因此，在高校“思政课”教学中，开展研究性学习，必须遵循一定的目标原则，这也是最重要的原则。将研究性学习教学法运用于高校思政课教学中，应遵循的目标是：为思想政治教育、高校思政课教学服务的原则。在高校思政课第一课堂教学中，开展研究性学习的目的是教书和育人，这是最根本的目标，是培养高校学生的主体性原则。高校学生是学习的主体，在学习过程中起着积极主动的作用。学生在研究性学习教学法中并不是教师教给什么就接收什么，他们并不是信息接收的容器，有自己选择的主动权。学生的主体性是指在研究性学习活动中，学生在教师引导下处理研究性学习过程中遇到的各种问题所表现出的特征，具体表现为自主性、选择性、能动性和创造性。主体性是学生参与研究性学习的基础，也是提高高校思政课第一课堂的基础，因此在开展研究性学习过程中要注重培养学生的主体性。

2. 关注过程原则

在高校思政课第一课堂采用研究性学习教学法，高校学生是最大的受益者，但很多时候高校思政教师对学生研究性学习的评价往往只注重研究性学习成果，忽视了学生研究性学习过程，因此，高校思政教师首先要更新观念，明确研究性学习教学法在高校思政课第一课堂上的意义。在开展研究性学习开展的实践中，思政教师先把研究性学习任务布置下去，并引导学生从哪些方面着手研究。具体实践时，思政教师应定期或不定期地对学生的研究性学习活动开展情况进行具体的指导和现场督促，让学生深刻感受到思政教师对他们开展研究性学习具体过程的关注和关心。这样一来，一方面思政教师对学生的学习情况进行监督，更好地掌握学生的学习情况，另一方面对学生进行研究性学习产生重要的督促作用，同时还激励学生积极主动学习的热情。在评价学生的研究性学习的时候，应该更多地关注学生的学习过程，包括学生的态度、学生的投入、学生的思考等，这些是教师应加以关注的，而不能仅仅以结果论英雄。对学生的研究性学习做出更客观的评价，教师应该尽可能通过多种渠道了解和掌握学生的研究性学习过程。

3. 评价教育原则

对高校学生的研究性学习成果进行评价，这是在高校思政课第一课堂引入研究性学习法的重要环节。利用评价环节，教师对学生在学习过程中的表现进行思想政治教育，这是一种“润物细无声”式的隐性教育。而且这种教育相对于传统的说教，学生易于接受，传统的思政课堂上教师一味地说教，容易引发学生的逆反心理，而学生在这种轻松的环境下对教师所说的内容更容易进入头脑、进入心里，也就更能“入耳、入脑、入心”，真正达到教育的目的。学生在进行自主研究性学习之后对教师点评这个环节还是挺关注的，因为他们想了解自己是否达到了开展研究性学习之前所定的目标。因此，高校思政教师应该把握并利用好这个环节，一来掌握学生的学习情况，二来利用这个环节对学生进行思想政治教育。

（五）研究性学习教学法在高校思政课第一课堂中运用的设计理念

在高校思政课第一课堂采用研究性教学法，在设计时，必须坚持“以学生为本”的理念，同时，在具体教学中将这一理念渗透各个环节。设计时，必须从学生实际出发，围绕高校人才培养目标，遵循学生成长规律，进行课程设计。具体如下：

（1）设计主题突出以学生为本。事前进行学情分析，全面掌握并了解学生的情况，在教学案例选用、教学内容取舍、教学方法运用上，都要做到贴近学生、贴近生活、贴近实际的“三贴近”。

（2）研究过程突出以学生为本。突出高校学生在进行研究性学习时的主体性，教学中的主体地位，培养学生自主学习能力、可持续发展能力和创新思维能力。

（3）研究任务的布置要充分考虑学生。学生的学习压力比较大，专业学习任务比较重，思政教师在设计研究性学习任务时，要综合考虑，不能给学生太大的压力，否则，可能适得其反。

（4）设计任务要新颖。教师要根据社会政治、经济生活的实际进行设计，不能拘泥于高校思政课原有章节、原有顺序，要对授课内容、章节进行调整，设计的任务要吸引学生。

（六）研究性学习教学法在高校思政课第一课堂中的实施

1. 研究性学习教学法的理论学习和动员

理论学习阶段是进行思政课研究性学习的基础阶段，以高校《毛泽东思想和中国特色社会主义理论体系概论》课为例，在这一阶段中，运用5周10课时，教师向学生介绍马克思主义中国化的理论成果，为后阶段实施研究性学习奠定理论基础。理论学习共分为五个专题：专题一：毛泽东思想与马克思主义中国化专题；专题二：新民主主义革命理论与社会主义改造理论专题；专题三：中国特色社会主义进入新时代专题；专题四：五位一体总体布局专题；专题五：四个全面专题；这一阶段主采用“网络教学＋多媒体教学＋实践教学”相结合的方式，通过小组讨论教学法、案例教学法等多种教学方法使学生更快更好地理解马克思主义中国化的内涵，为下一阶段的研究性学习奠定基础。在这一阶段，要向学生介绍研究性学习的方法、研究性学习的内涵及意义、研究性学习的过程，进行研究性学习教学法的全面动员，为下阶段进行研究性学习奠定基础。

2. 教师引导学生发现问题，提出问题

高校思政课第一课堂采用研究性教学法要遵循开放性原则。开放性是研究性学习的主要特点，思政教师在进行研究性学习内容的选择上要坚持开放性原则，即选题领域不受限制，不设统一研究主题，可以是政治、经济、军事、文化、时事热点等问题。每个小组研究的选题由各组同学根据大家研究的兴趣爱好确定选题，每个小组成员充分发表自己的意见，各自提出研究的选题，在组内经过充分

讨论后形成研究的可行性和可能性，实行民主集中制原则，最后确定一个选题作为研究对象。

在这个阶段，思政教师的主要任务是当某一组或者某几组学生无法确定研究性学习的选题时，教师要引导学生去思考，找到选题，如果这样还是不能确定的话，教师要提供一些资料或者学习的网址引导学生去思考，发现问题，提出问题。同时，思政教师对每个小组提出的问题进行指导，使问题逐步完善，符合研究性学习的要求。

以某高校建筑设计 201901 班《毛泽东思想和中国特色社会主义理论体系概论》课程为例，在进行研究性学习选题上采用开放式原则，由各组成员自主讨论，最后确定选题。首先在各小组成员挑选的选题中进行初步筛选，通过各小组成员投票的方式评选出入围选题，再教给教师指导，最后确定的选题为："我为家乡基层民主献言献策""我为家乡经济建设出谋划策""家乡最美古建筑保护方案""家乡改革开放 40 年的发展变化"和"实现中国梦，从我做起"五个研究性选题。选题结合学生的专业、学生的实际生活以及教材内容。

《毛泽东思想和中国特色社会主义理论体系概论》课程的教学目标是引导学生树立马克思主义科学的世界观、人生观、价值观和方法论，并用学到的三观去发现问题、认识问题和解决问题。而在这一门课程第一课堂的教学中采用研究性学习方法，正是试图让学生通过自主学习和实践，将马克思主义的理论知识与教材的内容、学生在现实生活中所涉及的各类问题结合起来。

3. 学生自主搜集资料、探讨问题

各个小组在确定研究选题以后，在思政教师的指导下，各研究小组首先设计好进行研究性学习的研究方案，对各小组的研究性学习进行分工，分配各成员的任务，教师对研究性学习的方案进行具体指导，特别是研究性学习中设计方案的内容、人物、时间、地点、方法、手段、目标、组织等都要做具体细节的指导，在方案最终确定以后，各研究小组进入资料搜集和资料整理阶段。

(1) 思政教师指导并督促每个小组围绕选好的研究选题搜集资料，如通过网络平台、利用学校的图书馆等查询资料，获取相关信息，小组成员进行合作分工对搜集到的资料进行整理、分析，形成初步的解决问题的方案。

题目：我为家乡基层民主献言献策。

资料整理：主要集中在以下几个方面整理资料，如家乡村干部选举情况、家乡民主集中制实施情况、家乡党员活动开展情况等。

解决方案：通过调研家乡以上基层民主建设情况，初步了解家乡基层民主建设存在的现状，并且做深入分析。

（2）思政教师根据各小组形成的研究方案，指导学生对研究性方案进行归类、分析、比较，并对学生提出的问题进行指导，引导各小组进一步探究问题，形成问题的解决办法。

（3）教师指导小组讨论、发表观点。各小组进行人员分工，如研究小组组长汇报各组研究的进展情况、研究中存在的问题，组长发言的时候其他成员进行补充。教师最后将各组搜集到的关键问题、重要问题抛出来，由全班同学一起讨论。在讨论过程中，教师要尽可能地让绝大多数学生参与讨论发言，其他同学根据发言同学的发言进行必要的补充。教师要认真倾听学生的发言，不随意打断学生的发言，并且不急于评价学生的发言。当然，教师可以作为一位参与发言者参与发言，真正与学生一起探讨在研究性学习过程中遇到的问题。这样一来，教师与学生之间形成了平等交流的关系，这有利于教师与学生建立和谐的师生关系，有助于师生特别是高校学生从他人的思路和视角中得到启发，进一步完善自身的思维。

（4）教师引导学生通过探究形成观点，并进行总结与反思。在课堂讨论环节，思政教师通过设置问题，引导学生分析问题、思考问题，形成解决问题的办法。学生在阐述自己观点的时候，思政教师要认真倾听学生的阐述，并对学生的观点作出基本的判断，但是教师要做到艺术教学，不能直接把正确的观点告诉学生，甚至去指责、批评学生的观点。教师应引导学生思考问题，在思考中自主得出问题的结论。思政教师应教导学生如何去认识问题、研究问题并讨论问题。在分析某种社会现象时，怎么去进一步分析现象背后深层次的原因。学生带着问题去思考，带着思考去解决问题，在解决问题的过程中进一步搜集资料，寻求问题的最终解决办法。

4. 研究性学习成果展示

各小组将研究性学习成果进行展示阶段是研究性学习教学法的最后阶段。各研究性学习小组在收集资料、数据分析的基础上，进行分析、归纳、总结，得出科学结论。如何分析数据，如何形成有效结论，这个过程对学生的能力是一个较大的考验。考验学生的思辨能力、创新能力等综合素质能力。高校学生受现有知识储备、思维方式、科研能力、综合能力等方面的制约，学生在对现有数据进行归纳、分析还存在很多问题，高校思政教师要引导学生对搜集到的资料进行筛查、甄选、去伪存真，要引导学生对材料进行由表及里的分析，通过分析把感性材料上升为理性认识，总结研究成果，撰写研究报告。

（1）正确对待研究结论。在高校思政课第一课堂引入研究性学习法，其目的是让学生体验研究某一个问题的过程，其目的是让学生学会用马克思主义的观点、方法与处理学习、生活中遇到的各种问题。因此，对于各小组得出的研究性学习的结论，教师和学生要有一个正确的态度。教师要用鼓励的方式肯定各小组的研究结果，各小组成员对小组研究的成果要有自信，不管学生研究的结论是对还是错，是成熟的还是不成熟的甚至是幼稚的，教师都要加以鼓励，千万不能打击学生的积极性。

同时，思政教师应及时引导学生分析并反思自己的研究成果。在反思过程中，找出自己研究成果的不足之处，并对各小组的研究过程和结果进行总结。在这个过程中，高校思政教师要让学生认识到：无论整个研究性学习最后得出的结论是否科学，不管研究是否真正有价值，只要学生真正去参与这个过程，并在这个过程中对研究的问题进行了有益的探索，研究就是成功的、有价值的。

（2）指导学生准确提炼研究结论。高校学生由于缺乏一定的科研能力，在进行研究性学习收集资料时，存在盲目性，他们普遍认为只要与课题研究相关的资料都进行搜集，这样一来，资料多且杂，而且由于资料太多，学生分析资料的时候难度加大。在这种情况下，高校思政教师要积极引导学生掌握相应的资料分析法和数据统计法，在学生实在从庞大的数据中难以分析得出科学结论时，教师应协助学生对数据和资料进行处理，进一步加以分析。教师要引导学生运用科学的思维方式从数据中提炼结论。思政教师应引导学生集思广益，发挥团队合作精神，进行互助合作。对每一位参与研究的同学形成的材料进行分析、推理，综合进行分析，只有这样才能真正产生思维碰撞的火花，从而得出意想不到的结论。

（3）研究性学习成果展示。将各小组的研究性学习成果进行展示是高校思政课采用研究性学习教学法的重要环节。思政教师让学生明白成果展示和答辩的基本程序。各研究小组选定一名同学对本组研究性学习成果进行展示，向教师和学生展示研究成果。在研究性学习成果展示答辩环节，各小组内其他成员对教师和其他组的同学的提问进行答辩。思政教师要鼓励学生在答辩时充满自信，有针对性地回答教师和其他同学的提问，各小组成员进行必要补充，充分展示团队合作的力量。

5. 研究性学习教学法的考核评价

教学方法效果如何，应采取有效的评价方式。高校思政课传统的考核评价是以分数作为衡量教学效果的唯一标准。传统的考核评价主体单一，学生处于被动的评价地位，而且评价偏重知识目标，忽视能力目标、素质目标。忽视情感、能力、意志、态度等目标，评价方法过于单一，过分关注学生的终结性学习成果，忽视学生的个体差异，这难以激发学生的学习兴趣和学习动力。

应加强研究性学习的过程性评价，采用学生自评、小组互评与成果考核相结合的方式对学生的研究性学习进行考核评价。传统的高校思政课教学评价中，学生一直处于被动的被评价的地位，评价目标含糊，给学生带来了一定的心理负担，甚至对评价产生逃避的心理。在研究性学习法中，学生应参与到评价的整个过程中来，采用学生自己评价和小组互评的方式进行。教师给每个小组发放“组长研究性学习活动记录本”和“组员研究性学习活动记录本”，“组长的记录本”记录小组在开展研究性学习时各成员参与情况、研究的心得体会，组员的“学习活动记录本”记录自己在研究性学习过程中的过程跟踪、心得体会等，这些活动记录本是最后进行研究性学习考核评价的重要依据。

九、课前新闻播报教学法

（一）课前新闻播报教学法的含义

在高校思政课第一课堂引入课前新闻播报，是指在思政课上课前的10分钟左右，由3～5名学生上台对最近发生在国内外的时事新闻进行播报，可以采用简单的口头播报，也可以在课前做好PPT，配以“图片＋文字”的形式再到台上进行播报。教师和其他同学可以参与到台上同学播报的新闻中来，由播报人点名或者台下同学自由参与的方式均可。把上台播报新闻以及在台下参与新闻播报的讨论都纳入学生的思政课的考核之中。新闻播报要求播报的是新闻，新闻来源主要是从电视、广播、报刊、网络等多种媒体渠道，也可以从学校、班级等生活渠道搜集播报的新闻，制作成PPT或者新闻稿件，可以学生个人，也可以以小组为单位进行播报。新闻播报可以给学生一个展示自我的机会，在搜集新闻、编辑新闻、讨论新闻的过程中锻炼了学生的综合能力。

（二）课前新闻播报教学法的作用

1. 对教学的作用

（1）贯彻落实思政课教学改革的需要。2019年8月，习近平总书记在学校思想政治理论课教师座谈会上发表重要讲话指出，“推动思想政治理论课改革创新，要不断增强思政课的思想性、理论性和亲和力、针对性。”这对新时代推动思想政治理论课改革创新指明了前进方向。如何在高校思政课的教学改革中遵循这“三性一力”？是一个重大课题。思政课理论性非常强，学生普遍对思政课不是太感兴趣，为此，必须对高校思政课进行改革，尤其是对高校思政课的第一课堂进行改革势在必行，必须争取学生的主动参与性。在高校思政课第一课堂引入课前新闻播报教学法，从学生新闻选择、材料整理材料、制作 PPT、撰写新闻稿，到上台播报，整个过程都体现了学生参与的主动性和积极性，迎合了高校思政课教学改革的需要。

（2）提高思政课课堂教学效果。如果仅仅在高校思政课中向学生宣讲理论，效果肯定不好。如果高校思政课教师能将学生要学的原理、知识与学生的学习、生活具体联系起来，这样高校学生学习起来才会更容易。因此，在高校思政课第一课堂引入“课前新闻播报”（10～15 分钟），让高校学生在新闻播报整个教学环节中（从新闻的搜集、整理到播报）掌握并理解到相关的知识点，也就在不自觉中加深了学生对知识点的理解与掌握，锻炼了学生的综合能力。如果学生播报的新闻刚好是课本上的相关知识或者与教材的知识点紧密结合或者联系密切，那就会成为接下来的教师课堂教学很好的新课切入点或者课堂案例，为教学任务的顺利完成起到很好的促进作用。

2. 对学生的作用

（1）有利于学生形成正确的“三观”。大学生是有中国特色社会主义的建设者和接班人。新时代的大学生，他们身上的责任和负担重大。在高校思政课采用“课前新闻播报”活动，促使高校学生积极主动关心国内外热点、难点以及发生在身边的重大事情，为将来参加工作、融入社会奠定基础。高校学生要时刻与社会保持紧密联系，紧跟时代的步伐，提高和增强自己对社会的适应能力。国家和社会发展与每一个公民的命运联系在一起，有国才有家，国家的前途命运与个人的前途命运息息相关，因此，关心国家大事、天下事，是每个公民也是每一名高校学生爱国主义的重要体现。高校学生无论在现在还是未来，必须从时事中学会用正确的观点认识当今社会，形成马克思主义科学的世界观、人生观、价值观，以适应将来工作的需要和社会发展的需要。

（2）有利于激发高校学生的学习兴趣。高校学生对新鲜事物是比较感兴趣的。良好的兴趣是学生积极主动学习的前提，也是提高高校学生对思政课的热情和提高高校学生学习效率的一个重要因素。正处青春期的高校大学生，他们有一种不断追求新鲜事物的心理，但是思政课由于它本身的特殊性，教材不可能经常改革和更新，即便选择的教材再好，再权威，久而久之，学生也会失去兴趣，自然而然影响了学习思政课的兴趣。而这种与学生实际生活向贴近且而富有新时代特色的课前新闻播报教学法能很好地满足高校学生追求新鲜事物的心理，进一步激发学生的学习兴趣。

(3) 充分调动高校学生的学习主动性。传统的高校思政课第一课堂是教师占主导和主动地位的模式，思政教师始终处在权威、主动的地位，学生处于被动地位，因此要想调动学生的主动性和积极性是非常困难的一件事。而在高校思政课第一课堂采用新闻播报教学法，学生在课前自主选择感兴趣的新闻播报内容，这样充分体现了学生的自主权，极大地调动学生的主动性和积极性，制作新闻播报PPT和撰写新闻播报稿件，学生在“做中学、学中做”，增强了高校学生的自信心，提升了他们学习的兴趣，更好地提高学生的主动性和积极性。

(4) 有利于激发高校学生的爱国热情。在网络化、信息化高度发达的新时代，高校学生感受着今天世界形势风云变幻，每时每刻都在关注着、感受着世情、国情的最新进展。因此，高校思政教师必须引导学生多渠道地关注、了解时事，关心国家大事，才能迎合高校学生追求新鲜事物的心理，才能让他们紧跟时代的步伐，更多地从正面了解、关注时事，才能满足他们趋新的心理需求，使他们与时俱进。然而，受各种主客观条件限制，高校学生不能每天读报纸、看电视，他们虽然可以上网，但是专门上网关注时事新闻的学生并不占多数。“两耳不闻窗外事，一心只读圣贤书”的高校学生大有人在。也正因为如此，为在高校思政课第一课堂引入课前新闻播报教学法提供了现实可行的基础。通过课前新闻播报，学生主动去搜集信息、接触国内外时事新闻。更重要的是，在搜集新闻过程中，学生可以更深刻地感受到国家的进步与发展，深深体会到国家各方面取得的显著成就，从而激发高校学生的爱国主义情感，增强他们的责任感和使命感，提高学生的民族自豪。

(5) 有利于提高学生的综合能力。在高校思政课第一课堂引入课前新闻播报教学法，可以提升学生的综合能力。首先在新闻材料的搜集上，学生要通过网络、电视等多媒体工具搜集新闻，这样一来，锻炼了高校学生使用多媒体技术搜索信息的能力。特别是有些高校学生将准备的新闻制作成PPT，生动形象，锻炼了学生的综合能力。在新闻播报的时候，学生要用流畅的语言将新闻播报出来，这样便锻炼了学生的语言表达能力、语言组织能力和应变能力，同时还锻炼了学生的逻辑思维能力。在搜集新闻素材的过程中，还锻炼了学生的团结合作意识。学生在前期的素材准备过程中和上台播报时需要小组成员之间团结合作、互帮互助，在此过程中，他们也充分认识到团结就是力量的重要性。新闻播报，不仅仅是播报新闻，需要进行播报前的各项准备工作，在材料的准备过程中对新闻的材料进行整理、归纳和分析，这是一个从量变到质变、从感性认识上升到理性认识的一个过程，也是从形象思维到抽象思维过度的过程。对所搜集的材料进行整理和分析论证的过程，就是一个从感性认识上升到理性认识、从形象思维过渡到抽象思维的训练过程。虽然有些学生参与新闻播报是为了获取更多的课程加分，但是在无形之中学生养成了看新闻的良好习惯。

3. 对高校思政教师的影响

（1）有助于高校思政教师掌握学生的学习状态。在高校思政课第一课堂引入课前新闻播报教学法，这就要求学生课前进行充分的准备，结合教材知识内容体系和自身感兴趣的国内外时事新闻，选择恰当的形式（如 PPT 汇报或者自由播报的方式）进行播报，这样，高校思政教师便可很好地了解学生在学习过程中存在的各种问题。例如，有些学生采用 PPT 汇报的形式，但是他们对制作 PPT 课件掌握得不熟练，教师及时指导学生就这方面的问题进行改正，比如背景颜色、字体、版式等等；有的学生采用我是新闻主播的形式进行播报，但是他们毕竟不是新闻主持人，教师就要就其语言表达、肢体语言等方面存在的问题给予合理的建议；在新闻播报过程中，台下其他学生可能会加入自己对台上同学所播报的新闻的看法或者评论，教师可以据此及时了解班上学生对于国家一些政策、方针的把握和理解程度，对于某些同学认识上存在偏差的给予及时纠正，坚持积极、正确的舆论导向，坚持意识形态主流方向，充分发挥思想政治理论课主阵地、主渠道的作用。

（2）有利于师生之间的交流和沟通。通过高校思政课教师的亲身教学实践证明，引入课前新闻播教学法，给原本理论性很强、枯燥无味的思政理论课带来了生机和活力。学生在准备课前新闻播报的资料时，可以与思政教师进行沟通、交流，在交流中思政教师也会受到学生启发，使教师有更多的时间、空间直接和学生进行交流和沟通，教师与学生一起共同参与新闻播报这一教学活动，学生们会就在搜集新闻素材遇到的问题向教师请教，学生有更多的机会主动接近教师，师生之间可以聊时下的国内外热点时事等问题，师生之间和谐的课堂氛围建立，学生与老师对话交流的机会多了，还可以便于教师了解学生情况，设计出更新的教学思路，架起教师与学生沟通的桥梁。

（三）课前新闻播报教学法实施步骤

1. 课前新闻播报教学法教学目标设计

在高校思政课第一课堂采用课前新闻播报教学法，主要是为了完成以下教学目标：①培养学生关心国家大事、天下大事以及用心了解社会、观察社会的习惯。②培养学生理论联系实际的能力，让学生对于政治理论知识切身感受到很有用。③锻炼学生动脑、动口、动手的能力，锻炼学生的语言组织能力和舞台表演能力，增强学生的自信心。④了解学生平时关注的热点、焦点以及心中存在的疑点。⑤变“思政教师要学生学”为“学生自己要学”的教学模式。⑥创新教学内容，充实思政课堂教学，吸引学生的注意力。

2. 课前新闻播报教学法课堂具体实施

(1) 思政教师布置任务。教师可在每个学期开学前将课前新闻播报教学任务布置下去，也可以在前一次课布置任务，具体布置程序由教师自己定。建议将课前新闻播报教学法贯穿每学期思政课第一课堂全过程，形成一种惯例，让课前新闻播报教学法成为高校思政课第一课堂的重要组成部分。

(2) 课堂播报。每次课前利用 10～15 分钟时间播报新闻。由课前准备好的同学依次轮流上台播报。播报形式不限，由学生自行决定，可以是单个学生上台独播，也可以是以小组的形式共同上台联播；播报的学生可以像新闻主播一样侃侃而谈，也可以将新闻制作成精美的课件，或者是形象生动的视频；在播报的时候，可以由播报的学生从头讲到尾，也可以让台下的同学共同参与到课堂。有必要的时候，播报同学组织全班同学对新闻进行讨论。最后，思政教师对播报的学生进行点评，引导学生正确认识社会现象。同时，学习委员对在台上进行新闻播报的同学和台下参与讨论的同学做好登记，作为思政课活动加分的重要依据。

(3) 期末回头看。每个学期结束时，教师组织开展“课前新闻回头看”评比活动，推选出本学期“最受欢迎的新闻播报员”和“关注度最高的新闻”。

(四) 课前新闻播报教学法存在的问题

1. 时间安排上有偏颇

有些学生在准备的课前新闻播报的材料时，搜集的资料过多，在课堂上播报的时间超过 15 分钟，影响了其他同学的播报和后面课堂的教学内容。有的同学课前准备不充分，或者在台上播报的时候胆子过小，有时候播报不足 3 分钟，未能将一则新闻播报完整。

2. 学生参与的积极性调动问题

高校学生对新鲜事物的接受程度有个过程，面对教师采用的新闻播报教学法，刚开始学生有种观望的态度，担心自己播报不好，参与的积极性并不高。为此，思政教师必须在学期开始前对课前新闻播报教学法进行一定的宣传，讲清楚新闻播报的目的、性质，鼓励学生通过新闻播报这个载体来了解社会的政治、经济、军事、文化等，通过新闻现象去了解现象背后深层次的知识和问题，让学生学会观察社会、感悟世界，去思考深层次的问题，让思想政治理论课能真正地成为高校学生喜欢的、终身受益的课程。

3. 学生播报影响力不够

有些学生课前准备不充分，在台上播报时存在拿着手机读新闻、念新闻的情况。个别学生进行课前新闻播报动机不纯，他们仅仅是为了能让老师加平时分，因此，准备的新闻是临时凑数，新闻素材不够新颖，有的甚至还是几年前的“旧闻”，其他学生听起来自然不感兴趣。有些学生语言组织能力欠佳，口头表达不强，在播报新闻的时候，没有像新闻主播那样有吸引力，自然吸引不了其他学生的兴趣。

4. 班级参与度不平衡，效果有偏差

从笔者已经实施的班级来看，大多数班级对在思政课第一课堂采用课前新闻播报教学法比较感兴趣，学生的参与度比较高，效果较好。但也存在个别班级对此教学方法不感冒的情况，学生参与度不高，很多时候 10～15 分钟的课前新闻播报时间 5 分钟就草草完事，根本达不到实施课前新闻播报的效果。在同一个班级，有些学生进行课前新闻播报时表现很好，从素材的准备、到台上的播报，足可以看出是花了不少时间和精力在准备的，但也有的学生是赶鸭子上台，从素材的准备到具体的播报均可看出是为了完成任务。

（五）课前新闻播报教学法应遵循的原则

1. 思想性与时效性相统一的原则

课前新闻播报教学法应遵循思想性与实效性相统一的原则。思想性，这是由思政课的本质属性决定的，高校思政课也不例外。高校思政课最重要的目的是引导高校学生树立正确的世界观、人生观和价值观，培养高校学生成为建设中国特色社会主义的合格建设者和优秀接班人，因此，高校思政教师必须引导高校学生搜集能弘扬真善美、鞭挞假恶丑的新闻素材，要保证新闻素材来源的客观公正性，不能提供虚假新闻。同时，新闻的内容尽量和教材知识体系存在一定的关联。另外，播报的新闻要坚持内容上的新鲜，并能反映一定的社会现实。因高校思政理论课的枯燥性，很难吸引学生的目光，开展课前新闻播报教学法，就是要用最新的具有实效性的社会现实来对教材的理论知识进行解释，要求学生结合教学内容和自身的实际情况选取合适的新闻素材来论证理论观点，所以在新闻素材的选择上必须坚持思想性与实效性相统一的原则。

2. 主体性与主导性相统一的原则

在高校思政课第一课堂引入课前新闻播报教学法，要求思政教师和学生共同参与，当然，两者发挥的作用不尽相同。思政教师主要起引导作用，学生发挥主体作用。教师主要是引导学生从哪些方面去搜集新闻播报资料？搜集哪些资料？如何进行新闻播报？新闻播报时需要注意哪些具体事项等。学生发挥主体作用主要体现在：前期准备阶段，由学生组成新闻播报小组，小组成员进行充分讨论，就新闻播报的选题、资料的搜集和整理、新闻播报课件制作等方面展开讨论；在课堂新闻播报阶段，由播报人进行小组或者个人准备的新闻的播报；在点评阶段，由台下学生和教师共同对播报者进行点评，按照制定的规则实行打分。课后，在评价总结阶段，教师指导学生对课前新闻播报教学法开展诸如“播报月冠军”和“最佳播报团队”评选活动。

3. 客观性与激励性相结合的原则

在高校思政课第一课堂引入课前新闻播报教学法，必须遵循客观性与激励性相结合的原则。无论从新闻播报人还是从点评学生的角度来看，都必须对客观存在的国内外热点、难点进行播报，即内容必须属实，不能凭空捏造，播报人不能抛开客观存在的事实随心所欲地进行播报。同时，台下同学进行点评时，也要实事求是地进行点评，做到实事求是、客观公正。教师在学生播报完之后进行点评时，也需要客观地进行评价，以激发学生参与的主动性和积极性。同时，思政教师还要提出更高的要求，激励学生认真准备新闻播报内容、创新新闻播报方式，形成一种人人参与、班班参与、全校师生参与思政课课前新闻播报的良好氛围。

（六）课前新闻播报教学法运用策略

1. 教师要善于引导和分析，提高学生对新闻的认知水平

从表面上看，在高校思政课第一课堂引入新闻播报教学法是学生个人的事，但实则与教师也有很大关系。因为大学生特别是高校学生虽然获悉各种社会热点问题的能力很强，当时，由于受自身的知识储备、分析能力等因素的影响，他们对社会热点问题的看法不一定正确，甚至有时候存在错误的价值判断。这就需要思政教师对他们进行科学引导，提高学生对新闻选取的辨别能力。同时，思政教师在最后对新闻播报的学生进行综合点评时，应以鼓励学生为主，做到客观公平、公正，充分肯定学生勤于动脑、积极思考的主动性，对于新闻播报准备不充分尤其对于在播报时胆子小等学生不能打击他们的积极性。当然，对于学生表现不足的地方，教师要及时指出并正确引导学生进行科学分析，以帮助高校学生树

立正确的世界观、人生观和价值观。对于一些学生难以把握的或者感到棘手的社会敏感问题，思政教师应直面回应，帮助学生认识问题的本质，把问题说清楚、讲清楚，从而达到教书育人、释疑解惑的目的。教师要对学生播报的重要新闻事件，以及有时候学生没有关注到的内容进行必要的补充。这就对高校思政教师提出了更高的要求。高校思政教师一方面要不断学习，不断关注与学习国内外热点新闻，拓展自己的思维空间，同时，思政教师对播报内容进行全面把关，把握正确的政治方向，充分发挥思政教师主阵地、主渠道作用。比如学生在播报新闻的时候，在涉及有争议或者负面的新闻的时候，教师对学生进行正确引导，要善于把课堂知识与生活实际相结合，教师给予学生播报的新闻或者学生本人中肯的评价，引导学生一分为二地、辩证地看问题。教师要客观、精确、全面的点评，这样才能起到提高学生主动积极性的目的。因此，高校思政课教师要不断拓展自己的知识面，不断学习，在具体教学过程中与学生一起成长。

同时，教师在课前对学生筛选新闻播报的内容时要把好关，做好内容筛选的前期指导工作。教师还可利用每年的国家重大会议、国家重大节日、特殊节日做好播报计划，事前让学生围绕这些特殊节日的主题进行设计，准备好播报的内容。比如每年全国、全省的两会，重要纪念日如抗战胜利纪念日、南京大屠杀纪念日、9·18纪念日等，形成思政教师引导指定内容与学生自主发挥自主选择播报主题相结合的课前新闻播报模式。

2. 教师要引导学生把握播报新闻与教材内容的结合点

在高校思政课第一课堂引入新闻播报教学法，学生选择播报的新闻不能随心所欲，要把拟将播报的新闻素材与教材的知识点结合起来，通过播报后的点评环节，教师与学生一起对新闻事件进行讨论、评述，激发高校学生学习热情，引导高校学生对国家大事、社会大事的关注，在此基础上，加深对教材知识点的进一步理解，从而巩固教材中的理论知识点。换句话说，引入课前新闻播报教学并不是与教材知识体系脱节，不能把新闻播报当作“噱头”来吸引学生注意力，应该做到将两者有机融合，促使二者之间相互促进、相互渗透。事实上，新闻教学并非游离于教材知识之外，两者之间应该做到有机结合，相互渗透、相互促进。学生不能为了获取平时加分或者为了播报新闻而播报新闻，选择一些与教材体系不相干的一些新闻素材，教师应在课前引导学生选择哪些与教材知识点相关的新闻进行播报。

3. 重视课前新闻播报考核，提高学生的参与意识

在高校思政课第一课堂引入新闻播报教学法，必须要有一套行之有效的考核

评价体系。考核评价是检验思政课是否有效的重要手段，否则，思政课就会流于形式，学生的积极性很难被调动起来。思政课教学活动如果缺乏考核评价体系，学生的积极性就很难调动起来，活动往往会流于形式，最终草草收场，无法体现教学的实效性。因此，教师应该让学生明确考核的要求，将学生在“课前10分钟新闻播报”“对话式教学”等环节中的综合表现作为思政课期末总评成绩的一部分，其分值比例应在20%以上，以引起学生的重视，提高他们的学习积极性。此外，为避免出现组长一人包办、其他同学搭顺风车的现象，教师应该要求每个小组都要有明确的分工，把任务落实到每一位同学身上，提高学生的参与意识，对主要负责人和表现积极的学生应予以加分。在学期结束之前，由全班同学投票选出本学期新闻播报和评述最优秀的小组，获得“最佳新闻奖”，对获奖小组的成员应予以一定的奖励和加分。

4. 发挥课前新闻播报教学法中的积极作用

在高校思政课第一课堂中引入课前新闻播报教学法，可以起到很好的提高课堂吸引力与趣味性的目的，但是要充分发挥新闻播报教学法的主渠道作用，即它的积极作用，避免它带来的负面作用。当学生“新闻播报”结束之后，教师应该组织师生就刚刚播报的新闻进行讨论，分析新闻中反映出来的各种信息，对其中的负面影响即价值观缺失、价值观层面的问题进行分析，通过负面新闻警示自己的行为，防止高校学生出现思想道德方面的问题。学生可以从社会热点、难点去挖掘新闻素材，也可发挥自身的主观能动性，在现有的新闻素材基础上创新新闻内容，可以对新闻素材进行加工，加入自己的观点，对播报的内容进行评论，对从现有新闻素材已经反映出来的各种道德问题、思想问题有更深层次的、深刻的理解。

5. 构建“新闻播报”的思政理论教学体系

在高校思政课第一课堂中引入课前新闻播报教学法，争取将这一教学法贯穿于高校思政课的课前、课中、课后全过程，突出课前新闻播报教学法在高校思政课第一课堂中的价值，构建科学合理的思政理论课教学体系。

首先，明确高校思政理论课的教育目标，重视素质教育，发挥课前新闻播报教学法的人性化教育效度，践行素质教育理念，推进新闻播报教学法融入高校思政课第一课堂教学的方方面面。因此，要明确高校思政理论课的教育目标，一方面要重视高校学生的知识、技能教育，另一方面发挥课前新闻播报教学法在培养高校学生道德、素养、能力、情感等方面的积极作用，以此促进高校学生德智体美劳全方面发展。例如：高校思政理论课第一课堂教学目标设定为：知识目标、能力目标、素质目标等。

其次，丰富高校思政理论课的教材内容。高校思政理论课的教材特点是理论性强，内容枯燥，融入课前新闻播报教学法在课堂中，改变了传统的思政理论课第一课堂教学只注重知识灌输的教学模式，以多元化、丰富的新闻播报内容丰富思政理论课第一课堂教学内容，增强高校思政理论课教学的实效性，从而达到培养学生创新能力的目的。例如：高校思政教师根据教材知识体系结构，引导学生挑选拟将播报的新闻内容，以教学目标为教学导向，推进新闻与教材知识的相融合，培养学生知识、素养等能力，深化高校学生对“新闻播报”信息的认知。

最后，灵活引入课前新闻播报教学法。在高校思政课第一课堂引入课前新闻播报教学法，需创新引入方法，尽量采用生动的教学方法，创新高校思政课第一课堂教学模式，提升高校学生思想政治工作教育质量。例如，思政教师引导高校学生自主探究新闻，挖掘新闻与教材知识点的契合点，引导学生以合作学习为导向，鼓励学生发散性思维的培养，加深学生对知识的理解。学生进行课中新闻播报时，可采用多元化的播报形式，既可以是单个学生播报，也可以是多个学生一起进行小组播报。课后进行新闻播报的总结时，引导学生善于从播报的新闻内容中挖掘理论知识，巩固现有的知识体系，促进学生全面掌握所学知识。

6. 实现高校思政课第一课堂课前新闻播报常态化

鉴于新闻播报教学法的积极作用，努力将课前新闻播报教学法作为高校思政课第一课堂的常态化教学手段，以教学班级为基础，开展班级之间课前新闻播报的评比活动，推进学生理论与实践的结合，以此形成常态化的课前新闻播报教学，培养高校学生的综合能力。首先，思政教师可指定新闻播报的主题，也可以由学生自主选择播报选题，学生根据主题内容，以小组合作的形式开展课前新闻播报。学生在选取、分析、收集最近发生的国内外新闻内容时，不仅获取了新闻知识，还能锻炼学生制作 PPT 以及传递新闻的能力。其次，整理、编辑新闻播报内容，可以将学生播报的新闻内容制作成黑板报、手抄报等形式，提升学生参与的积极性，使学生在具体的动手实践中深入解读、理解新闻播报内容，提升高校思政理论课第一课堂的教学质量，进而促进学生的全面发展。

十、微视频教学法

在互联网技术日益发达的今天，微视频无所不在。在高校思政课第一课堂引入微视频教学已经成为一种潮流和时尚，越来越受到师生们的青睐。

（一）微视频的定义

微视频，指的是通过各种技术手段制作而成的视频片段，时长一般在20秒～20分钟之间，微视频以其短小精悍、内容丰富、幽默风趣、可随时随地观看的特点吸引着人们。大家公认的微视频的定义为："指个体通过PC、手机、摄像头、DV、DC、MP4等多种视频终端摄录、上传互联网进而播放共享的短则30秒，长的一般在20分钟左右，内容广泛，视频形态多样，涵盖小电影、纪录短片、DV短片、视频剪辑、广告片段等的视频短片的统称"。[①]

为提高思政课堂第一课堂的教学质量，高校思政教师普遍引入微视频教学，并且取得了不错的成效。新时代微视频主要包括电影片段、新闻短片、广告等形式。在当前的很多电商平台、公益节目、电视电影中包含各种各样的微视频资料，这些资料中包含各种丰富思政教育意义的微视频，如果高校思政教师将这些微视频引入到思政课堂中去，对高校思政课的教学无疑起到巨大的促进作用。

（二）在高校思政课第一课堂中引入微视频教学法的作用

1. 有利于完善教学内容

微视频的内容是多方面的，可以是教材内容的补充，也可以和教材内容不一致。新时代高校思政课引入微视频教学法，已是大势所趋。与网络上其他的视频资源比较，微视频具有更强的针对性的特点，在课堂上引入的微视频最好和教材的知识点存在一定的联系，可以直接应用于高校思政课课堂教学中去，充实和完善了教学内容，调动高校学生学习思政课的积极性。

2. 激发高校学生学习思政课的兴趣

兴趣是最好的老师。在高校思政课堂上，如果教师能抓住"看、听"这两个关键点，让学生能尽量集中注意力听课，把老师讲的每一句话都听进去，这样就可以极大提高课堂效果。因此，高校思政教师必须把提高思政课堂的吸引力作为重点工作来抓，只要学生对学习产生了浓厚的兴趣，学生就会专注于课程的知识点。当然，和中小学思政课不同的是，高校学生有自己的判断能力，他们对传统的说教方式不感兴趣，对出现的新鲜事物，尤其是利用新兴媒体推出的教学方式有浓厚的兴趣，微视频教学方式一个最大的特点就是能把理论性很强的知识点转

---

① 360百科：微视频［EB/OL］.（2017－11－22）. https://baike.so.com/doc/6733233－6947560.html.

化为教师和学生都喜欢的、乐于接受的方式，把思政教材中的知识点、重点、难点做成微视频，将授课内容集文字、声音、图片等元素于一体，能形象阐述枯燥理论，达到提升高校学生学习兴趣的目的。

3. 有助于发挥学生学习思政课的主动性

高校思政课需要教师与学生双向良性互动，不仅需要高校教师积极引导，同时还需要高校学生积极主动参与。传统的高校思政课堂是教师为主、学生为辅，教师从头到尾讲到底，学生只是被动地接受教师向他们灌输的知识而已，是知识的机械接受者。这种单向的教学方式难以提升实际教学效果。高校思政教师应将激发学生学习兴趣作为主要工作之一，发挥学生的主观能动性，自主学习，在学习过程中发现问题、解决问题。学生在制作或者观看微视频的过程中，通过制作、加工、分析、传播等途径，了解微视频背后的真正含义，理解微视频中反映出来的教材知识体系内容，真正实现教师与学生之间的良性互动，思政教师体现引导者的作用，高校学生真正成为思政课的主体。

4. 创新高校思政课课程教学改革模式

在高校思政课第一课堂引入微视频教学，顺应了高校思政课教学改革的潮流，也是提升高校思想政治理论课教育实效性的重要途径。

一是丰富了传统高校思政课教学载体。微视频一般以其生动形象、短小精悍俘获了年轻大学生的心，它容易贴近高校学生的内心世界，还能反映客观的现实生活，符合当代大学生的身心习惯需求，同时还是有效、有爱的传播途径。微视频作为一种教师和学生都喜欢的教学方法，普遍被运用于高校思政课第一课堂，同样，这种手段能让理论真正的“活”起来，激发高校学生学习思政课的兴趣，使学生享受学习思政课的过程，提高高校学生学习效率，帮助学生更好地掌握理论知识，并将所学的理论知识学以致用，起到了丰富传统的高校思政课教学载体的目的。

二是革新了传统高校思政课教学模式。微视频具有双向和交互的特点，它是传递信息的一种手段，同时也是学生进行自主学习的一种工具。尤其是高校学生自主制作微视频，可以大大地锻炼学生的动手能力和实操能力，让每个学生都有机会成为课堂的主角和导演。高校思政教师通过布置学生制作与教材知识点相贴近的微视频，一方面能让学生在制作过程中加深对知识点的理解，另一方面思政教师可以更好地掌握学生的知识点储备情况、思想动态状况等，发展有异象者给予及时引导和纠正。在此过程中，学生的主观能动性得到充分发挥，传统的教师一言堂的教学被新时代新媒体教学所替代，革新了传统高校思政课教学模式。

三是优化了传统高校思政课教学效果。微视频教学法在高校思政课堂上的使用，大大拉近了高校思政教师和高校学生之间的距离，也缩小了作为学习主体高校学生的差异性。与以往传统的教师为主的高校思政课第一课堂相比，微视频教学法的引入，大大吸引了学生的注意力——学生从以往的低头一族转变为抬头一族，实现了从“低头—抬头—点头—回头—昂头”的不断跨越，从以往高校学生一到思政课就想逃的现象到现在只盼着上思政课的巨大转变。高校思政课教学效果得到显著改善。

5. 有利于提高高校思政课课堂的教学质量

在高校思政课第一课堂中引入微视频，对教师和学生都有极大的促进作用。思政教师观看微视频，更能走进高校学生的世界中；高校学生通过观看微视频，能更好地融入世界，融入新时代。为发挥高校学生的主观能动性，思政教师可引导学生自己制作一些与思想政治教育相联系的微视频，学生将自己的体会和情感融入微视频的制作当中去，感受到微视频中的思政魅力。与此同时，高校思政教师应抓住微视频的较强的互动特点，通过微视频与学生进行交流、对话，发挥思政教育的隐形作用，这种教学方法相比传统的思政教育教学方式，更容易被学生接受。与目前高校使用的微课、慕课、翻转课堂等教学方式有相通之处，可以激发学生较浓的学习思政课的兴趣，在参与、观看、收听过程中，达到较好的课堂教学效果。

（三）在高校思政课第一课堂中引入微视频教学法的步骤

首先，前期策划阶段，一共分为四个步骤。（1）任务布置：高校思政教师要发挥引导作用，做好前期的动员以及任务布置等工作。引导学生以小组合作的形式开展视频制作工作，围绕教材的知识点制作微视频或者准备微视频。使学生充分认识到制作微视频可以实现知行合一、增长技能的目标。（2）选择微视频制作主题。思政教师一定要引导学生围绕教材知识点内容进行视频制作工作。最好以突破教学重点、难点为制作视频的关注点，使学生明白微视频不能随心所欲地制作，不能天马行空，必须紧扣教材。（3）对高校学生进行微视频制作培训。并不是所有的高校学生都掌握了微视频的制作技巧，为此，高校思政教师要组织专业技术人员对学生进行拍摄技巧、镜头转换、视频后期剪辑等技能的培训，使绝大多数高校学生掌握微视频制作技巧。（4）打磨剧本。一个好的微视频作品必须要有一个好的剧本，其中包括整体的剧本设计与撰写、情景设计、分配角色、细化分镜头脚本、道具的准备等具体工作，只有将剧本进行一次又一次的打磨，才是好的微视频制作的基础。

其次，中期制作阶段。制作好的微视频，最开始还只是一个初步成果，需要不断剪辑、完善。在微视频具体的拍摄、编辑等环节需要团队成员的全方位的、多角度的通力协作，才能完成一个较好的微视频制作工作。这个过程阶段，需要小组成员天马行空、发挥各自所长，对制作的微视频中的每一个镜头、每一个画面、每一名角色的每一句话等都要做好精雕细琢、精益求精，只有付出100%的努力，才可收获更好的成果。

最后，课堂呈现阶段。在这个过程中又分为以下几个环节：（1）课堂展示：每小组派代表将制作好的微视频展示在课堂上，并对每组微视频作品的选题背景、主要内容、特色亮点等方面做简要说明。在此过程中，高校学生可以借鉴其他组的微视频，吸收其中积极的有利的因素，取长补短。（2）评价环节：采用学生互评和教师点评相结合的评价方式。学生可以就其他组微视频的优点、缺点进行客观、公正的评价，思政教师同时对每组微视频作品作出点评，客观公正评价每一个作品，最重要的是教师要引导学生明白我们制作微视频不是为了好玩，不是为了拍视频而拍视频，而是要在制作视频的过程中理解并掌握教材知识点、突破重点、难点。

（四）在高校思政课第一课堂中引入微视频教学法存在的困境

1. 师生主体意识有待提高

虽然微视频的显著优势得到大部分高校思政教师和大学生的欢迎，但还是存在一些问题。一是高校思政教师对微视频的认识程度有待提高。部分思政教师对微视频教学法在思政课第一课堂中的定位不准，他们觉得采用微视频教学，只是为了改变思政理论课第一课堂枯燥面貌的需要，甚至将其视为课堂的一种调味品，是娱乐学生的工具，这部分思政教师未能做到真正领悟国家关于思政课教学改革的实质精神，不能做到因势而新、因时而进，在观念上存在障碍，对微视频在高校思政课第一课堂的运用认识有待提升。二是受大学生明辨是非能力的影响。新时代，受各种社会因素的影响，我国的网络空气还不是很纯净，网络法规还不健全，大学生人生阅历不足，面对鱼龙混杂的网络微视频，部分大学生缺乏鉴别能力，甚至将一些具有较大负面影响的微视频引入到思政课堂，制作出的微视频与新时代的主旋律格格不入，这样一来，微视频不但不能起到教育学生的目的，甚至有可能使学生误入歧途。

2. 微视频质量有待提高

在微视频的制作上，大学生制作的微视频水准有较大的提升空间。很多大学生是为了获取思政课平时加分才去制作微视频，制作微视频的动机不纯。在微视频的选题内容上，学生自主创作的微视频作用尚可，但是由于拍摄技术的局限性，微视频的呈现效果欠佳，难以受到教师和学生的喜爱。很多大学生制作的微视频存在重视呈现形式、轻视频的内涵的问题。大多数大学生以博取点击量和关注度作为他们制作微视频的出发点，往往忽视了微视频中应该包含的思想政治教育传播功能。新时代，关注微视频的人群以青年为主，因此，大学生在制作微视频不仅要考虑到各个年龄阶段的人群的需要，同时要特别照顾青年大学生的口味需求，结合所学知识与年轻人的实际情况，制作出既能满足当代大学生口味，还能传播思想政治元素的微视频，提升高校思政微视频的质量。

（五）在高校思政课第一课堂中引入微视频教学法的路径

为了让微视频教学法很好地融入高校思政课中，就一定要打破微视频融入高校思政课中的现实困境。为此，高校思政教师要积极引导，发挥好主导作用，培养大学生的辨别能力、实操能力等，同时，教师还要为大学生提供技术、人员、资金等保障，让学生乐于在思政课第一课堂上引入微视频教学法，乐于在课前制作微视频。

1. 微视频结构和内容的完整度

在高校思政课第一课堂引入微视频教学，必须加强微视频结构和内容的完整度。微视频不能只是随随便便制作而成的或者直接从网络上随意下载下来的视频，应该是与教材知识点存在一定关联的、结构和内容完整度较高的微视频。同时还应包含一定的时代元素和思政元素，应与高校思政教育内容的重点、难点或者核心概念有关。首先，学生制作微视频的过程中，思政教师可增添一些提问来引起学生的思考。其次，选择微视频制作主题时，微视频反映出来的问题必须和高校思政课课程的教学目标一致，要秉着微视频服务于高校思政课第一课堂的教学的宗旨，在内容的设计方面，微视频的重心内容必须要和思政课程的教学目标相同，微视频是辅助思政课堂教学而存在的，也是为学生服务的。最后，从知识点本身的完整性来讲，为了让学生更好地理解思政内容，思政教师必须用合适的教学方式保证知识点的完整性，不能为了让学生更好地理解思政教学内容，就将知识点分散，这样将会在很大程度上降低思政课堂的教学效率和教学质量。

2. 发挥教师的主导作用

新时代的高校思政教师，必须发挥好教育教学的主导作用，要坚持用“八个相统一”创新高校思政课教学改革，其中，坚持“建设性与批判性相统一”，要求高校思政教师发挥好大学生在直面各种错误思潮和观点时的主导作用。高校思政教师是思政教学的主导者，首先要坚定对马克思主义的信仰，同时，还要时刻保持一颗对社会热点、焦点以及社会变化的敏感的心。在高校思政课引入微视频教学法，教师要有高度的敏锐性，要认识到微视频教学的优缺点，发扬好微视频教学的正面作用，摒弃将微视频视为娱乐学生的观点，必须深刻认识到微视频教学存在的负面效应。其次，高校思政教师要对学生制作的微视频严格把关。教新时代的大学生由于人生阅历、知识储备等不足，在制作微视频的过程中，存在一定的偏差，理解可能存在某些误解，甚至还歪曲微视频本来的蕴含，这就需要教师引导学生不断扩充自己的知识面，提高自身修养，完善知识体系结构，增强辨别是非的能力。最后，教师还应在可能的条件下，进一步提高自身制作视频的技能，这样才能更好地指导学生完成微视频的制作，真正实现新思想、新技能“入脑入耳入心”。

3. 发挥学生的主体作用

微视频引入到高校思政课第一课堂，能否发挥好立德树人功能，受到各方面因素的制约。不能简单地从主观愿望和主观认识出发，而要看大学生是否具有将视频中蕴含的价值转化为自身的知识体系并自觉践行。大学生作为思政的主体，应该树立主人翁意识，自觉将微视频融入高校思政课第一课堂中来。为此，大学生要积极主动参与思政教师课前布置的制作微视频的教学任务，结合教材知识点与自身所学的专业知识、自身的技能、自身的特点等投身到视频制作中去。尽量做到传播能起到立德树人效果作用的微视频，很好地做到理论联系实际，拓宽高校思政课教学的广度。与此同时，思政教师在思政第一课堂运用微视频教学时，学生要认真观看微视频，带着问题去看，积极思考，对教师提出的问题主动运用所学知识、自身的知识储备等找到切入点，进行理性分析，及时向教师反馈，以便思政教师及时掌握数据，在后面的教学中，更改、优化教学活动，实现微视频高效融入高校思政课第一课堂。

4. 创设健全的制度体系

在高校思政课第一课堂引入微视频教学法，需要做好每一个环节的工作，任何环节都不能出现纰漏。一旦某一环节出现纰漏，就无法完成教学目标。为了更好地开展这项工作，要健全学校领导体系：一是学校领导要紧跟新时代的发展步伐，乐于接受新鲜事物，并在政策上大力支持将微视频教学法引入高校思政教学中去，给予一定的政策支持。二是学校组建思政课微视频创建队伍，明确队伍成员分工，提高微视频在思政教学中的应用成效。例如，微视频教学队伍中有专人负责积极向大学生推广微视频在高校思政课教学中的重要价值，有专人负责培训师生制作微视频的技能，有专人负责审核微视频中的政治方向、思想政治教育功能等，队伍成员各负其责，形成在高校思政课第一课堂引入微视频教学的制度体系。同时，思政教师要克服自身制作微视频的畏惧心理，积极寻找与教材知识点相贴近的微视频资源，并将之运用到思政课教学中去。

5. 学校要提供条件保障

微视频融入高校思政课第一课堂，需要高校提供全面的多样化的支持。例如，高校可以通过设立专项资金，举办思政课微视频制作大赛，鼓励大学生创造传播正能量的微视频，并且对有制作微视频潜质的大学生创作团队给予较高的资金支持，让大学生制作微视频成为一种常态；同时，教师还应打破高校专业限制，让不同专业的学生进行资源整合，为大学生微视频制作搭建交流合作的平台，提高大学生参与思政课微视频制作的参与度。为此，高校要为思政教师扫除微视频融入思政教学的障碍，积极引导全体师生认清微视频教学在高校思政课上运用的必然趋势，设立思政课教学改革激励机制，在政策上向微视频融入高校思政课第一课堂倾斜。学校还应该邀请微视频制作的专家能手来校进行微视频制作培训，提升全体师生微视频制作的技能。还应该积极举办微视频制作技能培训活动，让感兴趣的教师和学生提升技能。最后，学校要积极搭建思政课微视频宣传平台，确保优秀的思政课微视频得到有效宣传。

第五节 创新思想政治理论课的教学模式

一、翻转课堂教学模式

1. 翻转课堂教学模式的定义

翻转课堂，也称“颠倒课堂”，是指重新调整课堂内外的时间，将学习的决定权从教师转移给学生的课堂。首先在美国出现的翻转课堂教学模式，在短短的时间内，在全世界范围内得到强烈反响和广泛实践，近几年，在中国教育领域，翻转课堂的教学理念也被陆续运用于课堂，实践证明，翻转课堂在课堂上的运用，教学效果得到提升，一方面加强了学生的学习兴趣，一方面提高了学生的学习能力。如何将翻转课堂教学模式与中国教育现状结合，更好地发挥好这一新型模式的作业，是亟待研究的课题。笔者认为将翻转课堂理念植入到高校思想政治理论课堂中，以期改变目前高校思想政治理论课堂枯燥乏力的现状。

2. 翻转课堂的特色分析

（1）学习模式灵活。翻转课堂允许多样化的学习模式的存在，教师对教学空间安排重新调整，创建自组学习、分组学习、实践调研、综合考评等环节。在教师创造出这些灵活多样的学习空间里，学生根据自己的时间合理选择学习时间，同时，教师根据学生的期望安排教学进度，选择考核学生的方式。

（2）课堂角色的转变。传统课堂上，教师是向学生传授知识的权威专家，是“神圣”不可侵犯的，教师所说的就是“圣旨”，学生只是被动接受知识的学习者。而在翻转课堂上，这一角色被转换，由传统课堂上的教师为中心变为以学生为中心，在学习中，更注重发挥学生的探究式学习能力，学习的内容和深度更丰富、深刻，学生的积极性更高。

（3）学习内容的变化。实行翻转课堂教学模式，教师需要明确哪些内容须在课堂上讲解，哪些材料需同学们在课前进行自学，教师的主要任务是要明确如何运用翻转课堂的理念帮助学生更好的学习知识，通过采用多种教学方式，使得课堂教学时间能够得到最大效度的利用。

3. 高校思想政治理论课翻转课堂教学模式的构建对策

将翻转课堂教学模式植入到高校思想政治理论课，以期改变目前高校思想政治理论课的现状。如何更有效地让学生知识内化，分清教师角色、学生角色、制定学习环境、学习内容等，都是构建高校思想政治理论课翻转课堂教学模式的关键所在。

（1）明确教师角色。翻转课堂，即颠倒的课堂，意味着传统的课堂的师生关系被颠倒，传统的教学模式是灌输式的，学生是被动的接受者，教师向学生发出命令，学生完成命令，教师是课堂的主体，教师根据书本内容进行备课、讲课、布置作业、批改作业，这是千篇一律的教师工作的全部，在这种教学模式下，教师是成为知识的权威发言人。翻转课堂对比传统课堂，翻转了教师与学生的角色，教师变成了知识的设计者、疑问解惑者、学习的引领者。高校思想政治课教师课前制作课程视频，在制作视频的过程中，也和学生一样需要思考教学内容，成为学生的同伴，在课堂上，教师摇身一变成为课堂的导师。

（2）明确学生角色。传统的高校思政课堂，学生是知识的被动接受者，实行翻转课堂教学，学生由被动变为主动，主动在课后学习微课视频，带着观看视频的疑问，在课堂上与老师讨论、交流，学生变成课堂的主体。

（3）教学视频的制作。教学视频是微课教学中的核心，制作出良好的视频，意味着微课成功了一半，视频也是学生进行知识内化的源泉，因此，设计优良的视频成为广大高校思想政治课教师制作微课所追求的目标。制作微课视频要注意以下几点：第一，视频短小精悍。视频的时间控制在5～8分钟，不得超过十分钟，因为学生集中注意力的时间是有限的，过长的视频不但达不到传递知识的目标，很有可能导致学生对观看视频不感兴趣的后果。第二，内容浓缩。要把高校思想政治理论课程分化为多个知识单元，由于课程内容较多，不能面面俱到，制作成微课视频的知识点必须浓缩，不能泛泛而谈，重点将传统课堂中学生不容易理解的知识点制作成微课视频，帮助学生解惑。第三，视频要有吸引力。在互联网发达的时代，各类视频充斥着大学生的视野，微课视频也是视频，一定要有吸引力才能引起学生的注意。高校思想政治理论知识本身理论性强，制作出学生喜爱的思想政治理论课微课视频较难，制作出的视频在向学生传授知识点的同时，引用学生感兴趣的广告、人物、图片、热点，以期达到吸引学生的目的。

（4）课堂教学活动设计。在高校传统思政课堂中，通常惯例是“课上”知识传授和“课下”知识内化，翻转课堂，则将这一活动进行互换，变为“课下”知识传授和“课上”知识内化。学生要在课前学习微课视频，课堂上与老师、同学讨论学习视频中遇到的难题，在交流中期望激发出新的火花，教师注重引导学生积极发言，而非给出固定答案。①

4. 高校思想政治理论课翻转课堂教学模式的重要载体——微课教学

近年来，高校思想政治理论课战略地位愈加凸显。然而，“公共课难上，思想政治课更难上”是高校思想政治理论课教学工作者的普遍看法。具体表现在：一是思想政治课理论性、政治性强，学习起来有一定难度；二是目前高校思想政治理论课的教学方式大多仍然是以教师讲授为主的传统教学方式，教学效果不好；三是大学生素质良莠不齐，普遍对公共课尤其是思想政治理论课存在较强的厌学情绪。

教育信息化大背景下，近年来，我国学校开始引进微课。微课是一个舶来品，是伴随教育信息化发展到Web2.0出现的一种全新的资源类型与课程表现形式，是在借鉴西方微课实践基础上的一种本土化创新。它以视频为主要载体，记录教师在课堂内外教育教学过程中，围绕某个知识点（重点、难点、疑点）或教学环节而开展的教与学活动的全过程。视频呈现简短完整、数字化网络化、个性化学习这些关键词，是微课的核心要素，微课的出现，给传统的教学模式带来了

① 陈丽萍. 构建高校思想政治理论课翻转课堂的教学模式［J］. 劳动保障世界，2017（29）：64+69.

新的体验和挑战。如何将高校思想政治理论课采用微课教学，解决传统的灌输式课堂教学模式带来的弊端，增强教学实效性，是亟待解决的问题。

(1) 微课的特点。

① 教学视频短小精悍。微课的一个显著特点就是短小精悍。“微课”可以称之为“课例片段”或“微课例”。传统的课堂是45分钟的教学内容，而微课视频一般控制在5～10分钟。每一个视频都针对一个特定的问题展开讲解，有较强的针对性；视频的长度控制在学生注意力能比较集中的时间范围内，符合学生身心发展特征。

② 资源容量较小。与微课视频及配套辅助资源的总容量一般在几十兆，视频格式是支持网络在线播放的流媒体格式（如rm、wmv、flv等），师生可流畅地在线观摩课例，查看教案、课件等辅助资源，也可灵活方便地将其下载保存到终端设备（如笔记本电脑、手机、MP4等）上实现移动学习、“泛在学习”，非常适合于教师的观摩、评课、反思和研究。

③ 教学内容聚焦突出。相对于传统课堂，微课的问题聚集、主题突出，主要是为了突出课堂教学中某个学科知识点（重点、难点、疑点）的教学，或是反映课堂中某个教学环节、教学主题的教学活动，相对于传统45分钟课堂要完成的复杂众多的教学内容，微课的内容更加精简，因此，又可以称为“微课堂”。

④ 资源构成“情景化”。微课选取的教学内容要求主题突出、指向明确、相对完整。它以教学视频片段为主线统整教学设计（包括教案或学案）、课堂教学时使用到的多媒体素材和课件、教师课后的教学反思、学生的反馈意见及学科专家的文字点评等相关教学资源，构成了一个主题鲜明、类型多样、结构紧凑的“主题单元资源包”，营造了一个真实的“微教学资源环境”。这使得微课资源具有视频教学案例的特征。

⑤ 课程反馈及时、针对性强。由于在较短的时间内集中开展“无生上课”活动，参加者能及时听到他人对自己教学行为的评价，获得反馈信息。较之传统的听课、评课活动，具有即时性。由于是课前的组内“预演”，人人参与，互相学习，互相帮助，共同提高，在一定程度上，减轻了教师的心理压力，不用担心教学的“失败”，不用顾虑评价会“得罪人”，较之常态的评课显得更加客观。

(2) 微课在思想政治课中的运用现状。

① 初步运用于实际教学。目前，微课已经慢慢走入了中国教育界。根据“中国微课网”“微课网在线教育”等几家权威网站数据显示，全国各地教师制作的微课数量大，思想政治课微课占了一定的比例。中国微课网举办的“第一届中国微课大赛”共收到12万份教学案例，其中政治微课作品620例，且每例作品

的点击率较高，个别甚至达到了3000次以上。可见，微课已得到教育界的关注，部分思想政治课教学者也初步将微课运用于课堂。

② 教学效果良好。笔者从事思想政治工作教学已有14年，深感传统的教学方式的弊端，并不断尝试课程教学改革，并于2015年1月参加了湖南省首届微课大赛，参赛作品是《社会主义初级阶段的科学含义和主要特征》，并在2015年上学期的教学中运用了微课教学，效果良好。从微课播放效果和反馈之中，可以发现，学生对微课这一崭新的教学方式兴趣较浓，能在课堂上积极表达自己的观点，学生与教师在课堂上一起讨论学习过程中遇到的问题，学习成效显著。微课的出现，给传统教学模式课堂上学生打瞌睡、讲话现象带来了焕然一新的面貌。

③ 存在的不足。在收集网站上微课资源时，不难发现，部分教师对微课的理解存在偏差和出入，他们设计的微课仅仅是在时间和规格上较传统课堂有所缩短，有的直接把课堂教学过程录制成视频，截取其中的片段作为微课。视频内容基本是名师面对镜头的类似“百家讲坛”般的自我陈述，更多地强调知识重点、难点的讲解，与传统课堂本质上无差别。这就导致微课陷入了空有其名而无其实的尴尬境地。

同时，人们对新鲜事物的接受总有一个过程，微课也不例外，还有相当一部分教师对微课存在一定的抵触情绪，因为他们已经习惯了传统的教学方法，突然要改变教学方式，有点难以接受。此外，高职院校的思想政治课本来就不受学生的“青睐”，他们认为思想政治课是可有可无的课程，如果还要学生在课余时间花时间去学习微课，很多学生表示不理解，不愿意去接受。

（3）微课对高职院校思想政治学科建设的意义。

① 达到实现课程教学改革的目的。思想政治课是一门以马克思主义基本观点教育为核心价值，以提高学生的思想认识、社会认知和参与现代社会生活能力为基本内容，以培育公民思想政治素质为培养目标的课程。不难看出，思想政治课目前正努力朝着提升公民参与社会的能力方向改革，而微课的到来可以很好地促成这一目标的实现。微课的实施既可以从形式上顺应时代潮流，创新教学方法，又可以坚定中国特色政治立场，从理论知识上培育爱国守法、有政治素养和政治参与能力的良好公民。高校传统的思想政治课堂往往因教学内容不够生动、教学形式不够灵活等被学生评价为最枯燥、无趣、沉闷的课堂，甚至被许多学生视为“最讨厌的课”。微课以丰富多彩的素材集锦、活泼轻松的教学方式抓住学生的眼球，吸引学生自主参与到课堂中来，达到“以教师为主导、以学生为中心”的目的，同时，启发学生独立思考、合作探究、积极实践的能力。使用微课教学，教师不再是课堂的主角，教师的任务是引导学生通过讨论和探索自己得出

结论，学生成为课堂的主角，他们充分投入微课情境之中，或独立思考，或结对讨论，积极探索、验证自己的疑问。

② 丰富了现有的思想政治课教学模式。目前，虽然高职院校思政课教师采用诸如专题教学、案例教学、启发式教学等手段改进课堂教学，也取得了一定的成效，但通过调查发现，学生对思想政治课兴趣不大，一半以上的学生不能聚精会神地听讲思想政治课，甚至有人认为思想政治课是可有可无的课程。采用微课教学，颠倒了传统课堂教学模式，变教师主动为教师主导，变学生被动为学生主动，教师不再是知识的传输者、讲解者，学生也由知识的被动接受者转变为信息加工的主体，学生在参与、对比、体验、反思中不知不觉受到教育，培养了自学能力、协作能力、创造能力等实践能力。

③ 提高教学的有效性。高校思想政治使用微课教学，通过多样化的手段和形式改变师生关系。通过课前观看视频、课中师生讨论等活动，营造良好的课堂氛围，改变了传统的教师主宰课堂的局面，教师更多地关注学生的内在情感，为课堂注入了开放、互动式民主氛围。这样学生对政治学习有了兴趣与参与的热情，对法律有了探究、了解的欲望。在亲身体验与参与中，培养和提高了学生的政治、法律素养，从而实现了思想政治课的教育目标。

（4）微课对高职院校思想政治课课堂教学的价值。

① 丰富了教学资源库。目前，国内高校有关思想政治课资源库建设主要集中于“精品课程”“精彩一课”“精彩教案”“精彩课件”，还有优秀教学成果奖、优秀教学团队、教学能手等方面。教师将制作微课，建立由“课程标准、课程学习指南、教学管理标准”等为主的高职思想政治理论课教学质量标准包，依据教学质量标准包搭建“学习任务单、微课视频、进阶测试、互动交流”四位一体的高职院校思想政治理论课微课平台，在微课平台上，学生可自主学习，也为教育同行提供大量免费的教学资源，丰富了现有的高职院校思想政治课教学资源库。

② 培养了学生的自学能力。传统教学课堂中，虽然也有教师对学生的整体指导，但是由于课堂时间有限及学生的兴趣不浓，很多指导流于形式甚至未曾开设，高职院校思想政治课往往以教师为中心，学生只是课堂知识的吸收者。微课的运用，给学生提供了自主学习的环境，突出了学生的主体作用，更好地满足了学生对不同学科知识点的个性化学习，这也是学生课外延伸的个性化阅读和学习的最好载体。学生使用微课、观看微课，可进行自我思考，与同学、教师交流合作，在原有的知识结构基础上，建构自己独特的知识体系，促进自我发展。同时，微课的先进技术和丰富资源极大地激发了学生的学习动机，学生在自学的过程中，更能感受到学习的意义。优秀的高职院校思想政治微课具有价值导向性和

感染性，能够帮助学生在自主学习过程中，逐步树立正确的世界观、人生观、价值观，从而树立中国特色社会主义的共同理想，为学生的终身发展奠定基础。

③ 促进教师的业务能力。教师制作微课的过程，就是把在实际教学中发现问题、分析问题、解决问题的过程制作成微课，是微课研究的过程，也是一个教学反思的过程，能有效促进教师的业务成长。通过开放网络平台上的微课资源共享，便于教师联系到更多的同行，方便教师之间教学经验和方法的交流，在相互交流和探讨中一起进步成长。微课的运用，丰富了课堂教学资源，广大教师利用网络微课资源，学习并运用优秀作品来丰富和扩展教学运用。教师在节省时间的过程中，提高了教学质量。同时，为课后进行课堂教学反思和集体教学研讨提供便利。教师在课后观看微课相关资料，了解其他教师对于同一教学内容的不同建议，反思所制作的微课和课堂教学中的不足，查漏补缺，便于教师进行知识管理，有效促进教师的专业发展，更好地提高了教学效果。广大教师在这种真实的、具体的、典型案例化的教与学情境中便于对"隐性知识""默会知识"等高阶思维能力的学习，并实现教学观念、技能、风格的模仿、迁移和提升，从而迅速提升教师的课堂教学水平，促进教师的专业成长。

④ 对教育自身的发展。微课是对原来"课堂实录"式的视频教学资源建设的反思和修正。过去大量录制的"课堂实录"式的视频教学资源，大而冗长，难以直接加以利用。而微课资源与此不同，微课平台是区域性微课资源建设、共享和应用的基础，平台功能要在满足微课资源、日常建设、管理的基础上，增加便于用户应用、研究的功能模块，形成微课建设、管理、应用和研究的"一站式"服务环境，供学校和教师有针对性地选择开发。交流与应用是微课建设的最终目的，通过集中展播、专家点评、共享交流等方式，向广大师生推荐、展示优秀获奖微课作品。定期组织微课库的观摩、学习、评课、反思、研讨等活动，推动基于微课的校本研修和区域网上教研型模式的形成，达到资源共享。对教师和学生都是一次思想解放运动，它促成一种自学模式，同时还提供教师的自我提升机会。①

(5) 高校思想政治理论课微课平台搭建途径研究。思想政治理论课的教学，在培养大学生成为树立科学的"三观"，以及成为中国特色社会主义事业的建设者和接班人方面具有不可磨灭的作用。然而，高校思想政治理论课的教学一直是件头疼的事，不少思政课老师尝试进行思想政治理论课的教学改革。其中，微课

---

① 陈丽萍. 微课在高职院校思想政治课教学中的有效性研究［J］. 职业教育（中旬刊），2016（02）：58—60.

教学这一新生事物以其独有的短小便捷、简便多元等特点迅速在高校课堂中占有重要地位，也不可例外地出现在高职院校思想政治理论课教学中。然而，这一新颖的教学方式还未在高职院校思想政治理论课堂得到广泛应用，如何进行微课的规范化设计和运用仍旧是一大难点。

① 高校思想政治理论课微课设计原则。一是以学生为本，实事求是原则。课程改革的落脚点在学生，“一切为了学生”“为了一切的学生”，这是思政课教学改革必须遵循的一个原则，否则思政课教学改革就失去了原本的意义。传授知识不是高职院校思想政治理论课的主要目的，注重学生的发展，人的发展才是思政课的重中之重。同时，注重对大学生的德育教育、培养大学生具有健康的人生观、世界观、价值观，是高职院校思想政治理论课与其他课程最大的不同，这也是实际情况，在进行微课设计时，要着重培养大学生在多元化的环境中坚持社会主义核心价值理念，引导学生坚持正确的舆论价值，培养学生具有较强的社会认识能力和参与能力，充分考虑到这些实际情况，坚持以学生为本、实事求是原则。充分考虑到每一位学生的发展，注重学生的生活和社会实践，关注学生的成长，充分发挥学生的主体作用，培养学生自立、自主、自强的能力，促进学生的全面发展。二是凸显精悍、兼顾完整性原则。微课以教学时间较短、教学内容较少、资源容量较小、资源使用方便、短小精悍为特点，以微视频为核心，同时包含相应的教学设计、教学教案、教学反思、练习测试及学生反馈、教师点评，从而形成一个主题式、开放性、半结构化的交互教学环境。高职院校思想政治课的完整性一方面包括所有知识点的完整，另一方面包括整体结构的完整，即完整的学习单元、学习活动流程、练习习题、教学反馈。同时，传统的思政课被定义为以教师的长篇大论、枯燥烦闷的课堂，新出现的微课以其独有的短小、多元吸引学生的眼球，避免假、大、空，力求专、精、细。三是美观、简洁性原则。微课的制作，一方面要突出微课的美观性，用笔迹书写录制的微课，要求书写大方工整，布局合理。同时，导入 PPT 的背景避免花哨，尽量素雅，画面平衡协调。另一方面要突出微课的简洁性，简洁包括微课的课件和语言，课件只是核心内容的说明，切忌堆砌图片或文字，然后照本宣科。语言也要做到言简意赅，开门见山。

② 高职院校思想政治课微课设计方法。一是确立高职思想政治理论课教学质量标准包。建立由“课程标准、课程学习指南、教学管理标准”等为主的高职思想政治理论课教学质量标准包，这个质量标准包是微课设计的依据。课程标准是由课程性质、课程目标、内容目标、实施建议为主要内容的教学指导性文件。与教学大纲相比，在课程的基本理念、课程目标、课程实施建议等几部分阐述得

更详细、明确，特别是提出了面向全体学生的学习基本要求。课程学习指南指的是学生在学习思想政治理论课用到的行动指南；教学管理标准指的是由思想政治理论课教学计划管理、教学运行管理、教学质量管理与评价构成的教学管理制度构成的系列制度。二是建立学习任务单。根据高职院校思想政治理论课的教学目标设计，建立学习任务单，对学生起到导读、导思、导练的作用。满足教学目标的要求，这是设计学习任务单的第一步，只有这样，才有可能使学生熟练掌握所学知识，便于学生在学习时找到正确方向。学习任务单的设计要满足高职学生对思想政治学科知识点的个性化学习要求，根据高职学生与本科学生的差异化水平，制作符合高职学生特点的有针对性的课堂教学，满足高职学生的需求。三是重抓微课视频。视频是微课设计中的最重要的环节，属于微课的灵魂。微课教学视频最突出的一个特点是短小精悍，长度一般控制在5～8分钟之内，最长不超过10分钟。同时，一个视频通常以一个知识点为单元，视频要有鲜明的亮点，重点在于吸引高职学生的眼球。微课视频主要围绕传统课堂教学中某个不容易讲解清楚的知识点而设计制作，主要是教学中的重点、难点等，突出指向性和针对性。四是设计进阶测试。微课的进阶测试是对学生的知识掌握程度的一种测试，测试试题需要围绕微课设计的重点进行设计，试题以客观试题为主，便于操作与评价，试题是对学生知识掌握与否的一种侧面了解，也是微课教学中的重要环节。五是重视课堂互动交流。传统的高职院校思政课堂以教师讲授为主，师生间的互动较少。采用微课教学的高职院校思政课堂教学不再是教师为主的课堂，教师与学生亲密的沟通、交流，学生把学习中遇到的难点放至课堂中与教师以及其他同学交流，形成良好的课堂互动氛围。

③ 高职院校思想政治理论课微课运用策略。在前面充分了解了微课的特点以及如何设计制作高职院校思想政治理论课微课后，笔者认为，作为高职院校思想政治理论课教师，在运用微课教学时还需要注意几点，使微课在实际运用过程中做到有章可依，而非滥用。一是以马克思主义理念为指导，力求与传统课堂承接性。微课是在新的历史条件下顺应时代发展要求的新事物，给传统课堂带来了新鲜血液和活力，带给传统课堂教学模式充足的养分，微课在高职院校思想政治理论课堂的运用，打破了传统课堂死气沉沉的局面，为高职院校思想政治课的改革带来指引方向。但是在实际教学过程中，我们既要尊重新事物，注重先进理念，又要注意与传统思想政治课堂的统一，注重承接性。微课以“变革学习方式”为主要特点，它变革了传统的师传身授学习，变成了以移动终端为依托、学生可根据需要进行自我掌控的异步化学习。但是，高职院校思想政治理论课微课教学不能脱离学科特性和课程性质，应坚持先进理论教育与时代发展需求相统

一、加强政治方向的引导与学生成长阶段特点相结合，突出课程的实践性与开放性。不管是思政课微课教学，还是传统思政课课堂，都要把握准确理念，同时，微课教学不能脱离传统课堂而独立存在。虽然微课可以如其他网络资源可供各行业人进行资源共享，但与思想政治理论课相结合的微课所依托和运用的场所仍旧是学校和课堂，应注重课堂教学与学校教育的协调发展，课堂和学校是我国教育的主要阵地，作为新时代产物的微课，它出现的最终目的也是为学生服务，二者的目标存在一致性，坚持微课与传统课堂的承接性，不仅为微课功能的发挥提供了战地，同时为传统课堂带来活力。二是根据实际需要使用微课。因为微课是新鲜事物，有着强有力的吸引力，正因为如此，市场上也出现了大量的滥竽充数者。目前互联网出现了五花八门的微课资源，一方面，面对如此庞大的资源，高职院校思想政治理论课教师必须要有较强的甄别能力，用专业的眼光来挑选微课；另一方面，高职院校思想政治理论课教师在制作微课时切忌盲目追求数量，并不是所有的知识点都适合制作成微课，如果仅仅是为了形式上新颖独特而滥用微课，效果只会适得其反。高职院校思想政治课微课的使用重点在于恰到好处，为实际教学带来实效，如果仅仅为了追求形式上的新颖而在每一节政治课中都插入微课的话，那微课就会失去它原本的价值和意义。因此，在实际运用微课时，高职院校思想政治理论课教师一定要根据需求合理使用，切忌毫无依据的盲目滥用。三是发挥微课的最大功能。众所周知，微课的一大优点是便捷，学生可根据自己情况随时随地学习。高职院校思想政治课老师要充分运用微课的这一优点，让它的优点得到充分的发挥。前文提到，强调微课教学与传统课堂的承接性，传统的高职院校思想政治课堂中，因学生的差异性，教师对课程知识点的讲授很难做到精而全，针对部分学生对某些或某个知识点的疑惑，这时，微课的作用便体现出来了——学生在课余观看甚至反复观看微课视频或者课后练习资源来帮助解决疑惑，这一方面是对传统课堂教学的延续和补充，也是对微课作用的充分运用，且学生的自主学习能力也能在这一过程中得到锻炼和提高。

随着社会的发展，教育教学改革的推进，教育教学改革也将迎来全新的局面。尚不确定微课将在教育教学改革进程中担任何种角色，但是可以确定的是，微课在高职教学中能够促进思想政治学科的建设，进而影响到教学模式的调整和改变。不能借微课的出现全盘否定传统教学模式，因为传统教学模式是在教育教学改革中经过无数教育家、专家们的探索、论证确立并流传下来的，并在实践中不断发展完善。新事物代替旧事物，这是历史发展的进步。[①]

5. 高校思想政治理论课翻转课堂教学模式构建的保障机制

（1）争取学校政策支持。思想政治理论课一般在大学课堂中的地位一直不高，在高职院校更甚，部分高校思想政治理论课竟然出现学校“砍课时”、教师没课上的局面，更不用说要学校拿钱出来进行教学改革。因此，要在高校思想政治理论课翻转课堂模式教学，首先要获取学校政策上支持，学校出台相应制度，支持翻转课堂在思政课中的应用，从人力、财力上给予支持，以解除高校思想政治理论课翻转课堂教学模式改革的后顾之忧。

（2）转变教师教学观念。在不少高校思政课教师心中，教师是课堂的主体，这是千百年流传下来的真理，这种主体地位不可动摇，这是阻碍教学改革的较大阻力之一。要在高校思政课中推广翻转课堂教学模式，必须改变这一传统观念，教育的目的是让学生学到更多的知识，而不是维护某些教师认为的不可动摇的课堂主体形象。国内外推行翻转课堂教学模式的学校证明，使用翻转课堂教学，可以有效地提高学生学习能力，提高教学效果。

（3）提高学生的学习能力。实施翻转课堂教学模式，可以提高学生主动学习和自主学习的能力。传统的高校思政课堂没有课前自学这一环节，实施翻转课堂教学模式，课前观看微课视频，这是学生主动学习。在观看视频的过程中，学生会遇到一些不能解决的难题，有的可以通过反复观看视频来解决，这就锻炼了学生自学的能力。问题解决了，课堂时间就是给老师和学生自主讨论、交流的时间，课堂再也不是以前的死气沉沉的课堂，彻底改变以往被动的学习状态。通常情况下，高职院校学生自主学习能力较本科生差，即便在正常的课堂对思政课的学习兴趣不大，这就需要我们根据传统课堂存在的问题，翻转学习模式、学习内容，以便达到翻转学生的兴趣。

（4）多元化的评价体系。建立科学合理的高校思政课翻转课堂教学评价体系，不断完善现有的教学模式，这是提高教学质量的有力保障机制。第一，评价对象多元化。评价对象不仅包括学生，还包括对教师的评价。一方面对学生知识理解与否进行评价，检查学生是否在课前观看视频，学生课后进行试题测试结果如何。另一方对教师制作出的课程微视频是否吸引学生、是否能激发学生的兴趣，教学模式的设计是否符合高校学生的特点，课堂讨论安排是否合理，课后测试题设计能否达到检测学生的目的等进行评价。第二，参评人员多样化。评价不

---

① 陈丽萍. 高职院校思想政治理论课微课平台搭建途径研究［J］科学大众（科学教育），2017（06）：150—151.

能仅限于一个团队，参评人员必须多样化。例如学生对自己、教师、课程设计等进行评价；教师对学生、对课程设计的效果进行评价，同时，教师的范围应扩大化，扩大到同行教师、兄弟院校教师等领域，同行教师、不同课程的教师均可参与高校思想政治理论课翻转课堂教学测评。第三，评价指标的多样化。评价指标必须涵盖对整个教学过程的评价。指标的设计包括微课视频、教学设计、课中讨论、课后测试等。①

二、线上线下混合式教学模式

"互联网＋"时代的到来，传统的教师一言堂的教学模式已满足不了新时代高校思政课的需求，线上线下混合式教学模式随之兴起。目前，线上线下教学模式被广泛运用于各门功课中。这种新兴的教学模式打破了传统的课堂教学的局限性，教学不再是课堂教学的单一模式，将线上互联网教学与线下课堂教学有机融合，实现了教学模式的创新。

1. 线上线下混合式教学模式的含义

线上线下混合式教学模式，顾名思义，包含线上教学模式和线下教学模式两种。线上教学主要指教师借助现代化技术、利用网络媒介进行的教学活动，"互联网"是教育的载体，思政教师从丰富的网络平台资源中挑选出与所教思政课课程相关的资源，让学生课前在网上进行学习；线下教学，简单说来就是课堂教学，教师与学生面对面的教学，与线上教学是不同的教学方式。线下教学依赖于课堂和教师，教师通过采用丰富的教学方法以及学生喜闻乐见的教学手段让课堂教学变得更生动、使教学更具有亲和力和魅力，打造活力思政课堂。线上线下混合式教学模式是依托互联网平台、利用先进的网络技术，将教学课堂延伸到虚拟的网络空间，将线上互联网的网络学习和线下课堂教学有机结合起来，以期达到提高教学质量的目的。高校思政课本身理论性较强，学习起来难度较大，学生兴趣不浓，采用线上线下混合式教学模式，可以有效改善这种弊端。

2. 高校思政课引入线上线下混合式教学模式的意义

（1）提升"00 后"大学生思政课获得感的需要。新时代高校思政课面对的授课对象是"00 后"，"00 后"有着鲜明的时代特点。他们普遍对思政课的获得感不高，互联网已成为"00 后"大学生生活中必不可少的一部分，他们通过互联网获取所想要的一切。他们的学习、生活、娱乐等都与互联网有着不可分割的

① 陈丽萍．构建高校思想政治理论课翻转课堂的教学模式［J］．劳动保障世界，2017(29)：64＋69．

联系。高校思政课教师如果采用互联网教学，无疑会提高大学生对思政课的喜爱程度。事实上，目前在一些高校思政课利用互联网线上教学，学生的喜爱程度大大提高。因此，面对“00后”大学生，思政教师如何利用现代化的信息技术、互联网平台来激活思政课堂，提高学生的吸引力与注意力，拉近教师与学生之间的距离，提升“00后”大学生对思政课的获得感，是高校思政课教学改革的重要内容，线上线下混合式教学模式的出现，恰好可解决这一问题，实现此目标。

(2) 顺应新时代，提升思政课的吸引力的需要。新时代背景下，想要获得教育的主动权，必须掌握好现代化信息技术，利用好互联网这个工具。互联网突破了课堂、课本和学校的界限，对思政教师和大学生带来了很多机遇。“互联网＋”对思政课教学内容和教学方法上的改变是巨大的，它的出现，改变了高校思政课的教学环境，也是适应新时代社会环境变化的需要，它要求教师使用最新的多媒体技术教学，改变传统的教学方式，只有这样，才能顺应新时代的要求，提升思政课的吸引力。

(3) 有利于充分发挥学生的主体性作用。传统的高校思政课的授课模式是教师在台上从头讲到尾，学生在台下机械地听，被动地接受知识，学生的课堂参与热情不高，主体性没有得到发挥。采用线上线下相结合的混合式教学模式，学生主动学习教师布置的线上课程，记录学习中遇到的重难点直至消化、吸收，未弄懂的地方带到线下课堂与教师、学生一起讨论交流，学生的主动性、积极性、创造性得到充分发挥，有效促进学生学习方式和教师教学方式的改变。

(4) 有利于拓展思政课教学空间。传统的高职思政课的主角是教师，而且局限于课堂教学，学生课前、课后到底学到了什么？学习效果如何？学习效果很难监测。这种线上线下相结合的混合式教学模式打破了传统的思政课局限于课堂教学的僵局，将思政课的课堂教学延伸到了课前和课后。学生在课前进行线上思政课资源的学习，初步实现了知识的构建；课中即线下学习时，学生与教师展开充分的交流，对教材知识点进一步消化、吸收；课后，学生完成教师布置的作业，并将作业上传至课程平台；教师根据学生提交的作业以及在线上提出的课中疑惑进行线上答疑解惑、反馈评价。这种线上线下混合式教学模式打破了时间和空间的限制，关注学生的发展，相对于传统的思政课堂更具优势。

(5) 有利于提升思政教师综合素质。高校思政课教学改革的决定因素很多，思政教师是其中的关键因素。线上线下相结合的混合式教学模式，把传统的思政课堂的一部分搬到互联网上，成为学生自学的一种学习资源，这就需要思政教师掌握多种技术来进行教学设计和进行教学。因此，高校思政教师首先要提升多媒体技术使用技能，掌握新时代的信息化教学能力，同时还需转变角色，由知识的灌输者、传授者转变为学生主动学习的促进者、帮助者。这就要求高校思政课教师必须加强自身素质的提升，与时俱进，并将传统教学模式与现代化教学模式实行优势互补，以求达到最佳教学效果。

3. 线上线下混合式教学模式的特点

（1）教学内容生活化。线上线下相结合的混合式教学模式，从教材内容上出发，将教材知识点与学生的学习生活结合起来，与社会热点问题结合起来，打破了思政教材知识体系的笼统性与局限性，关注学生的关注点和兴趣点，将思政课程的内容体系进行重构，使教材内容生活化，教学内容更贴近学生的现实需求和生活实际。

（2）教学形式多样化。在教学形式上，突破传统陈旧单一的教学模式，将教师课堂面授和网络教学相结合，教学形式从单一到多样化转变，实现教学模式和教学过程的多样化。

（3）教学手段信息化。在教学手段上，采用最新的多媒体信息技术教学，同时也不摒弃之前的传统教学手段，实现传统教学手段和新媒体技术的有机融合，实现了两种教学手段的互补。

（4）教学评价方面。传统的思政课考核评价方式是单一的，注重结果考核，线上线下相结合的考核方式不再是之前的单一的考核方式，将过程考核与结果考核统一起来，注重考核方式科学化、多元化。

4. 高校思政课引入线上线下混合式教学模式的原则

（1）坚持学生主体教学原则。混合式教学模式中，学生是教学的主角，无论是线上网上自学还是线下教师面授教学，学生都占据着主要的角色。线上网上自学，要求学生自主掌握自学技巧，自主学习网上的课程资源；线下面授教学时，学生的主体性也必须体现。需要注意的是，混合式教学相比较起传统的教学方式，更加注重学生与同学和教师进行交流与分享，主张学生在教师引导下进行自主学习。在面授课堂中，教师要尊重学生的意愿，灵活选择适合新时代特点大学生的教学方式，科学设置课程交流平台，学生与学生、学生与教师之间可以在平台上展开充分交流。不但增强学生“线上”学习的兴趣，而且学生在“线下”还可继续与教师进行交流。

（2）坚持协作原则。课堂教学，说简单点其实是教师与学生之间的合作协同，包括教师与学生之间、学生与学生之间的协作，同时还包括学生和周围环境之间的适应、协同。线上授课，需要学生按照教师布置的任务进行自主学习，线下面授课时，需要学生积极主动听教师的课，积极回答教师在课堂上的提问，参与课堂活动。通过这种良性的互动，产生较好的协同合作氛围，同时还培养了学生的团结协作能力，有利于教师与学生之间的感情升华，形成一种良好的思政课的氛围。通过协作交流，以利于学生之间协作分享，培养学生的合作意识，利于师生、生生之间情感升华。

（3）坚持因地制宜原则。高校与高校之间思政课的教学现状有所不一样，尤其是本科与高职院校之间的教学现状差距较大，这就需要思政教师根据所在学校实际情况、因地制宜，不能“一刀切”，也不能打肿脸充胖子。既要充分利用和发挥信息化教学手段的优势，又要不放弃传统教学手段，实现将传统教学手段与现代化的多媒体教学技术有机融合，以更好地服务于思政课教育教学需要。

（4）坚持交融原则。线上线下混合式教学模式是一个整体，两者之间需要有较好的衔接。线上教学不能是孤立的教学状态，必须和教材内容相联系，还必须为线下教学做好铺垫。同时线下教学需要教师对线上学生遇到的问题进行解答，线下教学实质上是线上教学的一种延续，线下教学内容也需要与线上教学保持一致。线上与线下只有真正做到优势互补相互融合，才能形成教学合力，达成有效的教学目标。

5. 高校思政课线上线下混合式教学模式的结构

高校思政课采用线上线下混合式教学模式，这种教学模式需要有丰富的线上教学资源，还需要有线下授课环境，需要线上线下同步进行，主要从以下几个方面进行：

（1）线上教学

① 完善线上教学资源。实施线上教学最重要的载体便是网络平台上丰富的课程资源。对此，思政教师要筛选和设计好课程资源，完善线上思政课课程。首先，思政教师进行课前的准备和布置教学内容，将教学内容设计为若干个知识点，对学生进行分组，布置小组学习任务。各小组在领取学习任务之后，按照教师的安排完成指定任务。在此期间，老师在督促学生按时完成线上学习任务，要关注学生完成任务的质量和速度，同时还要引导学生朝着正确的方向学习，对遇到的问题进行归纳、整理，留到线下课堂教学与教师一起完成。最佳的线上教学是和接下来的线下教学联系在一起的，是帮助教师将线上教学平稳调整至线下教学课堂。

高校思政课线上教学特别重要的一点是需要教师根据知识点内容和课程实际情况录制教学视频，可以以微课或者以慕课的形式呈现教学视频，将学生要掌握的知识点内容碎片化为一个个的小知识点，围绕重难点，为最终突破重难点设计小视频。在准备教学小视频时，要注意体现教材内容的规范性、逻辑性，同时视频内容还要有整合，也要有分解，既能突出重难点，又能全面覆盖教材的知识点，突出思政学科的特点。

线上教学视频一般结合学生学习习惯和知识点的情况录制微课视频，这也是知识点“碎片化”的要求。一般情况下，传统 2 课时的课堂可以分解为 4～5 个微课视频，每个视频时间在 8～15 分钟。需要注意的是，视频不能由教师从头讲到尾，必须包含与视频内容相关的图片、动画、历史原片等，还可引用与学生实际相贴近的教学案例或其他内容，形成动静结合、图文并茂的画面效果，视频内容还应体现学术性、科学性、趣味性、时代性。线上教学一个重要的特点便是如果学生一次没看懂教学视频，可以重复观看，观看时间由学生自主选择，以达到巩固所学知识点的要求。

② 随堂测试。学生线上学习情况如何，一般进行线上随堂测试。即在每个教学视频下面增添随堂测试题，测试题一般由 6～10 道客观题构成，可以是“单选”“多选”“填空”“判断”，教师要求学生在观看完每个教学视频后完成对应的测试题，并且要达成合格的分数线，未合格者可以重新观看，再重新做测试题。学生通过做测试题得知自己的还在哪些方面是弱点，了解自己对各个知识点的掌握情况。测试题的目的不是为了考试，而是让学生了解自己观看微视频后的自学效果，目的是让自己充分掌握教材知识点。

③ 课程论坛。线上教学可设置方便教师与学生、学生与学生之间进行交流的课程论坛，学生可在论坛讨论区发帖开展关于课程学习的讨论，例如观看教学视频时遇到的问题、理解某个知识点存在的疑惑、设置讨论平台在平台上发帖，学生与学生之间也可开展充分交流。教师根据学生的讨论情况对学生们进行答疑解惑，并注重引导学生分析问题、解决问题。同时教师要注意引导教学内容的方向，确保学生在讨论区发帖内容不能太偏离思政教师体系，必须与国家统编的思政教材精神保持高度一致。严禁在讨论区或者微信群、QQ 群发布有悖意识形态、思想性、导向性的言语或者图片。

（2）线下教学。线下教学又称教师与学生的见面课。见面课不同于传统的思政教学课堂，但也并不是意味着完全摒弃传统的思政教学课堂，指的是教师在继承传统思政课的优点的基础上，采用学生喜闻乐见的教学方式如课堂讨论、课堂辩论、头脑风暴等教学方式，达到帮助学生进一步消化、吸收教材知识点的目的。需要注意的是，线下教学绝对不是对线上教学的重复，不是照本宣科，更不是天马行空脱离教材，而是对线上教学的进一步延伸和拓展，深化教学目标，使教学更有深度和针对性。

线下教学内容主要来自教材的重难点、学生关注的焦点、学生线上学习存在的疑惑点、国内外的时事热点等，根据以上教学内容教师进行线下教学设计，在线下教学中，教师与学生之间开展互动交流，因此，线下学习是动态的，需要教师做好精心准备，在兼顾学生的专业特点、性格特点等开展备课，对可能在线下授课的场景中出现的问题进行预演，确定讨论主题和授课专题。

在线下课堂教学中，教师首先抽查之前学过的内容，了解学生在线上学习中任务完成情况，先对已学内容展开巩固抽查，结合着线下任务的完成情况解决学生线上学习过程中遇到的难题，以此来综合考查学生知识学习的掌握情况。开展线下教学主要是为了完善课堂教学中存在的不足和缺陷，提升课堂教学质量。在线下教学中，要组建学习小组，设计具有启发性的问题，有针对性地进行线下教学。可以采用多种教学方式，学生可以充当学习小组中“小老师”角色，成绩优异的学生给成绩稍微差一点的学生开展知识讲解，交流学习心得和学习经验，这种互动式的学习可以让学生之间取长补短，弥补自身的不足，以达到最佳的学习效果。

（3）加强线上线下互动交流。实行线上线下教学模式，最关键的一环就是如何将两种教学途径实现无缝对接、有机融合起来，形成一种全新的教学模式，这是混合式教学模式的优点。在传统的思政课课堂教学中，如何将教材的重难点、逻辑结构等问题对学生进行深度讲解，是一大难点；如何对这些知识进行有趣、有效传达，也成为困扰思政教师的难点。这个时候，引入线上教学就非常有必要。思政教师可以借助图文并茂、生动形象的视频线上平台资源，将枯燥的理论知识呈现在学生面前，吸引学生的注意力，创造出与教材内容相贴切的教学情境，调动学生的积极性与学习思政理论课的兴趣。特别是在新时代背景下，社会需要的是综合能力强的高素质技能人才，因此，以往只注重培养大学生专业技能的教学显然不适合新时代社会发展的需求，对思政课进行教学的创新是大势所趋。线上线下混合式的教学模式适合新时代的需要，这种教学模式中的线上教学，可以培养学生自主学习能力，大多数情况下，教师是把教学任务布置下去，教师只需要提供一定的知识信息，引导学生完成教学任务。在自学过程中，每一名学生都起着重要的作用，也必须发挥着重要作用。学生在完成任务后，教师也能通过线上平台对学生进行指导和指点，帮助学生解决问题。同时，线下的教学也很重要，线下教学是对线上教学的一种重要补充，教师一般针对某一知识点，开展诸如课堂讨论、课堂辩论等活动，学生之间可开展充分的交流，教师起着引导作用。这种互动方式不仅营造了浓郁的学习氛围，更重要的是能培养学生的探究意识，学生在互动交流过程中还能取长补短，实现事前预期的学习目标。

(4) 课程考核。采用线上线下混合式教学模式的课程考核方式和之前的传统思政课的考核方式不太一样，更注重过程考核。线上教学主要考核学生教学视频观看的比例、测试题是否做完、课程论坛参与程度等，这些成绩的给定由在线平台自动测算完成，更加注重平时成绩的所占比例，体现课程考核的导向作用。线下成绩主要根据面授课程时学生参与课堂程度，如是否记录线上学习遇到的问题，是否积极参与课堂讨论、是否按时出勤等，这种考核和传统的思政课的考核有一定的相似之处。一般线上教学的考核占平时成绩的60%左右，线下教学的考核占平时成绩的40%左右。此外，根据教育部的相关规定，高校思政课的期末考核方式为闭卷考试，因教学评估、教学资料的备案的需要，所以教师根据需要组织学生进行全校统一的期末闭卷考试，题型不宜复杂，一般采用"选择""判断""简答"3种题型即可，可占整门课程的30%左右。故此，线上线下混合式教学方式更注重过程考核，旨在综合考查学生的学习习惯、行为方式等。

6. 高校思政课引入线上线下混合式教学模式注意事项

(1) 师生的多媒体技术有待加强。在多媒体技术大放异彩的时代，随着信息技术的出现，混合式教学模式随之产生。在新冠疫情背景下，线上教学成为"网红产品"，线上教学这种模式还处在初级摸索阶段，尚不成熟。一方面，一些高校思政课教师新媒体操作技术不够熟练，他们对新事物的出现有抵触心理，存在畏难情绪，缺乏教学改革劲头，自然影响对学生在线学习的指导。特别对于年龄稍大一点的教师，他们更不愿意去学习新技术，对于怎么录制视频微课、如何将微课上传至网络平台还很陌生，这对开展线上网络教学是一个很大的阻碍。再者，一些学生网上自学能力较差，他们或许是已经习惯了传统的教师教、他们听的教学模式，不愿意开动脑筋去自学，这就影响了线上教学的实际效果。对线上线下混合式教学模式比较陌生，而且新生自学的习惯和能力有所欠缺，比较依赖课堂教学，在线学习的定力不足，热度不够，甚至有个别学生对在线学习存在一定的抵触心理，影响学习的积极性。

(2) 加紧防范意识形态安全。根据所调查的高校数据显示，有69%的大学生经常通过网络、媒体等渠道讨论发生在身边和社会的国内外大事。这对当今意识形态来说是一个严峻挑战，因为高校意识形态的工作不允许存在半点偏差，但是网络法规、网络监督目前来说相关的体制机制还不健全，社会对网络的管控还比较薄弱，这给思政课线上教学带来挑战。新时代大学生容易在思维、言语等方面受网络的影响，他们的思想意识、价值观念、心理发展容易受一些不良、不法的网络负面信息的影响，特别是当今存在的历史虚无主义错误思潮的负面影响。

(3) 不断更新线上教学平台技术。线上线下混合式教学模式技术还不够成熟，例如，在平台软硬件支持系统的开发、相关配套设备的研发更新节奏有待加快，中间有不少漏洞。例如平台对教师和学生在课程论坛的发帖格式、字数等实行了严格控制，这对教师、学生在课程论坛发言的积极性来说是一个较大硬伤，在一定程度上挫败了学生的积极性。特别是目前的线上教学条件还难以做到对学生的学习进行全面、全过程的有效监控，在学生中间存在刷视频、找人代答测试题等假乱现象，这就影响了知识的传授效果。

(4) 及时更新线上平台教学内容。高校思政课的教学有较强的实效性，需要思政教师把党和国家的重大方针政策及时传达给学生，高校思政课教材经常是3～5年进行一次小改或大改，传统的思政课堂教学，教师根据课程实际情况随时调整授课内容，但是线上教学各版块改变起来就没那么简单。线上平台教学视频、测试的题目等版块更新没那么及时与到位，特别是教学视频的制作，从视频的拍摄设计、拍摄过程、后期的制作，需要花费大量的时间和精力，这对及时传达党和国家最新方针政策带来了较大的阻力。思政课教学常常具有时效性，任课教师要将党和国家的重要理论创新成果、重大决策和政策的重大调整及时传达给学生。但线上平台各大版块、各个栏目内容的更新、调整就较难做到足够及时，尤其教学视频的录制、剪裁、合成，需要耗费大量精力，花费较长时间，难以快速、高效地实现党的最新理论、路线、方针、政策进在线课堂、进学生头脑。

(5) 加强建设网络空间。新时代大学生主要通过校园网，用电脑或者手机登录在线平台课程学习，网速快慢影响到学生的学习兴趣和学习效果。根据笔者调查的数据显示，一些学生不愿意观看线上平台教学视频，存在教学视频缓冲时间太长、网页打不开、测试题打不开等现象，这种情况很大程度上影响了学生进行线上学习的积极性，很难让学生保持较长的线上学习的热情。高校需要更新网络建设空间，以更快的网络速度保证线上教学的正常运行。

(6) 突破线下教学模式。高校引入线上线下混合式教学模式，相对而言，一般高校的线上教学改革效果比较明显，线下教学的改革还不够彻底。部分思政教师还仍然按照思政教材体系按部就班地讲解知识点，并非是对线上教学的一种呼应，更多的是重复线上教学内容；课堂上，还是更多地采取传统思政课堂的理论宣讲、政治宣讲，讲比较抽象的知识。教师在线下课堂上所列举的案例脱离时代特色、脱离社会特色、脱离学校特色、脱离学生的实际思想与实际生活，难以引起学生的学习兴趣，与传统的思政课堂没有太多区别，这种线下教学模式很显然难以引起学生的共鸣，较难唤起学生的情感。线下教学与科研结合程度不高，没有做到较好地做到以教带研、以研促教，自然对有些社会热点、难点问题讲解不透彻，师生互动氛围不佳，学生自然难以接受。

7. 高校思政课引入线上线下混合式教学模式策略

从上述分析可以看出，新时代高校思政课线上线下混合式教学模式的推进，需要对线上线下教学同时推进、齐头并进。线上教学主要是信息技术、多媒体技术层面的改进以及网络建设的保障，线下教学需要改进的方面更多。习近平总书记在全国高校思想政治工作会议上强调，思政教师要利用好课堂教学这个主渠道。由此看来，不管高校的多媒体技术、信息技术多么发达，也不能忽视思政课堂教学主渠道的作用，思政课堂的线下教学始终是高校思政课教学中不可缺少的重要一环。但是，线下教学的改革不是教师个人的事，也不是学生单方面的事，需要思政教师和学生转变观念，突破传统思政课堂的教学模式，发挥好教师的主导和学生的主体作用，构建一种“教师主导、学生主体”的平等对话、师生双向互动的良性合作模式，实现学生从课堂的配角到课堂主角的转变，学生真正成为思政课堂的主体，学生实现从“要我学”到“我要学”的转变，从而有效提高教学效率与提高人才培养质量。

（1）提升在线教学平台质量。意识形态工作是党和国家一项特别重要的工作。在互联网极度发达的新时代，互联网已成为意识形态斗争的主阵地、主战场。不能让互联网本身可能成为高校思政课教学的“帮手”变为思政课教学的“心头之患”。因为高校思政课教学的核心任务是培养大学生树立科学的世界观、人生观、价值观，思政课是塑造人的灵魂的重要课程，因此，思政教师一定要关注大学生的意识形态安全教育，严格按照教育部统编教材来制定教学大纲和安排教学任务。

高校要提高网络安全意识，加强信息防范的思维意识，加大网络监督管理力度，确保线上线下教学内容不泄露国家机密，不涉及国家安全，坚决不在线上平台传播有关不适合在网络上公开的内容。高校相关部门要严把网络教学资源的关，保证思政课线上教学内容与教育部统编的高校思政课教材精神保持高度一致，力争用健康、积极的信息武装大学生头脑。学生文明上网、依法上网，不在网络上散布未经证实的谣言或者消息，坚决抵制各种错误思潮对大学生的负面影响，牢牢构筑大学生的“精神家园”。

（2）加强教学软件硬件条件建设。高校思政课引入线上线下混合式教学模式，必须加强教学的软硬件条件建设。一方面要升级在线平台的软硬件设备，避免技术漏洞的存在；另一方面要依据教材内容和大学生的特点，开发先进的在线平台学习软件，设计出能监测出学生是否存在用刷视频软件进行刷教学视频的行为，通过运用如身份认证、指纹识别、摄像头等辅助技术设备，加强对大学生学习过程的监控，达到全方面、全角度、全过程跟踪、监控大学生学习过程的各环节，在全方面收集学生思政课学习的相关数据的基础上，科学、准确分析学生的学习特点，为思政教师进行综合考核学生以及反思教学效果提供依据。线上教学资源的网页版面设计要有亮点，形式要多样，能一眼吸引学生的眼球，引人入胜。为此，高校要提供全面信息技术支持，无条件地支持思政课混合式教学改革，加强网络建设，购置质量较好的电脑设备，提高上机质量，以满足大学生各方面的需求。

(3) 把握线上线下教学融合尺度。高校思政教师要把握好信息技术与教学融合的“度”。思政课有鲜明的时代价值性，其最重要的一点便是注重做学生的思想政治工作，强调对学生进行思想政治教育和价值观引领作用，强调学生将所学的知识内化于心、外化于行。思政课教学改革必须坚持价值性与知识性相统一，这是贯彻落实习近平总书记在学校思想政治理论课教师座谈会上强调思政课教学改革要坚持“八个相统一”重要精神的要求所在。思政课最终的教学效果如何？关键在思政教师，思政教师要以高尚的道德情操感染学生，要以情感人、立德树人，要以真启善、以理服人，而线上网络教学依靠的多媒体技术终归是一种教学手段、教学载体，单靠线上教学无法完成思政课立德树人的重大使命，无法呈现思政课所蕴含的政治高度、历史厚度、思想深度和生活温度。

高校思政教师要把握好线上教学与线下教学的融合尺度，妥善处理好运用多媒体技术教学与课堂教学的关系，不能把线上教学当成高校思政课教学的重点，甚至幻想用线上网络教学取代线下课堂授课，过度强调信息技术的应用，一味地为迎合学生的喜好而追求形式花哨、手段新奇的教学手段、教学软件，花费大量的人力、物力、财力用在钻研微课、慕课、雨课堂、翻转课堂等互动学习平台的教学上，弱化思政课原有的教学目标，忽视了教师主导作用发挥，这样的教学改革不是真正想要的教学改革。要把握好高校思政课线上线下混合式教学模式的融合尺度，始终要明白：人是主，技是辅，做到主次分明、相辅相成，运用多媒体信息技术教学是为了更好地服务于“教”与“学”，最终达到提高教学实效、实现教学目标的目的。

(4) 优化教材知识体系结构。高校思政课引入线上线下混合式教学模式，这是符合时代发展潮流的新型教学模式，线上教学一般根据教材的知识体系呈现教学，所以线下教学必须突破这种设计，不能再是线上教学的简单重复，需要思政教师精选相关内容、归纳整理学生线上学习遇到的各类问题、提炼各类问题，设计线下教学流程，把握高校思政课教学的规范性与灵活性。思政课的线下教学内容不能无病呻吟、空穴来风，必须立足现实、有的放矢，注重启发引领，坚持问题导向，还需要兼顾学生的思想状况和兴趣爱好，打破教材原有知识体系的界限，把线上碎片式的教学知识串联成片、成体系，帮助学生形成正确的世界观、人生观、价值观，形成科学系统的认知结构。

高校思政教师依据教材的知识体系和统一的教学大纲，根据学生的学情特点，精心设计线上教学和线下教学的内容。教学内容要具有时代性、科学性、可操作性，同时还要保证思政课课程的思想性和科学性。不同专业的学情特点不一样，思政教师设计的教学内容必须要体现不同专业的特点需要，做到重构课程内容，因材施教，真正实现高校思政课教学改革的目标。

(5) 强化线下课堂氛围。无论是线下教学还是线上线下混合式教学模式的主要课堂，坚持应用启发式、探究式、讨论式的教学法，思政教师继续发挥引导作用，根据学生线上教学的反馈情况以及教材的知识点，设置线下课堂教学内容，例如设置相关的讨论专题、小组合作学习主题等，积极发挥学生的自主学习作用，调动学生积极参与线下课堂的热情，达到翻转课堂的教学效果。思政教师需要认真总结归纳线上学生学习的反馈，结合最近的时事热点、焦点，围绕学生感兴趣的或者有争议的话题设置相关讨论题，学生带着问题去讨论、去探究，在课堂上各抒己见，充分阐述自己的观点，真正让线下思政课堂活跃起来。

相对于其他公共课或者专业课，高校思政课更具有价值性，因为思政课是培养大学生形成正确的世界观、价值观、人生观的课程，因此，引导大学生朝着健康的思想引领更重要。教师在线下课堂设置专题讨论时，教师要发挥好引领作用，引导学生从小角度展开问题探究，由表及里，以小见大，设置与讨论主题相贴切的情景，鼓励学生在课堂上大胆提出各自的看法，允许学生有思考不全面、结论有偏差的观点的存在，引导学生从事实出发，切忌出现大而空的研究结论。同时，教师要结合课程目标，引导学生用马克思主义观点、方法理性看待问题、解决问题，特别对于党和国家过去曾经因为各种原因走的弯路，出现过的挫折和失误，要正确引导学生理性对待。教师还需要引导学生坚决抵制西方错误思潮以及各种反对马克思主义错误思潮的侵蚀，自觉提升自身的修养和境界。“思想越辩越清，真理越辩越明”，通过开展课堂主题讨论，帮助学生提高思维辨别能力和明辨是非能力。

(6) 真正落实交流互动。线上线下混合式教学模式，需要教师与教师、学生与学生之间开展充分的交流互动，通过QQ群、微信群、线上教学平台等各种网络终端，开展形式多样的线上讨论等活动，形成良性的活动交互。这种交流互动可以在教师与学生、学生与学生之间进行，甚至还可拓展至全校各专业、各班级所有的思政课教师、学生，展开不同专业、不同班级学生间的对话，可以点对点、面对面，也可以将这种交互搬至线下课堂教学中，避免一味地采用空洞的线上交互，避免教学停留在表面与形式，打破了不同专业、不同班级学生之间老死不相往来的窘境。

通过这种多边的交流互动，教师可全面了解并准确掌握学生的思想状况、行为特点、行为动向，帮助学生及时解惑，解决学生提出的各类问题，还可具体问题具体分析、对症下药，学生能更好地消化、吸收所学知识，真正实现知识的善思活用、入脑入心。

（7）感化授课对象。高校思政课无论是线上学生自学环节，还是线下课堂授课环节，教师在设计教学内容时一定要注意紧扣教学大纲，所举教学案例要因地、因时制宜，具有思想性、灵活性，从学生的实际生活出发，善于应用贴近学生、贴近实际的接地气的教学素材，优化课程教学内容，增强学生的情感体验。如果条件允许，还可利用所在高校的地域特色、学校特色、专业特色选择学生感到亲切又熟悉的素材，一方面激发学生的求知欲望，另一方面拉近与学生的距离。

三、“双线混融教学”模式

2020 年 9 月 22 日，习近平在教育文化卫生体育领域专家代表座谈会上的讲话中强调，“要总结应对新冠肺炎疫情以来大规模在线教育的经验，利用信息技术更新教育理念、变革教育模式”。[①] 如何总结疫情期间“应急态”的线上教学经验，创新教学新模式成为目前教育教学工作的重点。高校思想政治理论课（以下简称“思政课”）在此背景下如何改革创新教学新模式，实现对大学生的思想价值引领、落实立德树人重任，是摆在所有高校面前的重大难题。各高校经过疫情期间的摸索、实践，一种萌芽于传统教学，托生于数字化学习环境，并在互联网技术与教育的充分融合下诞生的线上线下相结合的“双线混融教学”模式将成为未来教育发展新常态。为此，如何抓住机遇迎接挑战，实践“双线混融教学”，成为当今广大高校思政课教师必须肩负的重担与使命。

（一）“双线混融教学”模式的内涵

“双线混融教学”模式与刚提到的双线教学模式有紧密的联系，但也有较大区别。双线指的是线上线下两条线，但后者更强调着力实现线上教学与线下教学多维呼应、相互支撑、交融补益，将信息技术的创新优势与教学的传统优势进行

① 习近平．在教育文化卫生体育领域专家代表座谈会上的讲话［N］．人民日报，2020－09－23．

互补互促。双线教学的混融关系，既是“历时性”的，也是“共时性”的，不只展现为“先线下、再线上”或“先线上、再线下”的前后相继的线性发展过程，还表现为“线上教学”和“线下教学”同时“共存”“共融”“融通”与“共生”是双线混融教学的基本特征。

(二) 高校思政课实行“双线混融教学”模式的必要性

1. 线上教学的弊端

2020年初，新冠疫情这位不速之客打乱了所有人的生活。各地大中小学纷纷响应教育部发出的“停课不停学”的号召，快速启用线上教学。一时之间，各大中小学老师都成了新闻主播式的“教书郎”，线上教学突然摇身一变，从原来线下教学的辅助教学方式变身为主流方式。但仔细想想，这种几乎所有老师都参与的线上教学真的很合适吗？经过绝大多数老师实施形式多样的录播、直播课，老师慢慢地形成了各自的线上教学风格。然而，这种不分年龄、不分层次的疯狂线上教学，能否达到预期的“实质等效”目标，是值得大家深刻反思的重大教学难题。

教学是一种包括感觉、表情、视觉、听觉、情绪、身体语言在内的多模态的感知行为。教师的教和学生的学构成教学的两个主要方面，两者紧密相连，集中体现在师生的良性互动。相对于线下教学，线上教学存在三方面优势：教学仪式性、课堂纪律性、身体在场性。教学仪式性是一种存在，指多人遵照某一个相同的程序反复地做同一件事；课堂纪律性是指课堂上学生被暂时性地限制在一定的活动范围内；身体在场性是指人身体器官如耳朵、眼睛、鼻子等都被课堂所结构化。

2. 线上教学教师的胜任力有待提高

然而，教师在线上教学过程中，能否快速掌握在线教学平台的特点及熟练运用教学工具，能否胜任在线教学各项综合要求，学生对在线教学的接受程度如何，在线平台能否承受起如此大规模的线上教学，各大中小学校如何有效组织在线教学，监督、控制线上教学质量，如何提高线上教学质量，直接关系到在线教学能否正常运行，这是所有学生必须面临的困难与挑战。在实际线上教学运行过程中，不少教师对线上教学存在认识误区：一是部分教师认为产生于“新冠”疫情下的在线教学只是权宜之计，在不久的将来必然会随着疫情的结束而退出教学的舞台，所以从一开始，这部分教师对线上教学只是简单应付，对在线教学未来的发展趋势认识不足。二是部分教师产生对线下教学和线上教学的功能认识不到位。认为在线直播就是把平时课堂教学即线下教学搬到线上，进行直播，错误地把在线直播课程等同于在线教学。如果仅仅简单粗暴地把传统的课堂教学的内容直接搬至线上教学课堂，线上直播的教学效果必定收效甚微。

3. 填补双线教学的弊端

以往的“双线教学”，更多是“分离”或“割裂”，大多时候是“各行其是”，虽然也有两者结合的研究，但并非主流，更多是“双线交替”和“双线并存”，最多是“双线混合”，而不是“双线混融”。“双线混融”更加强调从“混合”走向“融合”或“融通”。所谓“混融”中的“融”即“交融”，指的是线上教学与线下教学“你中有我”“我中有你”，它试图改变的是“叠加方式”“加法思维”，即“线上教学＋线下教学”，走向更具挑战性和复杂性的“融通思维”。[①] 双线教学即线上线下教学之间的混融关系，并非表面的、暂时的，既具有“历时性”，也同时具有“共时性”，不只展现为线上、线下前后相继的线性发展过程，更多地表现为线上教学与线下教学同时存在，相互补充，融为一体。“共存”“共融”是“双线混融教学”的显著特征。

这将是一个全新的教学体系或教学系统，是双线教学在从“历时性”转换为或表现为一系列“共时性”过程中形成的新体系。

（三）高校思政课实行“双线混融教学”模式的路径

1. 线上教学做好学校顶层设计、体制机制配套建设

新冠疫情的爆发，给教育界带来的最大影响便是让教育界充分认识到线上教学已经成为一种必不可少的教学模式。为此，高校应适时做好教学改革的调整，做好线上教学的顶层设计，建立一套科学合理的涵盖制约、激励、监控等在内的管理机制，并毫不动摇地执行落实下去。如成立线上教学课程建设领导小组和办公室，构建线上教学相关制度，形成线上教学发展长效机制，给予线上教学更多的政策倾斜和有力支持。整合各方综合力量，形成群策群力的线上课程建设组织架构，如在建设课程的具体过程中，学校马克思主义学院（思政课部）与教务处一起做好线上课程建设的顶层设计，在课程遴选、课程运行等方面起主要作用，网络中心积极配合教务处的工作，在课程具体运行过程中如课程上线、运行管理、课程创新应用等方面发挥主要作用。组织人事处协同教务处对教师线上教学

---

① 邱燕楠，李政涛．从“在线教学胜任力”到“双线混融教学胜任力”［J］．中国远程教育，2020．41（07）：7－15＋76．

工作量的计算和考核发挥主要作用。宣传部及时在学校官网、官微宣传在线开放课程建设。通过各部门协同联动，多部门参与、贯通上下的方式整合，全面提升高校思政课线上教学的整体功能与效益。

2. 加大投入，做好线上教学平台建设

疫情期间的线上教学，教师们综合运用超星学习通、中国大学慕课、智慧树、钉钉、腾讯会议、腾讯QQ、微信等多个教学平台和工具，多方平台协同作用实现教学。在线教学平台，很显然是实现线上教学的重要载体，因为它是教师发布教学任务、学生自学、师生交流沟通的重要平台，自然起到了举足轻重的作用。然而在线教学平台使用起来有诸多不利，如存在课程建设不完善、实践性和应用性缺乏；对线上课程的考核评价标准不太合理；教师与学生使用线上平台的积极性不大等问题。为此，教师要以科学有效教学理论为指导，指导在线课程建设与实施，体现以“学生为中心”，提高在线教学平台在具体运行过程中的针对性、互动性、实用性、完整性。建设高质量在线课程，同时高校要高标准建设智慧教室，加大线上教学直播的硬件环境投入，保障在线教学能稳定顺利进行。

3. 敢于推荐，做好教师培训

提高教师线上教学的胜任力，这是决定线上教学能否达成如期目标的关键因素。高校邀请线上教学的专家开展线上、线下相结合的交流培训，教师将在培训中学到的知识通过具体实践，在实践中发现问题，并及时完善线上教学方式，通过这种不断的教学反思，教师的线上教学技能得到较大的提高。高校还应创新培训模式，开展诸如多种在线平台综合运用、案例研讨、网络培训等各种培训模式，为多元化在线平台的综合运行提供技术支持服务，教师在亲身体验中不断提高线上教学能力。

4. 提高教师使用“双线混融教学”模式的胜任力

高校思政课使用“双线混融教学”模式，需要教师具有较强的胜任力，这样才能保证该教学模式的正常运行。“双线混融教学”的复杂性，相应地带来更加动态化、复杂化的教学过程，如何胜任双线混融教学实践，成为高校思政教师未来面临的严峻考验。

教师的“双线混融教学胜任力”指的是教师能够胜任双线混融教学模式并获得良好教学成效的能力。相比较线上教学和混合式教学，在“双线混融教学”中，更突出教师掌握各项核心能力的“混融性”。一方面要求教师掌握传统教学的教师与学生的良好互动，更重要的是强调在“线上教学”与“线下教学”之间开展多元的“互动融合”和“生成”。教师的胜任力一般分为任何特定知识、能力或态度，或是三者的任何集合或组合。基于“双线混融教学”的显著特点，我们以“能力”为核心剖析“双线混融教学胜任力”的内在构成。“胜任力”，顾名思义，核心在“力”，再者，“知识”和“态度”如何，最终也需要通过教师的“能力”来体现。因此，教师的“双线混融教学胜任力”，归根到底就是教师的综合教学能力，也就是将“线上教学”与“线下教学”相关的知识、态度、动机、价值观和技能综合融通为“混融力”的教学胜任力，具体包括“观念混融力”和“方法混融力”。

“观念混融力”主要由“教学价值观”的混融力、“教学过程观”的混融力、“教学评价观”的混融力三方面构成。“观念混融力”要求对于采用混融教学模式的思政教师而言，要求具有科学的育人价值，避免将教学变成“知识的传递与搬运”，遵循“挖掘和提升学生的生命价值”并将此作为线下教学与线上教学必须共同遵守的教学价值观，实现双线教学“价值观混融”。

“教学过程观”的混融主要包括线下教学的过程观、线上教学的过程观和混融教学的过程观三方的混融。要求教师能够充分掌握进行线上教学和线下教学两种不同教学过程的推荐逻辑，同时对两种教学过程中不变的本质如基本任务、基本元素及内在关系结构的掌控方面，需要将其贯穿渗透于双线教学过程中。“教学评价观”的混融力，顾名思义，就是什么样的课才是好课。课堂是否充满活力吸引学生？学习是否真正发生？学生是否引发了深度学习？教学过程中师生之间的良性互动是否很多？评价方式要体现多元化的趋向。要坚持诊断性评价与常规性评价、全程整体性评价与阶段系统性评价、过程性评价和结果性评价等不同的多元评价方式，将多种评价方式贯穿于双线混融教学之中，成为双线混融教学的基本构成。

“方法混融力”包括教师掌握线上教学和线下教学各自教学方法的能力，包括教师能很好地衔接、转化与生成线上与线下教学方法，做到教学的无缝对接。

总体来看，教师要求具备“双线混融教学胜任力”，意味着教师的各种综合教学能力在线上与线下教学中得到充分体现，教师终身学习和培养的机制也不断形成，这也将成为未来教师培训研修和专业发展的发展趋势。

四、专题式教学模式

（一）专题式教学模式的定义

专题式教学模式是高校思政课教学改革的一项重要举措，在很多高校思政课堂得到广泛应用，并取得了较好的教学成效。专题式教学，是指在分析思政教材知识体系的基础上，依据教材教学大纲的要求，根据学生的学习特点，打乱传统的教材章节，按照知识体系的内在逻辑联系等关系对教材内容进行整合，形成相对独立的系列专题，由某一个或者某几个思政教师专门针对相应的专题（一般根据教师的专业背景、兴趣爱好确定）进行精心备课、授课，在教师的共同努力下完成该门思政课程教学任务的教学模式。

（二）高校思政课开展专题式教学的必要性

1. 开展专题式教学有助实现从教材体系向教学体系的转变

关于高校思政课的教学改革，教育部在 2005 年颁布了一个方案，但是高等学校采取一刀切的方式，本科院校和高职院校的思政教材是一模一样的，只是门数不一样而已。高校现在用的最新版思政教材即现行的 2018 版教材，相比之前的 2015 版来说，理论性强、时代跨度大，内容更丰富，以《毛泽东思想和中国特色社会主义理论体系概论》为例，这本教材的内容扩充性极强，被教师称为讲这门课的教师必须要懂中华民族“上下五千年”的政治、经济、历史、文化等。修订后的教材语言高度凝练，相比之前的教材，表述更加准确、科学，更权威。如何将理论性超强的思政课把理论讲透彻、讲清楚，如何突出重点，这对思政课教师来说是一个很大的考验。如何实现思政课的“教材体系”向“教学体系”转变，是一门艺术，需要思政教师掌握较高水平的讲课艺术。开展专题式教学，有助于实现高校思政课教学从教材体系向教学体系的转变。

2. 开展专题式教学有助于学生的成长成才

习近平总书记说：“今天，我们比历史上任何时期都更接近中华民族伟大复兴的目标。”随着中国日益走近世界舞台中央，西方敌对势力虎视眈眈地盯着中国，有意无意挑衅中国的情况日益明显，我国意识形态领域的斗争也越来越严峻。高校思政课担负着培养能扛起中华民族伟大复兴的新时代人才的重任，为建设中国特色社会主义培养合格建设者和可靠接班人。面对西方敌对势力对中国不断发起的挑衅，我们一定要抓好思政课这个主阵地，切实上好大学生的思政课，通过开展专题式教学，帮助大学生了解中国的历史、现在与未来，特别是了解中国当代所处的国际环境、中国的国情、党情、社情，帮助大学生坚定政治立场，让正处在人生“拔节孕穗期”的大学生，形成稳定的世界观、人生观、价值观，听党话、跟党走，积极做“两个维护”与“四个自信”的践行者。

3. 开展专题式教学有助于整合教材内容

高校思政课教师对新版思政课教材体系最大的感受便是内容多，课时少。无论是本科院校还是高职院校的思政课教师，都普遍有这种感受。如果按照其他课程面面俱到地进行教学，那么整个教学任务就难以按时完成，教学战线会拉得很长。思政教师为了按时完成教学任务，教学就会变得如蜻蜓点水般那样浅尝辄止，教材的重难点自然就难以讲解到位。如何做到既能按时完成教学内容又能不拖延时间？专题式教学能解决这个矛盾。通过实施专题式教学，教师有选择性地选择教学内容，整合知识点，教师对教学内容进行提炼与整合，使专题教学内容变得少而精，突出重难点，使教师能较好地处理好精讲与略讲的关系，从而使学生能在有限的课堂教学中把握所学课程的核心和精髓。

开展专题式教学还能解决教学内容重复交叉问题。思政课从小学起就已经开设，所以高校思政课教材内容和小学思政课教学内容存在着某些重复问题。高校思政理论课教材内容，与中学思想政治课教学内容有些重复，而且本科生四门思政课的教学内容也有相互交叉重复的问题。如果把每门思政课的所有知识点都从头到尾讲解一遍，不可避免会出现教学内容的交叉、重复的问题，如果重复施教，不但不能取得预期效果，反而还会引起学生的不满或者反感，也就是产生许多消极影响。在高校思政课开展专题式教学，在很大程度上帮助教师丢弃一些学生已经学过或者掌握的内容，突出重点、难点，有利于真正达到锻炼学生综合素养的目的。

4. 开展专题式教学有助于提高高校教师的教学水平

根据笔者调查数据显示，部分高校思政教师并非是具有马克思主义背景的教师，他们有些是从学校从事学生管理工作的岗位转到思政教学岗位，缺乏思想政治教育专业的扎实功底，因此，这部分教师对思政课教材的全局掌控能力不够，较难对学生进行启发式的引导，特别是在理论学习这方面，思政课堂氛围可能会较好，但学生缺乏理性思维能力和创新能力。采用专题式教学，思政教师根据自己的专业背景、兴趣爱好，从整门课程的专题中挑选 1～2 个专题，精心备课，搜集各方面的素材，将这个专题讲透彻、讲精彩，这样一来，有助于提高思政教师的教学水平。

（三）高校思政课开展专题式教学模式要处理好两种关系

1. 继承传统与改革创新的关系

任何教学改革都不是和传统方式进行决裂，都是对传统教学方式的一种扬弃，在高校思政课第一课堂实行专题式教学改革也是如此。专题教学实行专题设计是对原有的传统教学方式的一种突破，集中力量攻破各教学重难点。改革是为了让教学效果更具突出，是为了达到原定的教学目的。传统的灌输式的教学方式越来越不受师生的欢迎，然而，这种授课方式也不是完全不可行，教师要继承其中有益的一面，“灌输”式的教学方式还是需要，只是这种“灌输”并非狭义上的“灌输”，需要教师灵活运用各种教学方法向学生讲理论、分析案例，收集多方面的材料，来回答学生的提问、讨论、疑惑，加强教师与学生之间的沟通，使学生弄懂理论。

2. 教师主导与学生主体的关系

近些年，在高校进行的思政课教学改革，从整体上看都改变了传统的教师“一言堂”的教学模式，变“教师主体”为“教师主导、学生主体”的课堂。要想真正推动思政课教学改革，必须大大提升学生的主动学习的积极性，教师变为课堂的配角，把课堂还给学生，真正发挥学生的主人翁作用，真正体现以学生为中心。当然，以学生为中心的课堂并非让课堂成为无人管的放任自流的课堂，思政教师应起着主导作用，在专题设计中的重点、难点须由教师把握，在课堂教学中引导学生的课堂讨论、辩论活动环节，引导或者纠正学生在课堂上可能出现的过激言论或行为。

（四）高校思政课开展专题式教学模式存在的困境

1. 集体备课缺乏创新性

集体备课方式是新时代高校思政课教学改革中的重要举措，特别是在专题式教学改革中，集体备课的作用尤其明显。在专题式教学中，多名教师共同担任一门思政课的教学，其中一个专题有一名或者几名教师集体备课，从专题设计、到教案、课件的定稿，每名老师承担相应的任务，共同实现某一个专题的教学任务，这为整合教学资源提供了可能性。但在实际的操作过程中，集体备课的效果可能达不到预期目标。虽然有些高校在布置专题教学任务时分工较细致，由教学团队负责人下达专题教学备课任务，专题负责人认领专题教学备课任务并细化每一名教师的工作，这种层层分工看似细致周到，但在完成过程中却大打折扣。每一名思政教师的专业功底、对待工作的态度不完全一样，有些教师比较认真、专业基础扎实，但有部分教师不仅专业基础不扎实，对待专题负责人分配的任务还敷衍了事；专题负责人同样也存在参差不齐的情况，一些专题负责人往往为了交差随便提交资料；同时，当一门课程的所有专题教学的教学资料都制作完成时，有些授课教师就把这些资料当成救命稻草，从年头讲到年尾，一字不差、一字不漏，更别说有自己的创新和思考，这样，思政课教学就成为另一种形式的“照本宣科”，长此以往，集体备课就有可能成为一些高校思政课教师安于现状、不求创新的罪魁祸首。

2. 专题设计缺乏科学性

专题设计是否科学合理是专题教学模式是否能在高校思政课堂正常运行的关键点。如前所述，思政课专题教学必须打破已有的教材体现的限制，必须结合学生的实际特点，在分析教材知识点体系内部逻辑的基础上进行专题设计，实现教材体系向教学体系的转化。但是实际操作中却存在这样的问题：一种做法是专题设计过分迎合学生口味导致偏离课程教学指南和教学大纲。部分高校没有从整体上把握教材知识体系，随意增删内容，甚至还删除教材的重难点内容，专题设计缺乏严肃性、权威性和科学性。另一种做法是专题设计就是原有教材体系的翻版。只是打乱教材原有知识结构的顺序，有的只是把教材中的“章”改为“专题”而已。因此，这种专题教学设计不是真正意义上的专题设计，无法突出教材体系中的重难点，也无法实现教材体系向教学体系的转化，教学改革只是停留在表面，是“换汤不换药”的假改革。

3. 各专题之间缺乏整体性

很多高校狭隘地去理解专题教学，认为这种教学只需要做好每一个专题教学设计就行，往往注重专题的独立性，缺乏考虑各专题之间的逻辑性、整体性。特别是在《毛泽东思想和中国特色社会主义理论体系概论》这门课程教学过程中，有些学校为了方便各专题教师教学，有些班级还没学毛泽东思想，就开始学习近平新时代中国特色社会主义思想，学生学习起来云里雾里，自然达不到专题教学的实际效果。虽然我们一直强调高校思政课的主要目的不是向学生传授知识，主要是引导学生树立马克思主义的世界观、方法论，但这并不意味着思政课教师给学生传授的知识可以是片段式的零星的知识。理论结构的完整性，理论论证的严密性，是马克思主义理论的科学性的主要体现，如果教师只是将一些零星的知识传授给学生，学生必然无法真正信服马克思主义理论的科学性和正确性。专题教学通常是多位教师轮流在一个班级授课，学生可以避免对某一位老师产生审美疲劳，可以学习到不同特点的老师的教学风格，可以学习到多种思维方式。但也存在有些学生反映教师换得太频繁，刚刚适应一位老师的教学风格，马上又要去适应另一位老师的教学风格，画风转变太快，学生有点措手不及。同时，每个教师授课有差异性，有的教师能严格按照教学进度按时安排完成自己承担的专题教学任务，但有些教师根本完不成所安排的教学专题，这就可能造成教师“欠账”的情况，从而影响学生从逻辑上、整体上把握教材体系结构。

4. 课程考核缺乏实效性

根据笔者所调查的数据显示，目前大部分高校思政课的考核方式按照“平时成绩＋期末成绩＋实践成绩”构成，平时成绩占了较大的比重。但由于是专题教学，前一个专题教学教师的打分很大程度上影响着下一个专题教学教师的打分，甚至出现上一个专题教师打分不按时，中间专题教学教师打分脱节的情况，因此，最后学生这门课的成绩落在了上最后一个专题教师的头上，平时考核流于形式，最后学生的成绩主要由期末考试而定，自然体现不了思政课的教学考核要注重过程的特点。最后一个专题教师短短几个课时的教学，不能全面把握学生整个学期的学习情况，考核很显然存在不科学、不合理的现象。

(五) 高校思政课开展专题式教学模式的实施路径

高校思政课引入专题式教学模式进行教学，主要从教师做好精心准备、严密组织和科学考评这三方面实施。

1. 精心准备

前期调研是基础。没有调研就没有发言权。同样，作为一种新型的教学模式，在具体实施之前要做好充分的调研，主要从校外调研和校内调研两方面进行。校外调研主要是到其他高校学习交流，了解兄弟院校在开展专题式教学方面所取得的成功经验教训，吸其精华、去其糟粕，对可能在教学过程中出现的各种问题做好准备，避免走弯路。校内调研主要从教师和学生两方面进行。一是对思政课教师的专业背景、知识结构、教师的兴趣等方面开展调研；二是对学生的知识储备、思想动态、关注的焦点做调研；除此之外，教师还要收集近段时间国内外时事热点、理论难点等问题，充分了解各门思政课存在的交叉重复的地方，实行思政课所有教师集体研讨，根据实际情况，确认课程之间重复的知识具体应该由哪门课程来承担教学等。在以上调研结果的基础上，确定专题教学内容及教师的教学分工。

专题设计是关键。高校思政课引入专题式教学模式，教师需做好顶层设计。首先，教师要全面分析教材，吃透教材。思政教师应在全面领悟教育部颁发的课程教学指南、教学大纲的基础上，分析教材，全面吃透教材的知识点，厘清知识点内部的逻辑关系，把握教材的重难点，做好每一专题的精心设计工作。教师在设计专题时，一方面不能脱离教材，但又要高于教材，设计一些与大学生学习、生活相贴切的内容，使思政课既有一定的理论高度，又有一定的生活温度，即有一定的趣味性和生活性，从而激发学生的学习兴趣。同时，教师要把理论讲透彻。高校思政课的理论性很强，但是教师不能避开这些理论不讲，思政教师自己必须先吃透理论，再向学生讲透理论。在此基础上，教师还应引导学生理论联系实际，用学到的理论知识解决学习和生活中遇到的问题，学以致用。再者，突出重点，注重专题的逻辑关系。每个专题虽然是独立的，但是整门课程的所有专题必须遵循一条主线，专题设计要以教材重点知识点为基准，围绕重难点进行纵横推进，最后将各专题解决的问题串联起来就是一个有机的统一整体，做到专题设计既体现独立性，又体现整体性。

专题设计是整个思政课实施专题式教学的核心。专题设计要遵循科学合理原则。首先，实施专题式教学，只是改变教学形式，教学内容还是未变，还是依据思政教材体系进行。因此，教师在进行专题设计时要对教材体系内容进行整合，以教材为依据，不篡改教材的知识结构，要高于教材但又不能脱离教材，切忌遗漏教材的重点知识内容，确保将完整的教材内容呈现在学生面前，"短斤少两"现象不能出现。其次，要将教材知识体系的重难点、学生关注的焦点、社会的时事热点结合起来进行专题设计，教师要吃透教材内容，把握知识体系中内在逻辑，既体现独立性，又体现整体性，保证在设计专题式教学时做到专题内容之间联系紧密、各个专题之间逻辑上严谨，避免在具体教学过程中出现内容矛盾、知识打架等情况。

专题分工是重点。在实施专题分工时，本着以人为本的原则，以教师的专业背景、兴趣爱好作为专题分工的重要依据。每一片树叶都是独一无二的，所以每一名思政教师都是独一无二的。"术业有专攻"，这就要求专题的分工必须将教师的专业放在第一位。根据每位思政课教师不同的专业背景和研究专长，细分教学专题，并对每个专题教学的具体任务和要求做好布置，每位思政教师根据自己的实际情况选择并且充分准备和高效完成自己分配的教学专题，争取每位老师最后拿出来的都是自己精心准备和设计好的专题设计、专题教案和专题课件。准备好以上材料后，思政教师在各自的教学团队精心打磨每个专题，如进行一次又一次的试讲，以保证呈现在师生面前的教学专题个个都是"精品"。

2. 严密组织专题式教学

在高校思政课第一课堂采用专题式教学，需要从全方位进行创新，如从教学内容到教学方法的创新，从课内教学到课外教学的创新等。高校思政课的教学改革本身也需要把目光集中到各个方面、各个领域。为了杜绝思政课教学改革流于形式，使得专题教学的效果更好，可以将专题教学与"大班授课小班研讨"的模式结合起来。如教师可以设置一些与该专题教学内容相关的主题研讨，由学生课前收集资料，也可分组收集主题研讨资料，课堂上分小组进行研讨，在弄懂主题研讨问题的基础上，也就弄懂了所学专题的内容。在此教学过程中，各小组长对小组成员的表现进行记录，作为教师核算平时成绩的重要依据。

接下来便是将准备好的专题在各班级进行教学。专题教学还应考虑不同专业、不同班级学生的特点，注意因材施教。根据具有不同专业背景的学生的不同特点，要选取不同的教学案例，注意文、理科学生对于不同的知识点，尤其是理论层面的理解不一样。同时，教师还应关注国内外时势的变化，在教学内容上，将党和国家最新的方针政策、决策部署引入到专题教学中来，让思政课鲜活起来。采用专题式教学模式，同样也可运用到之前所提到的新媒体新技术，教师在在线平台上与学生之间开展交流，教师检查学生的在线学习情况、作业完成情况等，体现“教师主导、学生主体”的特点，丰富教学手段，巩固教学效果。

在思政课堂上引入专题式教学，这不是以往传统思政课堂的重复，必须注重方法创新。教师在课堂上可采用之前说提到的分组合作教学法、课堂辩论教学法等教学方法，引导学生主动探索、主动思考，主动参与，让学生成为思政课堂的主体，学生由课堂的“听众”变为课堂的“讲师”。

3. 规范思政课教师集体备课

在高校思政课第一课堂实行专题式教学，不是某一个或某几个思政教师想出来的办法，需要思政教师集体备课完成。集体备课特别要注意以下几个方面：集体备课一定要务实、高效。正如前面所说，高校思政课需要教师具备上下五千年的知识储备，这就需要思政教师具备深厚的理论功底和庞大的知识储备，可以由几个专业知识背景相近的教师集体备课完成某一个或某几个专题备课，精心做好这一个或几个专题的备课，真做、实做好集体备课工作。在实际过程中，教学团队负责人要做好合理分工，安排好各自的任务，定期监督集体备课效果，避免某些教师在集体备课过程中存在推诿拖沓应付交差了事的现象发生。同时，在集体备课时，思政教师要发挥好自己的特色优势，用自己的人格魅力感染学生，增加社会生活中不断出现的鲜活案例，发挥集体备课的真正作用。

4. 精准考评

对思政课专题式教学进行精准考评是推进思政课专题式教学改革的重要环节。专题式教学效果好不好，迫切需要多元评价方式来评价。新时代背景下，多媒体技术被广泛运用，在高校思政课堂引入专题式教学模式还需要进行课堂的管理和评价，这也是评价授课方式是否科学合理的重要观测点。教师可根据教学班级和该班学生的实际情况管理，力求管理方法多样、评价多元。对于学生的出勤情况，可采用超星学习通的签到功能，还可利用雨课堂的签到功能，实行多媒体管理技术。此外，高校思政课应注重过程考核，将学生平时在课堂上的表现情况作为考核的重点，占比在60%～70%，从课堂考勤、课中回答问题情况、课堂参与讨论情况、课后作业等方面进行综合考核。教师可以采用多媒体学习软件，设置相关的问题和案例，对学生的作业完成情况进行考核。

可构建多元评价方式来进行评价。只有构建起全过程、全方位、立体化的多元评价体系，才能真正检验出采用的教学模式是否科学，可从教师和学生两方面加强评价。具体来说，一是完善对教师的评价。因为教师是实施专题式教学的主导人，加大对教师进行教学改革的激励机制，如在年度评优、职称评审方面加大对教师进行教学改革的权重，这样对教师致力于教学改革的热情有百利而无一弊。二是改革评价学生的手段。把学生自评、学生互评和教师评价结合起来，贯穿于专题式教学模式的始终，注重过程性评价，即注重学生在专题式教学中的各方面表现，优化对学生的成绩评价，要注意把教师评价、学生的相互评价和自我评价等方式有机地贯穿于专题教学的始终。在专题教学活动过程中，应注重对学生的过程性评价，这样便于及时发现学生在专题式教学中出现的问题，及时给予引导，提高教学效果。

五、对分课堂教学模式

（一）对分课堂教学模式的定义

对分课堂，是复旦大学心理系学科带头人、普林斯顿大学心理学博士张学新教授于2014年提出的课堂改革新模式，是一种土生土长的中国本土原创的新型教学模式。该模式的核心是把一半的课堂时间分配给教师讲授，另一半给学生以讨论的形式进行交互式学习，师生“对分”课堂[①]。张学新教授在借鉴国内国外各种成功的教学模式基础上，以最新的教育学、心理学研究成果为理论支撑，主要整合传统的课堂讲授法和课堂讨论教学法两种教学法的核心和精髓，构建对分课堂教学新模式，即以“讲授－内化吸收－讨论”[②] 为主要特点的新型教学模式。

对分课堂和传统的课堂教学最大的不同是将课堂教学时间一分为二，一半分给教师，由教师在课堂上讲授理论知识等，一半分给学生，学生就教师讲授的知

---

① 吉秀家，王艳波，崔宇红. 基于“互联网＋对分课堂”混合式教学模式在妇产科护理学的应用[J]. 中国高等医学教育，2019（12）：56－57.

② 张学新. 对分课堂：中国教育的新智慧［M］. 北京：科学出版社，2016年版，第4页.

识点展开讨论，特别是在教师和学生之间还增加了一个重要环节——学生自学环节，即学生内化和吸收课堂知识的环节。课堂讲授环节，由教师主导完成，教师就本次课程学生要学习的知识点通过案例分析等教学方法向学生作仔细阐述，之后学生根据教师刚刚的课堂讲授，独立自学完成教师随堂布置的作业，同时学生分组讨论，充分交流自己的意见，然后全班同学一起讨论。仔细一看，讲授、讨论、自主学习都可在传统的课堂教学中找到影子。但是在对分课堂教学模式中，教师和学生掌握课堂的时间是有明确界限，一方面发挥教师在课堂教学过程中的主导作用，另一方面，学生也能掌握课堂的主动权，在课堂上充分展开讨论，学生学习的积极性和主动性得到体现，形成了一个充满活力的新型课堂教学模式，被有的教师称为“魔力课堂”。

2014年上学期，张学新教授在复旦大学心理系的本科生上课时，第一次把对分课堂教学模式引入到课堂，就受到了学生的欢迎，然后迅速在上海传播，没多久就传播至全国，甚至还被传播到非洲。几年时间，对分课堂利用该教学模式的优势和借助互联网，对分课堂引起了全国范围内教育界的广泛关注，涉及理工、人文、医学等多个学科，后来在高校思政课课堂上得到广泛应用。高校思政课引入对分课堂教学模式，在原有教材不变、教学指南不变、教学大纲不变的情况下，这种教学模式有立竿见影的效果。

（二）对分课堂教学模式在高校思政课第一课堂运用中的应用价值

1. 激发学生的学习兴趣

对分课堂教学的出现，让学生不再是一味地听教师摆布的被动学习者，学生可以自主掌控课堂，且可掌握一半的课堂教学时间，这在很大程度上激发了学生学习的积极性。他们以往被动学习的习惯被改变，积极参与课堂讨论的兴趣明显增强，较大地提升了学习效果。在课堂中间学生自学环节，学生通过听取教师的讲授知识、结合教材知识点、辅导资料等进行自主学习，积极探究，为下一阶段的课堂讨论做好充分准备。在小组讨论环节，学生因为之前有了充分的准备，讨论起来有话说，基本上能做到每个学生都能参与其中，学生在讨论中主动发现问题，能积极思考问题、探究问题，最后想办法解决问题。解决不了的问题，学生在稍后的课堂上提出来，教师指导学生找到解决问题的办法。不难看出，在学生自主学习、参与课堂讨论、展示讨论结果等环节中，较大程度上体现了问题化、合作化、个性化的学习。对分课堂这种“教—学—讨论”层层递进、环环相扣的教学环节，体现了教师的主导性、学生的主体性，提高了思政课教师授课效率，体现了学生的个性化学习和自主学习的特点，极大地激发了学生学习的积极性。

2. 提升思政教师的专业能力

对分课堂教学模式被引入高校思政课，教师不再像以前一样从头讲到尾，只需用一半的时间讲解理论知识，减轻了教师的教学负担，一方面改变了传统思政课堂教师“满堂灌”的僵局，另一方面有助于提升教师的专业能力。因为教师在课堂上讲授的时间缩短了一半，教师只需要讲知识点中的重点、难点内容，教师把备课重点放在如何攻克重难点内容方面，其他的内容设计成让学生自学或者小组讨论教学环节。虽然教师在课堂上讲授的时间大大缩短，但是教师课前准备的内容较传统课堂增加，因为教师要准备好学生在自主学习和讨论交流环节可能遇到的困难和问题，做好提前准备工作，这对教师专业能力来说是一个较大考验，需要教师下足功夫做好准备，不断提升自己的专业水平与能力，这样才能面对学生在课堂的提问时做到心中不慌，才能对学生的困惑做出有效的回应。

3. 减轻教师机械教学负担，实现教师向“双师”角色转换

在传统思政课堂上，思政课教师要完成整门课程内容的设计、讲解、总结等所有工作，备课的任务很重，要向学生讲述的理论知识点都很多。对分课堂的运用，改变了这种现象。教师只需要把章节的重难点向学生讲述清楚，其余由学生自主学习完成任务，通过查阅资料、课堂上交流讨论解决问题，弄不懂者由教师引导加以解决。可以看出，在对分课堂教学模式下，思政课教师机械式的教学状况减少，引导作用明显增加，教师由传统的传授知识向引导学生自主学习转变，教师从单纯的“理论讲师”向“理论讲师与实践指导师”双师角色转变。

4. 形成生态化的思政教学课堂

对分课堂教学模式从表面上看，是将课堂时间对分给教师和学生，但从本质上看是教师和学生在权利和责任上的一种对分。这种对分，让师生建立起一种融洽的互动合作关系。在以往传统的思政课第一课堂上，教师是课堂的主角，教师在课堂上扮演着重要的权威角色，学生通常只是被动地专心听教师的讲授，一般是由教师提问，学生回答老师的提问。学生很少在课堂上提出自己在理解某个知识点方面存在的疑问，如果有学生提出疑问，可能会被其他同学甚至老师视为不认真听讲的坏学生，这将挫伤学生自主学习的积极性。实行对分课堂，课堂时间教师和学生一人一半，较好地实现了教师和学生的权利与责任，教师由原来课堂的主角变为主导者，学生变成了课堂的主体，教师与学生之间的关系变成了对等、交流、合作的平等关系，课堂的气氛变得民主、平等、轻松和和谐，形成了生态化的思政教学课堂。

（三）对分课堂教学模式在高校思政课第一课堂中的实施步骤

1. 教师课堂讲授环节

对分课堂上，教师的课堂教授环节是整个课堂教学的第一步，一般按照“框架讲授—重点难点分析—任务布置”三个步骤进行。教师先讲解本次课知识点的框架，让学生对本次课的教学内容先有一个初步印象，再对本次课的重难点通过案例分析、视频播放等教学方法进行讲解，最后再布置学生接下来进行的自主学习和课堂讨论交流的学习任务。

2. 学生自学吸收环节

学生自学吸收，学生通过查阅相关资料，内化吸收教师刚刚在课堂上讲授的知识点，如果产生和教师观点不一致的理解时，进一步思考、探究。由于思政课是国家统编教材，以理论知识内容为主，为了提升学生的学习兴趣，思政教师要提供一些与大学生实际相联系的具有代表性的视频、案例、PPT 等教学资料，并下达学习任务，规定学生上交作业的时间和要求，以实现所有学生都能获得不同程度的个性学习体验。学生在自学的过程中，接受新材料、新知识的时候会有一个与旧材料、旧知识相比较的过程，形成新的认识和体验，此时，教师要鼓励学生通过亮（闪闪）、考（考你）、帮（帮我）将自学中的个性化体验展示出来。在此环节，教师一般不太建议规定自学前讨论题目。教师主动、积极参与课堂教学，鼓励学生结合自身的知识结构、表达习惯和学习体验等，撰写读书笔记，这样学生便能尽最大能力展现其在思想、价值观等方面的实情，从而为下一环节的交互学习打下基础。

3. 课堂讨论环节

在这一环节中，主要围绕学生之前的“亮、考、帮”的个性化学习成果开展交互学习，是前两个环节的升华。围绕同学们“学到了什么”“如何学习”“还有什么疑惑”等问题进行交流和沟通。教师在此过程中进行全程指导和监督，对于学生解决不了的问题给予提示，帮助学生解决问题。因为课堂的时间有限，学生交流沟通的时间也是有限的，很多时候学生的交流讨论并不能完全、彻底解决问题，可能还会存在旧的问题没有解决，反而还产生新的问题。这正是对分课堂的魅力所在：学生在有限的课堂时间里，既学到了新知识，还锻炼了自主学习能力，还使课堂学习拓展至课外，实现了良好的教学效果。

4. 课堂总结环节

这也是对分课堂的最后一环。虽然在之前的三个环节会出现这样或那样的问题，如学生自主学习效果不是太好、课堂讨论时间超时、学生讨论的主题偏题等，这就需要教师对整个教学环节做一个精简的总结。教师一是要树立本次课的重难点、学生在自主学习阶段的表现、课堂讨论时大家的综合表现、课堂讨论阶段大家还存在的疑惑以及如何进一步解决疑惑、本次课的教学任务是否完成。对于未完成者，如何在下一阶段继续学习，等等。总之，对分课堂教学模式的课堂小结要为学生提供深入学习、拓展学习的机会和探索的可能。

（四）对分课堂教学模式在高校思政课第一课堂中的实施路径

1. 教师转变心态，树立对分课堂教学意识

虽然说在对分课堂上，学生的主体地位体现了，但是作为对分课堂的组织者，教师首先需要转变观念，树立将传统课堂授课时间一半分给学生的意识。传统的思政课堂，无论是教师还是学生，大多已经习惯了教师一个人在课堂上唱独角戏的“一言堂”教学模式，但是事实上这种教学模式的教学效果并不好。对分课堂的出现，思政教师从课堂上的唯一讲授者变成了整个对分课堂教学的设计者、学生交流讨论的引导者、监督者、评价者。将教学时间一半分给学生，对许多刚刚实行对分课堂教学的思政教师来说，一开始把握不好这个度。因此，在高校思政课堂上实行对分课堂教学模式，教师要树立对分意识，这是实行对分课堂的第一步。

2. 在大学生的第一门思政课引入对分课堂教学模式

在高校思政课第一课堂引入对分教学模式，要在学生进入大学的第一门思政课即《思想道德修养与法律基础》课程中就引入对分课堂教学模式。《思想道德修养与法律基础》课程是大学生步入大学阶段的第一门思政课，如果在这门课程引入对分课堂教学模式，不仅让大学生感受到这一教学模式对学习思政课的作用，还能为后续的几门思政课的学习奠定基础。《思想道德修养与法律基础》课程绪论部分中的首要内容就是“我们处在中国特色社会主义新时代”，处在新时代的大学生如何在人生的新阶段开启新征程？如何采用新的学习方式？对分课堂以其新型的教学模式给大学生提供了新的学习体会。让学生明白如何在人生新的旅途中，做自己人生的主人，做新时代的建设者和接班人。

对分课堂教学模式需要教师和学生进行亲密合作，双方需要明白各自在对分课堂中的权利和责任。如在对分课堂的具体操作流程、每个阶段双方需要完成的教学和学习任务，以及通过本次课程的学习需要达成的教学目标。因此，思政教师应该在第一次课就向学生讲清楚什么是对分课堂；在新时代背景下，做德智体

美劳全面发展的新时代大学生，为什么要适应对分课堂教学模式；对分课堂的具体步骤是什么；学生在对分课堂的主要任务有哪些等。通过教师详细的讲解，在学生的心里会对这样一个新的教学模式产生好感，自然会在后面的学习中认真对待对分课堂教学模式。

3. 教师提前布置学生课堂讨论题

对分课堂中重要的一个环节是为了让学生更好地参与课堂，讨论更加充分，学生们在进行课堂讨论时能畅所欲言，不至于出现冷场的局面，教师提前布置讨论题是十分有必要的。学生根据教师布置的课堂讨论题，利用课余时间查找资料，对于有争议性的问题通过查找资料进行思考，分析问题、探究问题，形成自己特有的解决问题的办法以及在课堂上讨论的提纲。

以《毛泽东思想和中国特色社会主义理论体系概念》课程第十章“五位一体总体布局”为例，在讲到“建设中国特色社会主义经济”时，可提前布置课堂讨论题“发展中国特色社会主义经济，高质量发展与高速度发展何者重要?”，学生通过互联网平台、教材教辅资料等渠道搜集相关资料，了解到在建设中国特色社会主义经济过程中，不能一味追求高速度发展，必须在保证发展质量的前提下提高经济发展速度。学生在做好以上资料充分准备的前提下，在课堂讨论环节才不至于无话可说。

再举一个案例。在讲《思想道德修养与法律基础》这门课程第五章中“传承中华传统美德”的内容时，关于中华传统美德的事例很多，教师不可能一一都在学生面前呈现，而且一一呈现的效果并不那么好。为此，教师可以在前面一次课布置作业：准备一个发生在你身边的或者你知道的感动你的中华传统美德故事，在课堂上，通过自己熟悉的或者感兴趣的方式，在师生面前呈现出来，学生讲故事往往比教师讲故事更能打动人，效果会更好。学生所呈现的故事可能确实是发生在自己身边的，也可能通过其他渠道获知的感人故事，可能是自己的亲身经历，如果把这些都呈现在课堂，展现中华传统美德已经很深入人心了。

这一环节需要注意的是：为了让每一名学生都积极参与课堂讨论，教师可设置科学合理的考核评价机制。教师可要求学生将自己各自准备好的资料或者讨论提纲上传至网络平台，一方面检查监督学生课前自学和课前作业完成情况，另一方面为教师提供掌握学生对相关知识的理解程度以及对有关知识存在的问题，教师做到心中有数，在课堂上能胸有成竹地掌握课堂。

4. 抓好课堂小组讨论关键环节

小组讨论是对分课堂的关键环节，也是考查学生是否进行课前自学和课堂驾驭能力的表现。比较可行的分组方法是根据学生的不同学习特点（知识储备、性格、兴趣爱好）进行分组，基本能保证每一组都有高中低三个层次的学生。这样的分组比较科学合理，在课堂讨论环节，一般不会出现有些小组在课堂讨论环节发挥相当不错、有些小组在课堂讨论环节没有一个人发言的两个极端现象。

小组学习模式对培养和锻炼学生的协调合作能力来说起到很大的促进作用。分组讨论不仅是对分课堂的重要一环，同时在小组合作中考核小组成员也是对分课堂的显著特点。进行分组以后，每一名学生都有对应的在小组里的顺序号，整个学期思政课的重要内容便是小组成员共同完成教师布置的学习任务，包括搜集讨论资料、在线上平台发表自己的讨论结果、以小组的形式呈现小组讨论结果等，小组组长记录小组成员在分组学习和讨论中的表现，这也是教师给定学生平时成绩的重要依据。这样有利于在小组成员之间形成良好的互帮互助的学习氛围。在小组讨论过程中，同学之间可借鉴其他同学的讨论要点，取长补短，精益求精，在学习彼此的过程中，完成课程任务，同时还锻炼了学生的思考问题、探究问题的能力，在小组合作中提高了大家的交流沟通能力。

小组讨论合作学习模式对学生的世界观、人生观、价值观的形成起到了很好的促进作用。传统的思政课堂是教师将知识“灌输”给学生，学生只需要从教师那获知什么是对的，什么是错的，一般不需要弄懂为什么是这样。由于思政课的理论性比较强，如果不将理论知识和学生的实际学习、生活联系起来，学生很难弄懂其中的道理，开展小组讨论合作学习模式则拉近了学生与学生之间的距离。在课堂小组讨论中，重点是把书中的道理和社会实践结合起来，学生通过自身的知识储备、查找资料等，初步找到讨论问题的答案，通过小组讨论和小组展示、分享，学生对什么是对的、什么是错的、如何做、如何践行等问题有了更深层次的理解，在小组成员之间达成一致意见，很显然，这个过程就是一种价值认同的过程。思政课要求学生形成的三观在不经意间融入进了学生的头脑和心灵。

在分组教学的小组讨论环节，教师需要注意两个方面的问题：一方面要鼓励学生充分发表意见。对分课堂一个很显著的特点便是将课堂还给学生，学生成为课堂的主角。因此，教师要鼓励学生发挥自主性，允许学生就某个问题充分发表自己的意见和看法。只有得到教师的许可，学生才敢真正说出自己内心的真实想法和观点。只有让学生觉得自己在思政课堂和教师是平等关系，自己的意见对课堂影响很大，自己的观点是被尊重的，学生才有可能改变过去的陈旧观念，以全新的态度在课堂上阐述自己的新观点。另外一方面教师要在整体上把控课堂教学。小组讨论不是让学生放任自流，要在学生讨论过程中，将世界观、人生观、价值观以潜移默化的方式向学生传达，并引导学生的小组讨论朝着健康向上的方向发展。

5. 教师须提升自身课堂把控能力

对分课堂教学模式，从表面上看教师的事情变少了，但实质上教师肩上的任务更重了。如何在只有以往课堂教学一半的时间里把知识讲透彻，这对教师绝对是一场较大的能力考验，需要考验思政教师对知识的理解能力、对整个教材体系的把控能力以及临时应变能力，即教师需要提升自身的课堂把控能力。在只有一半的教学课堂上，思政教师的话语要变得短小精悍，讲章节的重点，分析难点，讲理论性、系统性强的知识点，把可以由学生自由发挥的案例、思考交给学生去完成。

如在讲述《毛泽东思想和中国特色社会主义理论体系概论》第十章“五位一体总体布局”中“建设中国特色社会主义文化”这一内容时，可结合学生的专业特点讲授。拿建筑设计专业的学生来说，可以布置学生手绘家乡古建筑素描作业，课堂小组讨论时，由学生分组讲述各自准备的家乡古建筑的源远流长、来龙去脉，学生在展示时深刻感受到了古建筑文化的魅力，就会自然加深感受到中华传统文化的魅力。这样的案例很多，它所包含的情愫对于学生来说就是一种亲身体验，课堂不再是枯燥的教师解说，而是自己亲身经历的情怀的一种表达。

6. 重视学生内化吸收环节

高职思政课第一课堂采用对分课堂教学模式，其中重要的一个环节便是学生的内化吸收环节，即自主学习和独立完成作业环节。学生在教师讲授阶段完成后，按照教师所讲授的知识点、教师的引导提示等，通过自主学习，独立完成教师布置的作业。在这个环节，教师要鼓励学生之间开展沟通和交流，学生遇到不懂的地方先通过自己的努力如查找资料，阅读听课笔记、小组成员之间开始讨论交流等方式找到问题的答案，如果还不懂则向教师求助。这一环节对学生的独立自主学习能力的培养来说至关重要，同时还是连接教师的“教”与学生的“知、信、行”的关键点。这就改变了过去教师“满堂灌”的教学模式，让学生在头脑中消化、吸收教师在课堂上讲解的知识点，同时结合自己的专业特点，将思政课和专业学习结合起来，用学到的理论知识指导实践，甚至还从学生的角度提出思政课课程教学改革的建议，也就达到了预期的教学改革目标。

以《思想道德修养与法律基础》第五章中“社会公德”这一知识点为例，因大学生对社会公德内容从小就比较熟悉，因此，教师在学生内化吸收阶段给学生布置了一个作业：我为校园文明献计献策。公共生活中的道德规范是我们从小就熟知的，这部分的理论知识比较简单，因此，在内化吸收阶段，我就给学生布置了一个小作业：校园文明从我做起，要求学生举出具体可行的措施，为校园文明献力献策。由于学生的个体差异性，有些学生学习态度认真，能较好地做到独立思考和独立作业，他们就能积极地想出更多可行办法。有的学生学习态度有待加强，另外侧重点不一样，有的从自我约束角度出发，列举了一些应该注意的问题；有些同学从监督角度出发，列举了监督方面的措施。学生提交的作业情况表明：学生们虽然都是在听教师在讲“知识”，但是每个人思考的角度、思维方式不一样，学生在具体运用方面还是千差万别。教师的“教”和学生的“学”，看似简单的通行之路，实际操作起来还是有很大差别。

（五）对分课堂教学模式在高校思政课第一课堂运用中的注意事项

对分课堂教学模式近几年在全国高校各课程教学改革中得到广泛运用和推广，在高校思政课教学改革中也成为广大思政课教师的关注和实践的对象。但是在实际运用过程中却出现了不容忽视的一些问题，需要进一步加以优化，不断进行完善。

1. 硬件设备要求

对分课堂作为新的教学模式被运用于高校思政课第一课堂，需要多种条件的支持，首先便是多媒体硬件设备的支持，学校网络速度的快慢、多媒体教室、班级人数的多少及教室座位的摆设情况都会对教学效果产生影响。

（1）学习网络速度。对分课堂同样需要手机作为课堂教学的辅助工具。从签到、随机抢答、投票、上传作业等都离不开手机及网络的使用。因此，如果学校网速不快，学生在利用手机查阅资料或者上传资料时不通畅，一方面会导致耽误课程教学进度的情况，另一方面还会引起学生的不满意等负面情绪。

（2）多媒体教室。教室多媒体设备的好坏直接影响着课堂教学效果。一方面是教师要通过多媒体进行授课，多媒体呈现精美的画面效果，自然会吸引学生的注意力；另一方面是学生利用多媒体展示搜集到的照片、视频等资料。

（3）班型及教室座位。在笔者已实行的实践中发现，班级人数多少也很大程度上影响着对分课堂教学质量。班级人数控制在 20～30 人效果最佳，人数大于 80 人实行对分课堂效果欠佳。班级人数大于 100 人效果明显下降。此外，教室座位的摆设情况也会影响教学效果。如果教室是智慧教室，座椅可以随意摆动，教学效果好，如果是传统的教室，座椅是固定的，知识无法进行有效的讨论，这也影响着实际教学效果。

2. 结合学生实际情况进行教学设计

思政教师在设计对分课堂教学时，需要结合课程教学大纲、教学目标和教学任务的实际情况，在充分了解学生实际情况即学生的思想状况、知识储备情况的基础上，科学设计教学设计，构建科学合理的思政课堂。一方面要保证教师传授知识的效率，另一方面要最大限度发挥学生积极性和主体性。在具体教学过程中，教师要做到耐心、细心，认真细心观察每位学生的课堂表现，根据学生的差异性及学生反映情况，对教学方式、教学内容作出相应的调整，并做好相关的记录以便后面的教学。

3. 课堂教学与网络平台相结合

高校思政课第一课堂引入对分课堂教学模式，并非是教师从头讲到尾的传统课堂，教师在第一阶段的讲授课时，需要借助网络平台教学，因为学生在对分课堂上获取的知识是有限的，如果不从其他渠道获取知识，学生的知识面会受到影响。将对分课堂教学与网络平台结合在一起，可以起到弥补对分课堂内容受限的制约，教师可通过网络平台将教材的知识点、相关案例、学习辅助资料等推送给学生，学生在第二阶段即自主学习阶段学习，完成教师布置的作业和任务。同时，学生可以不受到时间和空间的限制，可以实现随时随地的学习。

4. 提高学生课堂参与度是关键

高校思政课第一课堂引入对分课堂教学，目的是调动学生主动学习的积极性。高校思政课本身理论性很强，学习起来比较枯燥，再加上教学方式、教学内容、考核方式的局限性，传统的高校思政课很难吸引学生的兴趣，很多大学生认为在学校把专业知识学好就行，这种“高、大、上”的思政课对他们来说作用不大，属于可有可无的课程。因此，部分学生对上思政课有敷衍甚至逃课的现象。笔者在课堂上刚实施对分课堂教学时，不少同学持观望态度，很多时候他们坐在教室后排，应付心理的学生居多，教师在讲授内容时，学生各自为政；在自学环节时，对待教师布置的学习任务熟视无睹。讨论交流环节，聊一些与课堂无关的内容。为此，教师必须加强对分课堂教学的观念，如学生自主学习环节的管理，学生展示小组讨论成果时，采取抽签汇报的形式，扩大学生的参与范围等，通过这些措施，以期打消部分同学消极应付的心理，促使更多的同学自主学习，提高学生课堂参与度。

5. 思政教师需提高自身教学水平

对分课堂虽然从表面上看教师课堂授课时间缩短了一半，但对教师的教学水平来说要求更高了。一方面，教师需要在半节课的时间内完成传统课堂一节课的教学内容，这就意味着教师需要在整体上对教材体系进行重构，精讲授课内容。另一方面，还需要在课堂之余对学生在课堂上的分组讨论进行部署，学生在课堂上的表现教师也需要仔细观察并且进行客观评价，以实现最终的教学目标，这就意味着教师自身的教学水平需要加强，这样才能很好地驾驭课堂，达到提高整体教学质量的目的。

6.“对分课堂”教学模式下授课时间的思考

虽然说在对分课堂上教师和学生的时间分配是“五五分”，但是实际操作起来却有点困难。教师可根据实际情况做稍许改变。遇到学生难以理解的理论知识点时，教师可适当增加课堂讲授的时间，把知识点讲透彻，直到学生弄懂为止。在学生交流环节，如果遇到学生感兴趣的话题，学生的话匣子被打开，在规定的时间学生还意犹未尽的时候，教师可以增加学生讨论环节，缩短后面的课堂总结环节。总之，在时间的分配上可灵活运用，以求实现真正的对分课堂教学目的。

7.统筹整个教学周期，把控教学过程

绝大多数高校的思想政治理论课实行周课制度，一般情况下是一周 2～4 课时，一个学期的理论课课时数大约在 30 课时。因此，思政教师在实行对分课堂教学时，应把握整个学期的教学周期，要从整体上统筹思政课教学，不能因为缩短教师课堂上讲授的时间而影响整门课程的授课计划和教学任务的完成，也不能一味地为了追求表面上课堂的热闹场景而背离了高校思想政治理论课的教育初衷。在实行对分课堂的整个教学周期中，教师需要对教学进行整体把控，如对学生在课堂上交流讨论的引导，解决冷场情况；学生出现过激语言时教师要及时调整；讨论时出现学生偏离内容主题时，教师要进行引导，帮助学生完成讨论任务。总之，教师要统筹整个学期该门思政课对分课堂教学周期，把控教学过程，提高教学效果。

第五章　新时代高校思政课第二课堂教学改革创新

第一节　新时代高校思政课第二课堂的内涵

习近平总书记强调，思政课是落实立德树人根本任务的关键课程。办好思政课，高校要将思政第二课堂与第一课堂结合起来，充分发挥第二课堂优势，做好设计、主动嵌入，把思政小课堂同社会大课堂结合起来，使团课团日、实践教育、第二课堂成绩单制度等成为思政课的重要补充和支撑，引导学生在理论和实践的结合中，把“爱国情、强国志、报国行”落实到具体行动中。

一、第二课堂的定义

第二课堂，顾名思义，是相对于之前提到的第一课堂而言。关于“第二课堂”的定义，学术界有几种比较有代表性的观点，一是蔡克勇、冯向东认为“第一课堂在传统上是指学校按照教学计划、教学大纲所进行的班级教学活动，第二课堂则是指学校在教学计划之外组织和引导学生开展的各种有教育意义的活动。”[①] 王国辉等认为，第二课堂“是学生通过参加有组织的课余活动以达到陶冶情操、获取知识和培养能力为目的的一种教育教学形式，是对学生进行素质教育的重要阵地。”[②] 况花荣等认为：“第二课堂是相对于第一课堂而言，它是在教学计划规定的必修课程之外，为了提高学生的综合素质、丰富学生的课余生活而开展的一系列有益活动的总称。”[③] 不难看出，第二课堂是相对于第一课堂即课堂教学而言的，以育人为宗旨，是在既定的教学大纲范围内的课堂教学之外的教

---

① 蔡克勇，冯向东．大学第二课堂［M］．北京：人民教育出版社，1988 年版，第 1 页．

② 王国辉，陈明等．高等学校第二课堂素质拓展学分化研究［M］．沈阳：辽宁大学出版社，2006 年版，第 19 页．

③ 况花荣，刘波兰．开展高校第二课堂提高学生综合素质［J］．科技信息，2010（21）：748＋692．

学，这种教学是有计划、有组织、有目的的与学生教育相关的系列活动的总称。

笔者认为，高校思政课第二课堂主要把握以下几点：

第一，第二课堂与“素质教育”密不可分，是思政课第一课堂教学的补充，且与第一课堂共同完成育人功效，培养学生掌握技能、提升综合素质。

第二，第二课堂不拘泥于教学的时间、空间界限，相对于第一课堂，第二课堂的教学形式、教学内容更丰富。它既是第一课堂的延伸与继续，又是一个系统的科学健康的育人体系，有着不可估量的德育力量。

第三，第二课堂是培养学生创新能力以及其他综合素质的重要渠道。相对于传统的思政课第一课堂而言，第二课堂注重培养学生的创新思维、团队协作意识等综合素质，是培养建设中国特色社会主义合格建设者和可靠接班人的重要源泉。

二、新时代高校思政课第二课堂的理论基础

(一) 马克思主义认识论和实践观

高校第二课堂一般以各种实践活动为主要形式，马克思主义哲学中的认识论和实践观是高校第二课堂教学的哲学理论基础，它强调实践对人成长成才的重要作用，也强调理论与实践相结合是一种必然。马克思主义的认识论论述了一个原理：实践是联系主体与客体之间的纽带，是认识的基础和来源，同时也是认识发展的动力，对认识具有决定作用。另外，认识对实践具有反作用，即认识可以指导实践。毛泽东也曾说过：“在实践中，人们不仅可以发现真理，还能通过实践对真理进行证实和发展，形成实践——认识——再实践——再认识的不断循环过程。”① 高校思政课第二课堂教学，更多的是一种实践教学，让大学生运用所学到的理论知识，在学习和生活中发现问题、分析问题，用理论指导实践，用实践知识丰富所学到的理论，形成“外部输入——内部生成——外部践行”的教学一体化过程。

马克思主义实践观认为“全部社会生活在本质上是实践的。”② 实践是人类能动的改造世界的活动，同时也是人类认识世界和改造世界的一种手段，是自我教育、自我肯定、自我发展的一种途径。它将“知、情、意”统一于“行”，用实践的行动来深化所学知识，在实践中检验认知的效果。思政课第二课堂教学是

---

① 毛泽东. 毛泽东选集：第1卷［M］. 北京：人民出版社，1991：296－297.

② 马克思，恩格斯. 马克思恩格斯选集：第1卷［M］. 北京：人民出版社，1995年版，第56页.

一种基于实践的教育理念的教学活动，是主观世界能动地改造客观世界的一种教学活动的总和。思政课第二课堂教学通过开展形式多样的实践活动，在很大程度上，可以起到调动大学生积极参与活动的积极性，使他们进一步加深对马克思主义的理解，帮助大学生解决“精神思想”“理想信念”的问题，激发大学生参与问题的意识，进一步理解马克思主义理论，帮助大学生解决实践问题，提高大学生的创新意识。

（二）主体性教育理论

主体性教育理论是新时代出现的一种崭新的教育思想，它兴起于20世纪80年代，从那以后慢慢应用于教育领域，具体运用到实践领域是在20世纪90年代中期以后。主体性教育思想源于主体性哲学研究，其核心是促进受教育者的全面发展，强调发挥教育者的主体性和受教育者的主体性。一方面强调发挥教育者和受教育者的双主体作用；另一方面强调发挥自我教育的作用，提高受教育者的主体意识和主观能力，使其成为实践活动的社会主体。

主体性教育理论认为，在教学过程中，教育者是实施教育的主体，受教育者是学习的主体，二者作为平等的主体相互影响，构成交互作用的主体共同体。通过教育者和受教育者主体间的相互作用，在发挥教育者主导作用的同时，培养受教育者的主体意识，调动受教育者的积极性，尊重受教育者的主体地位，提高受教育者的主体能力，塑造受教育者的主体人格，提高受教育者自我教育、自我管理和自我服务的能力，学会对社会负责、对别人负责、对自己负责，进而形成健全的人格。

高校思政课第二课堂教学打破了以往学生被动的学习局面，每个学生都有均等机会接受思政课教育，同时也享有均等的实践体验和机会，在具体的教育者和受教育者两个互动教学中完成相应的实践教学，与我们提倡的主体性教育理念也是一致的。在思政课第二课堂教学过程中，通过教师、学生两大主体间的良性互动，能够促进学生的全面发展，最大限度地发挥学生的主动性、能动性、创造性、自主性和独立性。学生有很大的自主选择权，他们既是活动的参与者也是活动的执行者，这样就使学生获得自尊、自信的情感体验，更好地进行自我教育，提高自身的实践能力，在实践中塑造完美的人格。

（三）生活教育理论

生活教育理论最早是由著名教育学家杜威提出来的，在此基础上，我国著名教育学家陶行知对生活教育理论进行继承和发展，强调教、学、做的统一。陶行知所提出的生活教育理论，重点关注生活实践，尤其强调“做”（实践）的重要性，同时认为“学”应建立在“做”的基础上，不管是“教”还是“学”，“学”是“教”的基础，“做”是重点。[①] 陶行知还提出应把“知行”变成“行知”，在实践中提高学生查找问题、分析问题和解决问题的能力。因此，高校在开展思政课第二课堂教学时，要突出“做”的重要性。大学生在第二课堂的教学活动中，主动思考、参与、探索问题，在具体活动中灵活运用所学理论知识，并尽量使其成为自身的行为习惯，从而强化信念与意志，践行规范的思想品德。

（四）渗透性教育思想

渗透即潜入、渗入。渗透性教育是指教师遵循教学规律，依据一定的教育目的，运用渗透思维，通过隐性的或者间接的教育方式来感染、熏陶学生，在润物细无声中对学生的思想和行为起到潜移默化的影响。很显然，渗透性教育是一种隐性教育，是一种循序渐进和民主平等的教育，通常通过案例、榜样（典型）、环境作为有效载体。愉悦性、无意识性、隐蔽性、非强制性是渗透性教育的特点。这种教育方式可以隐藏教育的表面痕迹，使教学更加形象化、生动化、具体化，大大调动了学生参与第二课堂活动的积极性，使学生在一种隐性的环境下接受潜移默化的陶冶，在此基础上，帮助学生形成正确的世界观、人生观、价值观，并将这种思想付诸日常的学习和生活当中来。思政课第二课堂教学活动可以很好地运用渗透性教育思想，通过课内课外、校园社会等丰富多彩的活动，起到充分调动学生自觉性和积极性的作用，让学生把从课堂上学到的理论知识通过第二课堂的教学活动中春风化雨般地让学生消化、吸收。学生在锻炼自我的过程中内化新知，学生心悦诚服，达到理想的教学效果。

三、新时代高校思政课第二课堂的特点

（一）活动目标的导向性

高校思政课第二课堂教学活动是在思政课教师和其他教师（含专业教师和其他思想政治方面的管理人员）协同指导和管理下进行的具有一定导向性的系列活动。教师通过采用学生喜闻乐见的各种活动激发大学生的参与意识，帮助大学生树立正确的世界观、人生观、价值观，规范自身的道德规范和政治观点，坚定共

---

① 杨金艳. 新时期高校思想政治理论课实践教学模式创新探究［D］. 宁夏大学硕士学位论文，2014.

产主义理想信念，培养正确的集体荣誉感，成为社会主义建设的合格建设者和可靠接班人。高校思政课第二课堂活动的设计与第一课堂有明显的区别。第二课堂有明确的定位和目标，依据学生的实际情况和发展需求制定适合大学生的成长规律，具有一定的时代性和现实性的特点。高校思政课第二课堂充分根据学生的特长、爱好和兴趣设计活动，学生便于接受。学生较乐意参与到活动中来，并且能主动地参与活动过程，全面接受活动的熏陶和陶冶，从而全面提升综合素质。

（二）活动参与的主体性

在高校思政课开展第二课堂教学活动，这是结合学生的发展需要、根据社会发展要求、高校思政课教学改革的要求而进行的活动。活动的设计尊重大学生的主体性、主动性，较大限度发挥大学生的主动作用，使大学生在活动参与中实现自我管理、自我学习和自我教育。在开展思政课第二课堂教学活动中，学生一方面是活动的参与者，另一方面还可以是活动的设计者，因此，学生有较大的选择权，这也突出了学生在思政课教学中的主体地位，学生的自主性得到较大程度的发挥，同时也较大程度地激发了学生的创造性，体现了大学生活动参与的主体性和能动性的统一。

（三）活动内容的广泛性

高校思政课第二课堂活动内容的广泛性主要是指从时间、空间和知识的内容三个方面来说。一方面是指时间的充裕性。高校思政课第二课堂活动设计没有时间的限定，可利用课堂之外的任何时间开展活动，如利用周末、节假日、晚自习时间等均可。零星时间和相对集中的时间都可行。第二方面是指空间的广泛性。高校思政课第二课堂活动的举行可在校内外各类场所进行，如利用校园社会活动、知识竞赛等活动载体开展活动。第三方面是指知识的广泛性。高校思政课第二课堂活动的内容没有界定，涉及的知识可以是多方面的，包括政治、经济、文化、社会和生态各个领域，还可以是语文、艺术、体育等各个学科，也可以是交叉学科的知识，以此培养大学生形成科学的世界观、人生观和价值观。换句话说，凡是对大学生身心健康成长有利的知识都可以纳入思政课第二课堂知识体系中来。

（四）活动环节的互动性

相对于“灌输式”“填鸭式”高校思政课第一课堂的教学方式，第二课堂活动更加注重发挥大学生的主体作用和地位，在很大程度上形成了教师与学生、学生与学生、学生与社会之间良好的全方位、多角度的互动局面，能够使不同班级、不同专业、不同特点的学生进行心灵的碰撞，甚至还可以碰撞出思想的火花。学生在活动中不仅可以实现自我价值，还能有效激发学生的能动性和创造性，让大学生的自身满足感和成就感得到最大限度的满足，对学生今后的学习和生活产生巨大影响。同时，学生们在互动性较强的活动中，通过情感的交流，培养团队合作意识，综合能力得到极大锻炼。

（五）活动形式的实践性

高校思政课引入第二课堂活动，很显然这种活动注重让学生在实践体验中用所学到的知识去解决问题，学以致用，学以活用，学生在活动中使学到的理论知识真正达到“入脑”“入心”的目的。第二课堂的活动紧密联系社会实际生活，形式丰富多样，同时，活动的开展始终坚持时代性、创新性，突出学生的动手能力、处理突发事件的能力，让大学生在实际参与活动过程中根据最新时事动态和要求，进一步深化理论知识、自觉更新知识结构，通过与团队成员的配合，更好地提高实践动手能力来提高社会竞争力。

四、新时代高校思政课第二课堂的思想政治教育功能

在新时代背景下，高校思政课第二课堂有着不可估量的思想政治教育功能，诸如导向功能、调节功能、凝聚功能、转化功能、创新功能。

（一）导向功能

高校思政课第二课堂导向功能主要包括需要导向和价值导向功能。在新时代背景下，如何引导大学生形成正确的价值观和树立坚定的信念，使大学生养成社会主义主流精神意识形态，是广大思想政治教育工作者特别是思政教师面临的重大问题。大学生价值观的形成并非是简单的一个过程，需要大学生具有正确的明辨是非能力，将学到的多种社会价值内化为自身价值。大学生在现有所学知识的基础上，通过思政课第二课堂系列活动产生正确的价值观，并在日常的学习和生活中去践行所认同的价值观，循环反复，并不断在实践中将正确的价值观内化为自我价值。同时，思政课第二课堂活动还可以将大学生们容易产生的错误观念的负面影响通过形象的活动展现在学生面前，使学生能够深刻认识错误价值观带来的危害，并在实践活动中自觉践行正确价值观，引导学生朝着健康的价值观发展。

高校思政课引入第二课堂对大学生产生的影响非常大。教师引入身边先进的

楷模，通过他们的先进事迹感染大学生，使大学生从心理、人格、行为等各方面仿效。教师可引入典型性、可信性的榜样事迹，发挥他们在大学生中的群体模范人物作用，发挥榜样的感召力和真实性。学生用模范人物的真实事例规范自己的行为习惯，自觉抵制不良思想和习惯的负面影响，从思想上逐渐转变到为社会服务、为集体服务的轨道上来，培养大学生勇于奉献和艰苦奋斗的精神品质。

(二) 调节功能

高校思政课运用第二课堂，其中有一项特别重要的功能便是调节功能。第二课堂的调节功能是指教师采用寓教于乐的活动方式，把思政课第一课堂上枯燥抽象难懂的理论知识通过活动展现出来，学生在形式多样化的活动中不知不觉理解理论知识，学生的积极性和主动性得到发挥。很显然，开放式的活动让学生感受不到枯燥理论的存在，学习理论变得悄无声息，也很好地调节了思政课第一课堂上教师和学生的紧张气氛，在思政课第二课堂教学中，教师和学生、学生和学生之间的关系变得更加和谐，师生都能感受到活跃的课堂气氛，调节了学生的情绪，增强了师生的情感交流。

新时代的大学生身心面临着学习、生活、就业等诸多压力，如何帮助大学生缓解这些压力，是思政课教师一项重大责任。第二课堂的教学形式和教学内容丰富，包含“知、情、信、意、行”等各个方面。凡是有利于学生身心健康的活动都可以在第二课堂展现出来。那些有利于帮助大学生减轻压力、调节情绪和调节人际关系的活动都可在思政课中体现，通过开展各种活动来提高学生的社会交往能力和心理承受能力，促进大学生身心健康发展。

(三) 凝聚功能

高校思政课第二课堂活动的开展不受时间和空间的限制，活动具有灵活性、互动性、针对性等特点，同时还可以凝聚社会各方面和学校各职能部门的力量等一切可以利用的资源，形成一股向心力和合力。第二课堂开展的活动突出学生的主体作用，以学生平时关注的社会热点和现实生活中面临的困惑为出发点，以提升学生的自我管理、自我教育能力为宗旨，通过开展有计划、有组织的学生喜闻乐见的活动，使学生在活动中得到潜移默化的陶冶和熏陶。在第二课堂活动的开展中，学生是活动的设计者、参与者和执行者。要实现现有的活动目标，就需要团队成员有计划、有组织地去实施，需要发挥团队成员的合作精神，相互协商、相互配合完成既定任务，学生在潜移默化中产生团队意识和群体意识，对自身的奋斗目标产生强烈的归属感和责任感。

（四）转化功能

学生通过参加第二课堂丰富的实践活动，在潜移默化中，既能增长知识，又能增加才干；既能陶冶情操，又能培养坚定的信念；既能丰富阅历，又能提高综合素质。第二课堂的转化功能主要表现在能够通过多种载体，在激发学生参与活动积极性的基础上，使学生从“理论”转化到“实践”，由“知”转化到“行”，达到“知行统一”。第二课堂活动灵活多样，适合青年人的特点。第二课堂活动在具体实施的过程中，把抽象的理论知识融入形式多样的活动中，可以使学生的精神风貌、思维方式受到很大转变，对学生的思想和行为产生“润物无声”的良好效果，为学生思想观念的转化搭建了一个良好的平台。学生在参加活动中，能接触社会，体察民情，了解国情，通过自身的感受，自觉消除对党的种种误解和猜疑，建立起对党和国家及人民的热爱之情，坚定社会主义信仰，将集体主义和爱国主义思想转化为建设祖国和服务人民的实际行动。

五、新时代高校思政课第二课堂优势分析

（一）新时代高校思政课第二课堂可行性分析

在高校思政课开展第二课堂教学，可实现指导思想、育人目标、活动载体等各方面的协调一致性，实现二者互动结合以及育人效益的最大化。第二课堂，是新时代高校思政课开展育人的重要渠道，是实现大学生自我教育、自我管理的必要途径，开展的形式多样、丰富多彩的活动可以发挥其德育功能，在一定的时候可以感染学生，净化学生的思想，丰富学生的情感，充实学生的内心世界，提高高校思政课教育感染效力，锻炼学生的创新能力、提高学生的综合素质，达到预期的育人目标。

第一，高校思政课开展第二课堂教学，其实质是一种实践教学，第二课堂以丰富的活动为载体，如开展专题讲座、演讲比赛、辩论比赛、报告会、志愿者服务、社会调查等系列实践活动，在活动中实现育人成效，相比较第一课堂，第二课堂的实践育人功能效果更佳。

第二，高校思政课第二课堂活动形式多样，包括文体活动、学科竞赛、技能实践等各种活动，是一种“无形课堂”，可以达到润物无声的育人目的。学生在这种实践教学中可以陶冶情操、提高能力、提升觉悟，在活动的开展中，潜移默化地提高自身的社会责任感和创新能力，并不断将道德观念内化于心、外化于行，学生的实践能力和社会责任感得到提升。

第三，第二课堂活动是一种有益有趣、寓教于乐的课外活动，有利于实现学生思维方式的突破和创新，激发学生的灵感，提高学生学习主动性、创新性；第二课堂因为时间、地点、人物的不同，采取的方法不一样，将抽象、乏味、枯燥的理论知识和形式多样的实践活动相结合，教师与学生之间开展良好的互动，在互动中碰撞出思想的火花，学生的创新能力得到激发；同时，思政课第二课堂活动设计贴近学生的社会生活等现实，将理论知识在社会实践活动中得到体现，拉近学生理想与现实生活之间的差距，有效帮助学生释放学习压力和就业压力，增强学生的团队意识，促进大学生身心健康发展。

（二）新时代高校开展第二课堂教学的独特优势

高校思政课开展第二课堂教学，能够发挥其深刻持久的德育教育功能，可以近距离地走进学生的内心世界，影响学生的思想、情感，更好地引导学生积极主动地参与到思政课第二课堂的活动中来，对大学生的主动性和积极性来说起到很好的促进作用，同时对大学生的综合素质的提高起到很好的引导作用。

首先，有助于提高大学生的积极性和主动性。高校思政课开展第二课堂教学活动，活动具有多样性、灵活性、针对性、丰富性、实践性的特点，能够激发学生较强的探求新知识的欲望，充分调动学生的积极性和主动性。同时，在第二课堂形式多样的活动中，大学生可以从活动中获得更为形象、直观的教育，学生在具体、真实的活动中，学会用马克思主义的观点、方法分析现实生活中遇到的各种问题，并得出科学理论，在以后的实践中不断完善理论，循环反复。因此，大学生在思政课中学习的角色由原来的被动学习者变为主动学习者，学会在活动中用发展的眼光看待问题，能主动探求知识，有利于培养学生养成良好的思考问题、解决问题的能力，培养学生的问题意识，发挥学生的积极主动探求新知识的能力。

第二课堂教学活动覆盖面较广，针对不同年级、不同专业的大学生共同开展教学活动，可以实现教育资源的共享。不同层次、不同特点的大学生在活动中各尽其能，各显身手，改变了以往思政课实践教学不分专业、不分层次一把抓的现象，促进教师和学生双方良性互动，教师和学生在活动中碰撞出思想的火花，实现了教学的双赢，学生的自身素质得到极大提高，能力得到全面发展。

其次，有助于提高思政课教学的有效性。新时代对高校思政课教学提出了新要求、新目标，为此，思政课教学也应该将培养学生的创新能力、实践能力和社会责任感放在重要位置。思政课第二课堂采用丰富多彩的教学活动，对调动学生学习思政课的兴趣起到很好的促进作用。在学生参与第二课堂的教学活动中，学生由学习的被动者变为学习的主动者，学生在参与活动的过程中自觉去发现问题、探究问题，最后解决问题。在此过程中，学生的实际动手能力和创新能力得到提升，增强了学生的社会责任感，提高思政课实践教学的有效性。另外，在高校思政课开展第二课堂教学有自己独特的优势：一方面，在教学内容上坚持与时俱进。思政课第二课堂的教学内容是根据学生的实际情况而设定，贴近学生的学习、生活，根据最新的国内外时事热点和校情、校园文化情况设定，这种教学内容可加深学生对社会和国情的了解，增强学生的历史使命感和社会责任感；其次，第二课堂活动形式丰富多样，凡是有利于学生身心健康的活动形式都可以采用。学生在五彩斑斓的活动中亲身感受，在实际操作和动手中，学生的自我管理能力得到很大提升。

再次，活动环节灵活自主。学生在思政课第一课堂学到的知识很多是属于“纸上谈兵”，仅仅限于对理论的粗浅认识。思政课第二课堂在活动环节上注重师生之间的互动，第二课堂活动具有较强的互动性、灵活性和实践性。学生既是活动的参与者，又是活动的管理者、组织者，还是活动的设计者，在第二课堂活动中，学生的主观能动性得到最大程度的发挥。

最后，有利于提升大学生的综合素质。一般而言，大学生对于某一知识的理解都会经历“知、情、信、意、行”这样一个过程，这也是知识的不断认识、不断积累、不断深化的过程。思政课第二课堂教学就是使学生达到“知、情、信、意、行”相统一。第二课堂活动设计注重发挥学生的主观能动性，它要求大学生从消极旁观者、被动学习者转变为成活动的设计者、策划者；要求大学生在学习理论知识的过程中加强思想道德修养的提升，在奉献社会中实现个人价值；要求大学生在活动中多看、多做、多听，在社会服务中培养奉献精神和探索意识，为实现远大理想进行艰苦奋斗，在实践活动中提高认识问题、分析问题和解决问题的能力，在活动中不断提高和完善自己，提高自身综合素质，促进个性化发展和完美的人格的形成。

（三）高校思政课第二课堂的教育功能

高校思政课并非专指具体的哪一门课，而是指相对于主渠道的课堂教学环节以外的学生自愿参加的内容多元、形式多样的教学活动的总称。思想政治教育并非纯粹的理论教育，它承担着众多的教育使命，其德行教育和价值教育的特性尤为突出。这种形式各异、方式灵活、各具特点的第二课堂教学活动，在思政课的辅助教学中具有重要的作用，主要表现在：

（1）环节上的实践性、互动性提升了思想政治教育的主体性。相对于第一课堂采用的灌输式的理论课堂教学方式，第二课堂更加侧重于培养学生的实践能力，形成良好的学生互动效果，形成较好的学生与教师、学生与学生、学生与社会之间的良性互动，相比较第一课堂的理论性、灌输式的教学方式，第二课堂更加偏重于互动性、实践性，使不同角色、不同个性、不同需求的团队成员通过知识互通、思想交流产生心灵碰撞并获得相互促进。同时，第二课堂活动突出受教育者自我教育的作用和地位，学生自主性强，容易实现学生的满足感和成就感，学生既可以是活动的执行者，也可以是活动的设计者，有利于激发学生的能动性和创造性。

(2) 形式的多样性、丰富性拓展了思想政治教育的适应性。思政课教学形式和内容可以以多种形式呈现，可根据各高校校园文化特点和实际情况来确定，思政课的第一课堂的教学是显性课程，第二课堂的教学是隐形课程，不管是采用显性课程，还是采用隐形课程，只要是学生喜欢的、有益于学生身心健康的活动形式，都可以成为思政课第二课堂的形式，而且只有采取这种形式多样的教学形式，才能体现第二课堂教学的特点与特性。

(3) 内容上的灵活性、针对性增强了思想政治教育的实效性。思政课第二课堂教学要求紧贴学生实际情况，与时事紧密联系在一起，打造“面对面、心贴心、硬碰硬”的紧跟热点、紧跟时事的良好局面。第二课堂在选择方向上要目标明确，真正关注学生想要什么，想得到什么，要直击学生的内心世界、触动学生心灵。同时，第二课堂的师资队伍不是固定的队伍，可以由各有所长的教师组成第二课堂的专业教学团队，专门组织第二课堂的教学工作，因事设题，选择灵活的主题和形式，并对相应内容进行调整和切换。

第二节　新时代高校思政课第二课堂教学改革应遵循的原则

一、方向性和科学性相统一的原则

方向性和科学性相结合的原则是实施高校思政课第二课堂教学应遵循的首要原则。坚持以马列主义、毛泽东思想和中国特色社会主义理论体系为指导思想，这是思政课教学改革应坚持的政治方向，必须全面贯彻落实党的教育方针，坚持社会主义核心价值观方向，注重对大学生进行理想信念教育，掌握意识形态领域的主导权、主动权、话语权，把培养大学生的思想政治素质放在首位，注重大学生综合素质的培养。坚持方向性原则，还要求在思政课第二课堂教学中坚持“以学生为主”，把有利于大学生的全面综合素质发展作为思政课教学改革的出发点和落脚点，以实现思政课第二课堂教学育人的最大化。

科学性是指思政课第二课堂教学在指导思想、教学内容、活动形式、保障运行机制等环节应坚持的原则。在具体设计第二课堂相关活动时，要坚持合理性和科学性相统一，做到“以科学的方法教育人，以科学的理论武装人”，培养大学生具有健康的身心，树立全心全意为人民服务的理念，成为社会主义现代化建设的合格者和接班人。

二、整体性与动态性相统一的原则

坚持思政课第二课堂教学改革，必须坚持整体性与动态性相统一的原则。这也是实行高校思政课教学改革的内在要求。整体性原则是指思政课第二课堂教学活动设计要体现学生成长成才的需要，覆盖学生成长的全过程。另外，团队成员之间也要相互配合，齐心协力。整体性是指在设计第二课堂教学活动时，要发挥学校各部门之间的整体协调作用，充分利用学校的一切资源，各单位、各部门之间形成良性互动，实现资源利用和教学育人的最大效益。

三、主体性与参与性相统一的原则

坚持高校思政课第二课堂教学改革，要坚持的第三个原则便是主体性和参与性相统一的原则。主体性原则主要是指在活动的设计中，要发挥大学生的主观能动作用，发挥大学生在活动参与过程中的自我管理、自我教育的作用，改变传统的思政课堂教师唱独角戏的局面，要以学生的利益和需求作为第二课堂教学改革的重要指标和衡量标准。参与性原则指的是要求思政课第二课堂教学要坚持学生全员参与和自主参与相结合的原则。全员参与是指第二课堂的活动设计要覆盖全体学生，覆盖来自不同专业、不同年级的所有学生，针对不同专业、不同年级学生的特点有针对性地设计第二课堂活动，使思政课第二课堂教学成为人人受益、人人参与的教学活动，切忌在活动过程中出现“精英化”“边缘化”的问题，从而影响实际教学效果。

四、开放性和针对性相统一的原则

思政课第二课堂教学要坚持开放性和针对性相统一的原则。开放性原则是指思政课第二课堂要把新时代的特征和精神充实到课堂中来。在教学中坚持与时俱进，教学内容的设计要反映最新时代需求，遵循大学生思想政治品质形成发展的规律和大学生成长成才的规律。从大学生关心的社会热点和社会生活出发，针对各种现实问题进行解答。

针对性原则是要求思政课第二课堂教学活动的设计要针对学生的实际情况和现实问题，针对学生不同的角色和个体开展教学，以增加教学的真实性和现实感，针对大学生展开全面的教育。

五、新时代高校思政课第二课堂教学改革目标

在高校思政课实行第二课堂教学，目标是要帮助大学生形成共同的理想信念，具有强大的精神力量和良好的道德品质，成为社会主义核心价值观的践行者，最终成为社会主义合格建设者和接班人，为此，笔者认为思政课第二课堂教学要以社会发展需求作为教学改革的方向，培养“知、情、信、意、行”各方面相统一的优秀人才，将国情教育、理想信念教育、爱国主义教育、传统文化教育、中国特色社会主义教育等纳入教学中来，让大学生掌握更多的知识技能，为社会、为人民作出更多的贡献。

（一）认知目标

认知目标，是指通过开展思政课第二课堂教学，巩固学到的思政课理论知识，提高对基本理论、规律和方法的理解，树立坚定的理想信念、政治信念和奉献精神。使大学生坚定用马克思主义世界观和方法论指导实践，保持高度的政治敏感，坚决拥护党的领导，坚定共产主义理想信念，形成良好的思想道德品质。思政课第二课堂教学活动还要把学生接触到的现实社会问题及时展示出来，在活动的开展中让学生不自觉地坚定共产主义理想信念和职业理想信念。在思政课第二课堂教学中，坚持以价值为引领、以问题为导向，理论联系实际，把思政小课堂和社会大课堂紧密结合起来，培养学生成为马克思主义的信仰者、传播者和践行者。

（二）育人目标

所谓育人目标，是指把理论知识与实践活动相结合，学生在参与活动的过程中形成良好的道德品质、健康的身心和完美的人格，并学会做人和做事。因此，学生是思政课第二课堂教学的核心，活动的设计要紧紧围绕学生，以激励学生的主动性、积极性作为思政课第二课堂教学的主要任务。学生在体验活动中提升自身的道德修养，形成优良的品质，并将这种优秀品质内化于心、外化于行。在活动中，思政教师以身作则，用实际行动感染学生，形成自己的人格魅力，成为大

学仰慕和追逐的偶像，并在不断的实践中塑造自己的优秀品格。新时代的优秀大学生是德智体美劳全面发展的大学生，因此，思政课第二课堂的活动还要设计各种体育活动，培养学生拥有健康的体魄。此外，教师还可挖掘身边的典型案例，通过榜样的力量，帮助大学生减轻学习和就业压力，培养大学生形成健康向上的乐观心态。

(三) 能力目标

能力目标，是指学生通过参加第二课堂教学活动，实现从知到行、从理论到实践的转变过程。在此过程中，学生的综合能力得到全面的锻炼和提高。实践活动是能够满足学生主动探求的一种教学活动，能够充分激发学生学习主动性，同时，这也是一个不断发现问题、探究问题、解决问题的过程。思政课第二课堂教学注重学生思维方式的创新，在此过程中，学生自觉用学到的理论知识解决在学习中遇到的问题，创新能力和实践能力得到提高，学生的综合素质也得到提高。

(四) 素质目标

素质目标也叫情感目标，指通过开展思政课第二课堂教学，培养学生的求知意识、角色意识、创新意识。求知意识是指思政教师在指导学生参与活动过程中，培养学生的求知欲望、团结协作意识，激发学生不断获取新知识和树立“活到老学到老”的意识。角色意识是指主要培养学生具有较强自我管理、自我约束能力，培养学生具有担当精神和较强的社会责任感。创新意识是指培养学生具有较高的包容心，一方面要有探索未知领域的勇气和决心，另一方面还要有敢于质疑、敢于批判的精神。思政课第二课堂教学可以激发学生的好奇心，培养学生学习兴趣，同时还可以将创新意识贯穿于思政课堂全过程，培养学生养成良好的创新能力和创新意识。

第三节 新时代高校思政课第二课堂教学形式

高校思政课第二课堂教学手段形式多样，教师需要从学生成长成才的实际出发，在选择具体活动形式时，必须符合大学生成长成才的规律，满足学生的实际需求。只要是大学生喜欢的且有利于大学生身心健康的活动，都可以成为新时代思政课第二课堂教学形式。

一、社会调查

（一）开展社会调查的必要性

大学生不仅要学习书本上的知识，同时还要走出校园，走入社会，开展社会调查，在开展社会调查的过程中，进一步消化吸收所学理论知识。大学生社会调查的主题可以根据不同年级、不同专业设定。如针对建筑类专业大一的新生，可以设计开展乡村振兴的社会调查，了解新农村建设的有关事项，如建筑类专业教师开展最美乡村庭院设计帮扶、为摆脱贫困为乡村送技术、送培训等。对大二大三学生，为了帮助他们更好地就业，可以设计采访优秀毕业生的社会调查主题，在采访中了解师兄师姐们的在不同岗位工作情况，为他们在日后的工作岗位上更好地工作做好铺垫。

社会调查在高校思政课教学中起着非常重要的作用。学生通过参加不同主题的社会调查活动，帮助学生更好地关注生活、关注社会，通过课程引导，帮助大学生树立正确的世界观、人生观、价值观，培养学生具有较强的社会责任感和良好的道德水平。

（二）开展社会调查的对策

（1）优化课程设置。高校马克思主义学院（思政课部）在思政课程中开设社会调查表，尽量安排在大一这一学年，因为通过调查，学生会发现问题，在此基础上，调整教学策略。思政教师在对学生进行思想政治理论教育之余，加强对学生的社会常识等教育，促进学生关注生活、关注社会。通过科学合理的课程设置引导学生树立正确的“三观”。

（2）建立协同机制。学校马克思主义学院（思政课部）建立起与团委、学工处、学生会联合培养的社会调查组织机构，在进行社会调查选题、活动的组织形式等方面进行积极交流和有效沟通。特别是结合团委每学年开展的社会实践活动，将两者有效融合，发挥最大作用。

（3）搭建对外服务平台。高校应发挥各部门联动作用，整合资源、取长补短，发挥聚众优势，想尽办法多渠道地开拓社会调查平台，诸如小组调研的社区、企业、政府部门性质的实践平台等，为思政课的社会调查搭建平台。

（4）完善考核评价机制。对大学生社会调查的评定应该是多元化的。调查报告是一项重要的考核评价指标，但学生在调查过程中的具体表现也不容忽视。包括学生在调查活动中的主动参与度、与团队成员的协作能力，在调查过程中的主动思考、主动服务能力等。

二、专题讲座

思政课教师可以与专业教师或者其他职能部门相关人员开展专题讲座。专题讲座的内容可以围绕教材内容、国内外时事热点、学生学习和生活实际进行。开展讲座人员可以是行业、专业相关专家、典型代表人物、优秀毕业生等。讲座专家必须要有过硬的本领，这样才能吸引大学生的踊跃参与。比如在讲社会主义核心价值观的内容时，可以邀请当地的劳动模范人物开展如何争当模范人物为主题的讲座，模范人物通过自己的亲身故事来阐述社会主义核心价值观的深刻内涵，让大学生明白践行社会主义核心价值观的重要性。另外还可以结合本地文化和校园优秀传统文化特点举办与传统文化相关的讲座，在讲座中，学生跟随老师一起畅游于中华优秀传统文化的海洋，感受我们源远流长的引以为豪的中华传统文化，深刻了解土生土长于这片沃土之上的社会主义核心价值观，感受博大精深的中国传统文化的风采与魅力，让学生深深领会到践行社会主义核心价值观的重要性。在讲中国外交相关章节时，可以结合习近平总书记近几年的外交风云开展外交相关讲座，从近几年中国与亚太地区以及欧洲等地的外交局势出发，分析中国在当今复杂多变的世界形势中如何取得如此辉煌的外交成就，帮助大学生了解当今国内外形势，了解中国在世界形势中面临的机遇与挑战。在讲关于党的建设相关章节时，可以举办主题讲坛，在讲座专家的深入分析下，学生了解到中国共产党从弱到强、从小变大的历程，中国正是在中国共产党的带领下才取得一步步的胜利，让学生更加坚信一如既往坚持中国共产党领导的决心。

三、读书

读书是大学生的第一要务。高校思政教师要根据学生的实际情况和教材章节内容设定每期读书内容。教师可以有计划、有目的地设计与教材章节内容相关的读书主题，以此提高大学生的自主探讨、自主学习能力，以及提高对思政课的学习热情及学习兴趣。如针对大一新生，可设计诸如“青春无悔——我们的大学时光”相关阅读主题，师生讨论关于珍惜大学时光的话题，讨论关于大学生应具备的本质特点以及如何书写人生画卷；针对二年级的学生，在讲解新五大发展理念时，可设计与“共享、开放、绿色”等相关的读书主题，读完后大家交流读书心得，如可以就绿色理念探讨在保护绿水青山时我们该如何践行的问题。

四、参观考察

思政教师可根据第二课堂教学计划与目标组织学生外出参观考察。考察地点根据教材章节内容和教学现实需要，充分利用学校附近资源，如有关红色革命根据地，如烈士陵园、革命遗址、历史博物馆等，学生在参观考察时教师根据思政课第二课堂实践教学的目标和现实需求，详细将自己的所见所闻所感与马克思主义理论知识结合起来，理论联系实际，学以致用，从而进一步加深对中国革命的艰巨性和复杂性的理解，懂得中国革命先烈们的付出与革命胜利的来之不易，明白建设中国特色社会主义的来之不易，珍惜当下生活。在踏寻先烈伟人的足迹中，坚定社会主义理想信念，从而起到将马克思主义理论知识内化于心外化于行的作用。

五、观看视频影像资料

在思政课第二课堂教学中，也可采用让学生观看视频影像资料教学模式，这也是大学生非常喜欢的实践教学形式。教师在给学生播放教学视频资料时，可提前设置问题，学生带着问题去观看视频，并写观后感。因为视频影像比较生动形象，学生观看时普遍比较认真，在不知不觉中能起到陶冶学生情操的作用，也可在伟人革命事迹中感受到先烈们的种种付出。学生通过观看《走进毛泽东》，感受到青年时代的毛泽东、中年时代的毛泽东和老年时代的毛泽东的不同风采，在这种富有感染力的视频影像资料中，感悟到人生的激情与热血。在影片《钱学森》中，师生感悟到科学家钱学森的矢志不渝的爱国情怀与严谨认真的革命精神；在影片《大浪淘沙》中，师生感受到永不褪色的红色情怀……

六、参加公益活动

公益活动以其无偿性、自愿性、有序性，赢得了许多大学生的认可。近年来，参与公益活动迅速成为大学生热衷的项目，也成为大学校园里一道美丽而时尚的风景线。

目前，大学生参加的社会公益节目主要有公益宣传活动、关爱性社会服务活动、赛事公益与海外服务活动。公益宣传活动主要包括保护环境的宣传和保护生态平衡的宣传。当前，环境问题成为困扰世界的一大难题，雾霾严重、水质越来越差等问题突出，大学生针对这些问题自发组织类似“请保护我们的地球”“请节约我们的每一滴水”等公益活动，大力倡导低碳出行、倡导绿色生活方式，引导市民珍爱环境，从我做起，提升市民的环保意识。目前，社会上还存在破坏生态环境的现象，如乱砍滥伐等，为解决这些问题，大学生自发组织了向广大市民印发保护生态环境的宣传册，帮助市民树立保护生态环境的意识。

大学生参加的关爱社会服务主要包括社区建设活动、帮扶活动、基础公益活动。国家一直在倡导建设美好和谐社区文化，社区建设对于提升社区文明具有重要意义。大学生在公益组织的带动下，深入社区，给社区有需要的人群送去温暖、送去关爱，既有物质上的，也有精神上的。大学生参与的扶助活动主要是在公益组织的引导下给特定人群如孤儿、孤寡老人、残疾人、偏远和不发达地区人员送去衣服、生活用品、文具等物资。其中最典型的是“三支一扶”项目，每年有不少大学生相应国家号召到贫困、偏远地区支教、支农。基础公益活动主要包括慰问孤儿、孤寡老人、帮助残疾人，等等。大学生通过参与这些丰富多彩的公益活动，能更加近距离地了解社会、融入社会，在帮助他人的过程中，提升自己的各项能力。

第四节　新时代高校思政课第二课堂教学模式的实施路径

一、实施高校思想政治理论课第二课堂的工作机制

为了让社会主义核心价值体系在大学生中入脑入心，加强第二课堂是一种较好的方式，而加强第二课堂教学，必须实施第二课堂教学工作机制。在第二课堂的具体运行上，应注重建设以下三个方面的机制：

（一）明确教学主题，优化教学设计

在具体的第二课堂的运行上，我们坚持以马克思主义为指导，坚持以社会主义核心价值体系为指导，扩大马克思主义以及社会主义主流意识形态的影响，牢牢掌握意识形态领域的主导权、主动权和话语权，把“红色旋律”作为思政课第二课堂的主旋律教育引导学生，坚持以严谨的科学理论调动学生的积极性，力求“以科学的理论武装人，以正确的舆论引导人，以高尚的精神塑造人，以优秀的作品鼓舞人”。第二课堂的教学形式多样，但是必须坚持“形散而神不散”，将红色主旋律和主线贯穿于其中，因为“红色”主题能够较好地凸显活动的寓意和意义，所以要将弘扬社会主义核心价值观和高举中国特色社会主义伟大旗帜作为我们的追求目标。通过大众化、时代化的表现形式和大学生们常见的语言形式，达

到为大学生树立信念、启迪智慧、陶冶情感、解疑释惑的目的，体现主旋律的内容和具体要求。

（二）树立品牌意识，注重凝练成果

例如在实行以“红色旋律”为主的第二课堂教学时，坚持从学生的实际出发，坚持每一期的教学主题都紧贴学生的学习实际、生活实际，根据时事热点来选题，遴选一批受学生喜欢的口碑较好的教师担任第二课堂教学，这些教师可由校级、省级教学名师担任。另外，在校园各角落张贴关于红色旋律的标识，创设充满“红色旋律”的校园氛围，发挥校园环境育人的独特优势，聘请专业人员将红色影片上传至专题网站（红色旋律网站），不仅可以让学生随时学习，而且教师之间观摩学习，真正达到教学相长、师生共进的目标。在专题“红色旋律”网站中，搭建方便师生进行网络互动的平台，建立专门讨论的 QQ 群、红色信箱等栏目，方便学生进行互动，认真倾听学生的建议和意见，精益求精地开展好每项工作。

（三）稳步扎实推进，建立保障机制

开展第二课堂教学活动，要采取循序渐进、稳步前进的方式，有重点、有主题地分批次进行活动内容、活动形式、活动进度的选择，切记不能一哄而上，避免出现开始热情高涨、后面热情不足的现象。同时，要合理设计课程。在精准分析学情和专题网站师生互动的基础上，选取切合学生思想特点和思想实际的主题和内容，同时，根据活动的开展情况和实际效果情况进行适度地调整，以便形成活动的基本程序、制度和框架。另外一方面，构建工作机制。开展第二课堂教学活动要得到学校党委及相关部门的大力支持，要把此项工作纳入思想政治教育工作和党建工作的视野中，争取获得较大的经费支持。学校的主管院领导、相关部门负责人、相关教师就活动的开始过程中可能出现的情况进行沟通、协调，发挥各部门联动作用，使活动的开展能取得实质性的效果。

二、加强部门联动，构建思政第二课堂活动合力格局

高校思政课所设计的活动是相对于第一课堂活动而言的，它和第一课堂目的一样，以提高大学生的综合素质和技能为重点，以培育全面发展的大学生为宗旨而开展的系列教学活动。因此，我们必须将思政课第一、第二课堂结合起来，加强学校各部门联动作用，充分利用各种资源，形成全员、全方位、全过程三全育人局面。

（一）提升对第二课堂教学的认识，落实实践教学活动

高校思政教师包括领导者在内，要转变思想观念，深刻理解新时代背景下高校思政课教学改革面临的新形势，新形势下党和国家提出的对思想政治教育的新要求，深刻认识高校开设思政课程对大学生自身健康发展的重要性，开展思政课第二课堂教学对高校思政课的重要作用，提升对思政课第二课堂的认识高度，加大对思政课第二课堂教学改革力度，通过行之有效的方式推动思政课程建设，使思政课能高效完成立德树人的伟大使命。比如，在推动思政课第二课堂进社区、进社团、进网络方面加大资金投入，扩大思政课第二课堂的宽度和广度。

（二）整体规划、科学构思，成立活动创建组织机构

从整体上进行规划，专门成立思政课第二课堂活动领导机构，在政策上给予支持，形成有效的管理机制，这是保障思政课第二课堂顺利进行的重要条件。组织机构由党委、马克思主义学院（思政课部）、学工部门、团委组建而成，负责对思政课第二课堂活动建设进行总体规划和控制，如制定课程总体方案，在后期进行方案的修改、考核；马克思主义学院（思政课部）教师负责课程的日常管理，各班级学生干部、学生代表记录和考核第二课堂日常活动，营造良好的育人环境，形成全校各级部门相互协调、齐抓共管思政课第二课堂和谐局面，切实发挥思政课第二课堂在学校思想政治教育过程中的中流砥柱作用。

（三）利用学校社团，实现第二课堂与社团有机融合

高校学生社团是学生自发组织的活动团体，学生自主参与意识较强，如果能把思政课第二课堂活动和学生社团结合起来，将有效地提升大学生参与活动的积极性。鉴于此，我们应挖掘资源，找到思政课第二课堂和学生社团活动的融合点，将第二课堂的活动放在社团活动中来实施，赋予学生社团新的功能和任务，实现课程社团化。同时，团委作为学校社团的主要负责部门，要做好社团为学校思想政治教育工作服务工作，开展丰富多彩的校园文化活动，要积极引导社团为学校思想政治教育工作服务，鼓励社团举办丰富的校园文化活动：如诗词朗诵、辩论比赛、红歌比赛、理论知识宣讲会、周末文艺汇演等，构建立体、生态化的思政课第二课堂教学体系，达成良好的教学效果。

三、突出校园活动以社会实践为第二课堂主要内容，让学生在活动中成长

相对于思政课第一课堂而言，第二课堂最显著的特点便是创造性和实践性。

因此，思政教师在设计第二课堂活动时，要突出活动的创造性和实践性。作为高校思政课教师，要积极引导大学生接触社会、走出校园，让学生在社会实践中得到成长。

（一）用社会主义核心价值观统领第二课堂社会实践活动

提高大学生用学到的思想政治理论知识解决实际问题的能力，就必须通过相应的社会实践活动载体。如何运用好社会实践活动载体呢？首先，在活动设计时，用社会主义核心价值观指导实践活动。如何坚持社会主义核心价值观？坚持马克思主义指导思想，马克思主义指导思想是指导社会实践活动的行动指南。在高校开展的各种第二课堂活动时，必须用马克思主义的立场、观点、方法来认识世界形势，认清世界形势的主流与支流，提高大学生的政治敏锐性，提高自身政治素养，透过现象看本质，在第二课堂活动中提高观察问题、分析问题的能力，使得大学生对总体国际国内形势有较清楚的认识，大学生的政治洞察力、观察力得到提高。

（二）构建多样化的大学生第二课堂社会实践途径

新时代的大学生思维活跃，思想具有层次性、结构性的多元特点，基于此，高校思政教师在设计思政课第二课堂教学时，应改变传统单一的思维固式，向多样化的社会实践活动转化。通过丰富多彩的形式各样的社会实践活动，对大学生进行净化心灵的思想政治教育，这是思政课“第二课堂”重要的活动载体，如可以采取诸如暑期三下乡、社会调查、社区志愿服务、采访英雄模范人物、采访优秀毕业生等社会活动。其中，社会调查是高校思政课教师经常采用的一项重要的第二课堂教学活动。大学生通过社会调查，改变自身陈旧的思想观念，在行动中达到改造社会的目的。此外，社会调查还可培养大学生的创新精神、求真务实精神。学生在亲身体验活动中，感受到身边社会的变化，用自己的亲身经历去验证书本上的理论知识，变得主动思考问题，试着去解决问题，从而达到学以致用的教学目的。思政教师可选择学校附近的红色教育基地、爱国教育基地、党史馆等进行社会实践活动，利用周末、寒暑假、重大纪念日、重大节日开展相关主题教育活动。

（三）重视教师队伍建设，建设精湛的导师团队

新时代背景下，思政课教学改革的步伐紧锣密鼓地进行着，构建思政课第二课堂教学模式也必须跟上节奏。第二课堂以其形式多样、内容丰富为主要特点，

但其也不是一种可以随便怎么安排的课程，仍然和其他高校课程一样，具有相对稳定的师资，需要一支强有力的素质优良的师资力量队伍。因此，强化思政课第二课堂教学团队建设尤为重要。教学团队建设主要包括建设一支师资稳定的思政课教学队伍，建设一支包括教学专业顾问、教学指导、专业教授为主的老中青教师队伍，教师一方面要传播好理论知识，另一方面还要做学生身心健康的导师，为学生的全面发展做好引领作用，以便实现良好的教学效果。在此过程中，师资队伍必须保持一定的稳定性、长期性，通过有效的交流和沟通，明确第二课堂的教学内容、教学模式和具体实施方案，导师与学生（教师与学生）之间的沟通交流比较融洽，相互之间信任，形成良性循环，确保每一名教师都竭尽全力于课程教学改革，形成高效的思政课第二课堂，真正实现教学模式的改革和优化。

四、发挥校园文化在高校思政课第二课堂教学中的作用

校园文化是学校精神文明的物质化，它是一种环境教育力量，是校园环境的升华。经过浓厚校园文化熏陶的学生，从其身上可直接折射出母校的精神，终身受益。如何发挥校园文化在高校思政课第二课堂教学中的作用，是一条优化思政课第二课堂教学路径。

高校校园文化可分为三个层次。最表层的为物质形态文化，包括教学设施、校园环境、校园建筑等。中间层为制度形态文化，包括教学、生产、生活模式和管理制度等。处于最深层的为精神形态文化，这是校园文化的灵魂、核心，也是集中反映一所学校的本质和个性特色的部分，包括学校的历史传统、人文精神和办学风格等。三个层次相互作用，相互影响，共同构成校园文化。

（一）高校园文化的作用及特点

高校校园文化的作用有以下几点。

1. 实践功能

（1）学生是校园文化的主体，学校许多活动，特别是以自我管理、自我服务、自我教育为宗旨的“三自教育”活动，使参与的学生有一定的组织管理能力，突发事件的处理能力以及养成主动劳动的观念。

（2）当今市场人才竞争越来越激烈，企业用人也越来越苛刻，在要求人才有一定的知识和技能外，必须具备积极向上，不断进取的奋斗精神；有开拓视野、勇于改革的创新精神；在困难面前，不畏缩、敢于面对逆境的不服输精神。而学校内的各种评比、竞赛的激烈程度不亚于社会，以此可以锻炼学生。

2. 德育功能

(1) 规范功能。校园文化是通过强制性和不成文的行为准则及强制性的规章制度约束学生的行为，学生能通过周围舆论和规章制度来衡量并自我调节，实现自觉地服从学生行为准则，最终达到规范的目的。

(2) 导向功能。大学生正处于人格形成阶段，校园文化的丰富多彩符合了他们追求新鲜事物，充实课余生活的要求，也让许多同学找到了适合自己个性特长发展的方向，有利于不同学生的不同个性发展，避免造成学生个性发展单一的缺陷。

(3) 协作功能。校园文化通过规范学生行为、竞赛评比、学校荣誉感的培养等，让学生理解集体的作用，处理好个人与集体的关系，理顺同学间的协作关系，体会到一个先进集体所带来的积极感受，能使学生形成正确的品行，理解他人、尊重他人。

3. 美育功能

大学生由于接触社会不多，理解能力有限，加之文化的多元发展，使得他们中许多人不知什么是美，常把稀奇、古怪的事物认为是美，对外在美的追求重于对内在美的培养。而校园内美的风气有利于培养学生正确的审美意识和审美观念。

高校校园文化的特点有三个方面。

(1) 时代性。校园文化是时代的产物，它的生成和发展，内容与形式都受到一定时代的经济关系、政治制度、社会结构、民族传统、文化风尚的制约。当然在不同的历史时期，不同的社会制度，不同的经济体制下所形成的校园文化都不可避免地要打上时代的烙印。

(2) 多样性。体现在内容多样化和执行的多样化。校园文化的内容是有形和无形的组合，物质文化层是属于有形的，而精神文化层则是属于无形的。在校园文化中，无形的文化因素要通过有形的物质载体才能表现出来。而校园文化在实施上也是强制性和非强制性的结合，制度文化层是要借助各种规章制度来制约师生的行为，精神文化层是要借助学校内部的氛围，潜移默化，达到教育的效果，具有非强制性。

(3) 多变性。校园文化随着学校的不断发展而得到充实，由于社会人才需求不断变化，学校也自然会随着市场的变化而进行变革，没有一成不变的校园文化，否则只会导致学校跟不上时代的节拍，只有保持校园文化的多变，保持其灵活性，才有可能适应市场需求，才有可能在激烈的职教竞争中立足。

（二）影响高校校园文化的因素

(1) 学校管理层的价值观和信念。学校领导希望把学校建成怎样的学校，发展方向是什么。作为学校管理者的价值观和信念与校园文化的形成至关重要，是学校发展的源动力。

(2) 学校资源。学校资源包括学校内一切有形、无形的力量，包括资金、教学设施、学校的知名度、师资队伍等。学校资源通常决定了学校参与竞争的优劣，从而极大影响了校园文化的建设。

(3) 环境因素。每所高校都会受到大环境和行业环境的影响，因而形成不同特点，大环境包括政治、经济、社会环境，而行业环境是指其他学校、职业培训机构，这些都会使高校形成不同的校园文化。

（三）如何加强高校校园文化建设

1. 加强管理制度建设

规范校园秩序管理制度的建设，一方面是建立制度，另一方面是实施制度。前者操作较易，但实施起来有一定阻力。许多高校管理条例齐全，但各项工作存在较大差距，问题就是出在没能按管理制度严格执行，没做到有法必依。建立管理制度也就是想通过一定的规范，约束师生的行为，使大家能养成自我规范、自我管理和自我激励的风气，从而达到制度文化的境界。

2. 加强物质文化建设

美化校园环境物质文化是一种直观性文化，它直接反映了师生所处的环境，这也是校园文化的基础部分。一是物质文化的建设，此属硬件建设，投入资产易产生显性效果。二是美化校园。在校园内，充分利用空间进行艺术创作，采用花草和树木点缀校园，建成园林式学校。三是添置设施，包括生活、教学、文化、体育和娱乐设施等。

3. 加强精神文明建设，达到思想上的升华

(1) 丰富课余生活。开展形式多样的活动，可由学校组织举办艺术节、文艺表演、体育竞赛等大型活动，亦可成立兴趣小组，如书法班、舞蹈班、美术班、篮球队、合唱队等，还可以举办各类讲座，介绍国内外热点新闻、财经动态，丰富学生的知识面。

(2) 加强宣传力度。要重视校园内各种媒体的正面作用，通过网络、墙报、海报、宣传栏、校园广播宣传学校的教育意图，透过媒体窗口，向师生展示学校

的风格和特色，营造别开生面的校园文化。

(3) 培养母校意识。校园文化的一个重要内容是对母校的强烈热爱，应在学校建立校史陈列室，介绍学校发展史、历年比赛中取得的成就以及优秀毕业生档案，设计制作校徽、校歌，要让母校在学生心目中难以忘怀并由此充满自豪感，进而形成校园精神。

4. 加强行为文化，体现高校特色行为文化归属于制度文化层

它包括教学、生产和生活的模式，在高校的校园文化建设中，这一部分也是最体现高校特色的部分。一是抓好“三个课堂”教育。高校有三个课堂：实习教学课堂、理论教学课堂和课外活动课堂。其中实习教学课堂为第一课堂，是培养学生技能的主要场所，其基础课、专业基础课和专业课的教学都是为提高学生技能服务的。二是强调一专多能。要求学生在学习一种专门技术的同时，也需要广泛掌握相关的多种知识和技术，做到毕业时一手拿多证，多种技术集一身，以适应市场多变的特点。一专多能可由学校组织，统一安排进行，通过晚上、节假日上课的形式完成，也可通过兴趣小组、学习班的形式，自愿参加。

校园文化建设的目的是构建一种氛围，让学生身在此氛围中，受其影响，潜移默化，达到教育的效果，这是与传统教育不同的方法，也是传统教育不可替代的方法。①

五、立足各种信息化网络平台，健全思想政治理论课第二课堂教育长效机制

在融媒体发达的背景下，对大学生进行思想政治教育也必须与大数据时代步伐相一致。各高校在弘扬社会主旋律的同时，组建一支维护网络安全的思想政治教育队伍，有效利用各种网络信息化平台对大学生进行思想政治教育，是新时代高校思想政治课也是高校思想政治教育工作的一项重要任务。

(一) 利用互联网平台，拓宽思政课第二课堂教学

高校思政教师要充分利用网络平台，及时将第二课程教学内容相关资料上传至网络课程平台，学生利用课余时间上网进行查阅与获取资料，线上进行自学，师生进行线上交流，就第二课堂活动的开展，师生进行充分交谈，相互交换意见。这样一来，思政教师便可及时了解学生的思想动态，了解学生学习近况，及时为学生答疑解惑。网络平台教学主要根据不同的教学内容，布置开放性的作

① 陈丽萍. 高职院校的校园文化浅析 [J]. 商品与质量. 2010 (58): 123.

业，考查学生是否能够将学到的理论知识运用于实践当中，是否可以很好地做到理论联系实际，是否对党的最新方针政策有清醒的认识，是否坚定走中国特色社会主义道路等。

（二）利用微信公众平台，师生进行微信网络对话

同样，在互联网如此发达的时代，思政教师要充分利用微信公众平台，及时推送国内外时事热点、难点问题，学生及时关注。在此微信平台上，思政教师根据教材内容，设置相关主题讨论或者开设主题论坛，师生就相关主题开展充分讨论。如讲到“中国梦”相关内容时，教师可设置与“中国梦”相关内容的主题辩论活动，学生搜集资料，关注相关新闻网站、时政网站或者微信公众平台，在微信平台发帖，与教师进行深入交流和探讨，最后在网站上进行自由辩论。通过辩论，深化对中国梦的进一步理解，也更进一步深化对党和国家最新政策的理解和认同，从而坚定社会主义理想信念。

（三）充分利用QQ群、微信群，进行个性化的思想政治教育

新时代的大学生都是微信、QQ的忠实粉丝，思政教师可最大限度运用微信、QQ等资源，与学生进行一对一或者一对多的线上交流。教师利用最新网络形式，传递思想政治理论知识，及时关注并掌握学生动态，了解学生在学习过程中遇到的各种问题、生活中遇到的各种烦恼、成长过程中遇到的难题，教师及时为他们排忧解惑。教师与学生之间形成和谐的畅谈理想、畅谈人生的温馨场景……通过以上第二课堂活动，大学生在思政课第二课堂的教学中能愉快自主地接受教育，感觉这种教学模式是一种全新的体验式的教学活动，自然而然就达成了润物无声的教学效果。

六、加强第二课堂的构筑，组织落实教学实践活动

高校思政课第二课堂是高校思政课教学重要的一个环节，教师应转变观念，舍弃传统的教学模式，更新并丰富教学内容，形成成熟系统的教学模式。在新时代背景下，思政教师应把握时代需求，掌握新时代大学生成长成才规律，深刻领会思政课对大学生成长成才的重要性，抓住思政课第二课堂对大学生思政课的重要性这一机遇，推进思政课程教学改革，围绕立德树人这一教学目标，构建完整的思政课教学体系。为实现这一教学目标，高校要增加思政课教学改革的资金投入，健全课程的基础设施投入，发挥好社团、网络、社区在思政课第二课堂建设中的重要作用，拓宽思政课第二课堂教学的广度与深度，以便实现更好的教学

效果。

七、发挥学生主观能动性，提高学生课堂参与的积极性

在新时代背景下，高校思政课教师在建设第二课堂过程中，要转变观念，最大限度发挥学生主观能动作用，在第二课堂活动的设计时，体现学生的主体作用，征求学生的意见，设计贴合学生实际的教学活动。特别在第二课堂教学框架的环节设计上，思政教师应发挥自身的引导作用，为学生的学习指明方向，避免指导性缺失导致的各种教学问题，提高学生主动参与课堂的积极性，用实际行动参加到课程建设中来。

第五节　基于第二课堂协同的思政课教学改革模式创新

新时代思政课教学改革途径有多种，其中将第二课堂的作用发挥出来，创造基于第二课堂协同的思政课教学改革模式创新，是当前切实可行的一种途径，同时也是共同的育人途径。但是，在思政课教学改革中，如何将第二课堂与教学改革相协同、相对接、相整合，相互打通，这是思政课教学改革面临的重要难题。对此，笔者认为可以结合思政课教学改革实践探索的相关试点，可以构建思政课教学改革与第二课堂“五加协同”模式，积极创新思政课教学改革的新路径，打造具有鲜明特色的思政课教学改革新面貌。

一、思政课教学改革与第二课堂“五加协同”模式的定义

思政课教学改革与第二课堂“五加协同”模式，即“校园＋社会”“理论＋实践”“课堂＋课题”“线上＋线下”“听讲＋宣讲”的教学模式。具体来讲，“校园＋社会”指的是把大学生的校园生活和社会生活结合起来，增强校园与社会的相融性，加强大学生对新时代中国特色社会主义的具体把握；“理论＋实践”指的是把思想政治理论课的思想性、理论性与第二课堂的实践性结合起来，注重理论与实践在思想上保持一致，进一步加强大学生对新时代中国特色社会主义的理解；“课堂＋课题”指的是把学生学习知识的课堂与学生研究课题结合起来，增强大学生的研究性学习的能力，提高大学生的思想政治理论水平和研究水平；“线上＋线下”指的是把师生面对面的课堂线下学习与线上网络学习结合起来，加强线上与线下间的协同，提高思想政治教育工作的有效性和亲和力；“听讲＋

宣讲”指的是把学生对知识的识记与理解结合起来，加强听故事与讲故事的协同，为推动传播新时代中国特色社会主义思想增添力量。

二、思政课教学改革与第二课堂“五加协同”模式的注意事项

（一）“五加协同”的根本是要坚持思想协同

“五加协同”模式主要是指思政课教学内容与有效形式联系起来的一种模式。是在深刻剖析思政课教学的内容的基础上，把对理论知识的学习和理解延伸至第二课堂，把对思政课教学内容的深化和消化拓展到第二课堂，从而提高思政课教学的理论品质，挖掘思政课第二课堂教学的思政元素，这是“五加协同”模式最基本的地方。如果在内容协同只是进行了形式上的简单协同和链接，对推动新时代思政课教学改革没有任何意义。

（二）“五加协同”的关键是方法协同

思政课教学改革是从整体上对思政课的要求，要与第二课堂互动协同。同时，要充分比较二者的优势，在教学方法上，要借鉴第二课堂的教学方法，提升实际教学效果。在第二课堂教学活动中，要坚持学生为主的学习理念，要坚持第二课堂的教学活动充分体现学生的积极性、主动性，激发学生的问题意识、主体意识，充分激活、挖掘学生的潜力，鼓励学生敢闯敢试，在第二课堂教学过程中能够充分体现学生的主体性。虽然思政课教学改革注重强调师生互动的重要性，要求体现研讨式、体验式、讨论式方法的创新，但是与第二课堂教学成效相比，思政课教学改革的效果显然不是很理想，其中主要存在的问题在于方法具有适用的空间和内容，思政课教学改革与第二课堂的方法要协同，而不是直接采纳第二课堂的方法，要通过创新方法来增强思政课的教学效果。

（三）“五加协同”的基础是空间协同

第二课堂的主要形式是社会实践活动，第二课堂吸引着广大的青年学生参与，是参与范围最广、成效最好、影响力最大的活动。新时代思政课教学改革创新，要积极主动引领第二课堂，主动衔接好第二课堂，坚持第二课堂理论性和实践性上的相互统一。从广义的角度来讲，第二课堂的活动主要面向社会，指的是面向广大的社会领域开展的有关活动。校园到社会，是一种空间上的对接，是理论空间和实践空间之间的相互对接。共享不同空间的资源，实现协同育人目标。

(四)“五加协同”的重点是能力协同

新时代思政课教学改革的目的是增强思政课的思想性、理论性、亲和力。大学生主动学习思政课理论知识，提高马克思主义理论素养，增强其担当民族复兴的责任担当意识。第二课堂同时作为提高大学生综合素质、综合能力的平台，这是青年学生各方面得到成长的重要空间，提高大学生的社会责任感是根本目标，培养大学生树立担当民族复兴大任的自觉意识。不管思政课教学改革，还是第二课堂的协同互动，都侧重于培养大学生的综合能力，这是在推进二者协调中必须把握的重点。

第六章　新时代高校思政课第三课堂教学改革创新

高校思政课第三课堂教学，指的是课外实践教学（以下统称实践教学）。习近平总书记于2019年3月18日主持召开学校思想政治理论课教师座谈会，他指出："要坚持理论性和实践性相统一，用科学理论培养人，重视思政课的实践性，把思政小课堂同社会大课堂结合起来，教育引导学生立鸿鹄志，做奋斗者。"可见，重视实践性是思政课教学改革的重要途径。

第一节　新时代高校思政课第三课堂（课外实践教学）的内涵

一、实践教学与高校思想政治理论课实践教学

新时代，高校课程改革如火如荼地深入发展，不少课程都加入了实践教学。高校教师和学者们越来越重视实践教学。学术界对实践教学进行了大量的研究，取得了一些可喜的成绩。但是关于"什么是实践教学"这一问题，目前学者们仍然有不同的说法。

史金联认为"实践教学是高校培养人才的重要途径，是培养学生创新精神和实践能力的重要手段。"[①] 阎占定认为"实践教学是指课堂理论教学以外的所有的教学活动，包括实践、实习、实验等。"[②] 不难看出，实践教学和理论教学一样，是一种教学手段，对应有教学目标、教学内容、教学过程、教学手段，并且将这些教学手段融于一体的教学形式。笔者认为实践教学是教师以理论为前提，采用实践的方式鼓励大学生掌握相应的技能，在此基础上构建相应的理论体系并

---

① 史金联．高校实践教学管理的问题及对策研究［J］．教育与职业，2010（24）：154－156．

② 阎占定．对高校思想政治理论课实践教学中相关问题的探讨［J］．湖北社会科学，2008（11）：179－181．

用来指导实践，目的是增强学生的实践能力和提高专业技能。

实践教学的内涵已经明确，这就为接下来我们要探讨的高校思政课实践教学的概念奠定了基础。目前学术界对高校思政课实践教学的概念有较大的争议。柳礼泉认为“高校的思政课实践教学是一种有别于课堂理论教学的特殊的教学组织形式，目的在于激励大学生自觉地、主动地参加课内与课外、校内与校外组织的各种实践活动，在实践中砥砺成长。”[①] 这是被公认为比较准确的界定高校思政课实践教学的一种观点。吕志则认为“高校思政课实践教学是一种将理论与实践、课堂与社会结合起来，培养学生自觉地运用理论分析、解决问题等实践能力，提升教学吸引力的教学活动。”[②]

综上所述，笔者认为可以这样定义高校思政课实践教学：高校的思政课教师为了达到既定的教学目标，有计划有目的地引导大学生主动积极参与各种社会活动，从社会活动中获得直观的思想政治理论知识，提升自身修养，并能锻炼实践动手能力、促进自身全面发展的一种教学方式。

二、高校思想政治理论课实践教学的特征

高校思政课实践教学不同于传统意义上的课堂理论教学，是一种比较特殊的教学形式，除了兼具思政课理论课堂和社会实践两者的共同特点之外，还有着其他的特殊性。了解并分析高校思政课实践教学的特征，充分掌握其本质属性，对于推动高校思政课课程的发展起着举足轻重的作用。

（一）实践性

高校思政课实践教学，顾名思义，实践性是这种教学方式的第一特征。主要包括以下几个方面：第一，在高校思政课实践教学中，实践性贯穿于整个教学过程的，引导大学生运用所学到的相关的思想政治理论知识解决当今新时代背景下的各种问题，将抽象理论转化为具体行为，从而起到增强大学生实践动手能力的目的。第二，实践是检验认识真理性的唯一标准。大学生对从书本上、思政课第一课堂上学到的理论知识是否正确，只能通过实践才能加以验证。实践教学活动的重要目的，就是引导大学生在参与实践活动的过程中验证在第一课堂上学到的理论知识，只有通过亲身实践，大学生才可能将头脑中形成的初步理论变为现实

① 柳礼泉. 大学思想政治理论课实践教学研究［M］. 长沙：湖南大学出版社，2006 年版，第 4 页.

② 吕志，黄紫华. 面向社会实践育人：高校思想政治理论课实践教学探索［M］. 广州：华南理工大学出版社，2017 年版，第 8 页.

的可能，并将学到的理论知识与实践产生的客观结果进行比较，在比较之后才能够充分认识到马克思主义的真理性所在。第三，实践性也是考察高校思政课教学效果的一个重要因素。从目前来看，大多数高校都采取纸质的考核方式检验大学生对知识的掌握程度，但这种考核方式并不能了解到大学生接受教育的具体情况，也不能客观准确地衡量学生实际掌握知识的能力。但是通过实践教学，就可以直接地检验思政课的教学效果，了解思政课在实践过程中对马克思主义理论知识的掌握情况，只有通过实践教学才能检验。

（二）直观性

“直观”是人们在实践中获得的客观事物直接而生动的反映，是指与客观事物的直接接触而获得感性认识的一种方式。直观性是高校思政课实践教学的重要特征之一，主要表现在以下几方面：第一，内容直观。采用实践教学方式，能够将课本枯燥的理论知识更为直观和生动展示。它改变了原本以难懂的概念、判断、推理等逻辑形式为主要内容的高校思政课教学，将一个个鲜活而生动的图像、客观事实、景观呈现在大学生面前，提高大学生的获得感，使大学生收到更好的教育。第二，方法直观。高校思政课不能固定于理论课堂，要将课内课外、校内校外有机地结合起来，采用实地参观、调研等方式对大学生进行思想政治教育，激发大学生的创造性，实现良好的教学效果。其三，效果直观。实践的方式使得高校大学生的主动性被充分直观地调动起来，学生积极主动地参与到思政课的教学活动中来，也能直观地检验大学生掌握马克思主义理论知识的情况，有利于高校思政课教师直观地加以指导学生，从而能有效提升课程的教学质量。

（三）创新性

创新是一个国家和民族的灵魂。高校思政课坚持创新，是思政课教学改革的需要，也是高校思政课改革的动力，为提升其教学效果指明了方向，主要表现在：第一，只有不断创新高校思政课的教学内容，才能有效保证思政课向前发展，才能被大学生接受和认可。在高校思政课实践教学中，通过实践教学环节，结合新时代的特点，融入贴近大学生生活和贴近社会的新的内容，以此达到提升学生的注意力、激发学生浓厚的学习兴趣的目的；第二，高校思政课实践教学只有坚持灵活选择教学场所和时空，才能打破和传统的高校思政课第一课堂一样的固定时空的束缚，从而激发大学生的创造力和无限的潜能，增强教学的感染力和教学效果。思政课实践教学可以根据思政课课程和学生的实际需要，自由灵活地在课内与课外、校内与校外选取合适的教学时间和空间，开展灵活的教学活动，推动着高校的思政课创新性发展；第三，高校思政课实践教学作为一种不同于传统课堂教学的新型教学方式，其在教学方法上具有鲜明的创新性。高校开展思政课实践教学，可以通过实地调研、实地参观、体验式教学等方法将课堂与社会紧密联系，改变了以往思政课课堂“一把尺子、一根粉笔、一块黑板”的灌输教学法，改变思政课枯燥的教学局面，创新了高校思政课的教学方法。

三、高校思政课实践教学的理论依据

（一）马克思恩格斯关于实践的思想

马克思指出：“生活、实践的观点应该是认识论的首要的和基本的观点。”① 社会生活在本质上是实践的。人与动物相比，最大的区别就是人能够有目的地并且有计划地从事与生产劳动相关的系列实践活动。如果说生活是一本教科书的话。那么实践则是一个大课堂。高校思政课实践教学需要在借鉴马克思关于实践的理论基础之上，积极探索和挖掘社会生活中的实践因素，引导大学生用知觉、表象等具体感性形式来直接地反映客观事物，从而获得直观上比较切实可行的感性认识，进而提高学生的接受力和理解力。高校思政课实践教学形式，通过引导大学生在实践中检验在第一课堂教学中所学理论知识的掌握情况，也只有通过自身的亲自实践，才能检验自己认识的正确与否，在实践中推动学生的思想认识由浅入深地转化。高校开设思政课的根本目的一方面是向学生传授知识，另一方面是引导大学生自觉地将所学到的马克思主义理论的相关知识运用于具体的实践活动中，去解决现实中存在的社会实际问题，便于更好地改造客观世界。马克思关于实践的理论思想，为高校思政课实践教学指明了方向，奠定坚实的理论基础。

恩格斯在继承马克思关于实践的思想的基础之上，更加注重实践对个体的人的发展所产生的巨大作用，同时认为这种作用是无法替代的。恩格斯指出“只有有计划地从事生产和分配的社会生产组织，才能在社会方面把人从其余的动物中提升出来。”② 恩格斯的这句话直观地阐述了社会实践对于人的全面发展的重要作用，对高校如何顺利开展思政课实践教学有着重大的指导意义。高校思政课作为立德树人的关键课程，必须要加强实践教学，在实践教学中引导大学生自觉地投身于现代化建设的实践当中去，在实践的过程中锻炼自身的能力，培养高尚的品质，塑造健全的人格，促进当代大学生的德智体美劳全面发展。在此过程中，

① 列宁．列宁选集（第2卷）［M］．北京：人民出版社，1995年版，第242页．

② 马克思，恩格斯．马克思恩格斯选集（第4卷）［M］．北京：人民出版社，2012年版，第9页．

大学生可以直观感受真实的教育环境，有利于提升课程的教学实效性。恩格斯的实践对于人的发展的作用的理论对高校顺利开展思政课实践教学具有丰富的借鉴意义。

（二）中国马克思主义者关于实践的思想

毛泽东在《实践论》对实践思想进行了深刻的阐述，他认为“在实践中，人们不仅可以发现真理，还能通过实践对真理进行验证和发展，使人们将原本的感性认识升华为理性认识。”① 高校思政课教学内容均来源于客观社会实际，更需要通过实践用社会的现象科学分析问题和解决问题。大学生要想牢牢掌握马克思主义理论知识，必须亲自变革客观世界，获取关于真理的感性认识。毛泽东曾经有过这样形象的比喻“你要知道梨子的滋味，你就得变革梨子，亲口吃一吃。”②其中蕴含着深刻的实践理论。没有调查就不会有发言权，同样没有实践也不会有真理，真理来源于真实的实践，真理不可能凭空产生，是人们在不断的实践探索中得出的。实践的思想是高校思政课的根与魂，毛泽东关于实践的思想为高校思政课实践教学提供了明确的理论指导。要想使大学生深刻掌握马克思主义思想，就必须投身于客观的社会实践之中，在具体实践的过程中检验对马克思主义思想的掌握程度，从而自觉将理论知识内化为自身的行为准则，提升教学的实际效果。

习近平在继承马克思主义经典著作关于实践的理论思想的基础之上，形成了自己丰富的实践思想。党的十八大以来，习近平总书记在多次讲话中提出既要高度重视宏观的战略目标，又强调要干在实处，曾多次地强调要“知行合一”。习近平总书记指出：“道不可坐论，德不能空谈。于实处用力，从知行合一上下功夫。”③ 党的十八大以来开展的系列教育活动，关于如何提升教育活动的效果问题上，习近平总书记指出：“集中教育活动需要提高认识，更需要付诸行动，以新的思想认识推动实践，又以新的实践深化思想认识。”④ 习近平总书记在学校思想政治理论课教师座谈会上就如何推动思政课的改革创新问题，强调指出：“要坚持理论性和实践性相统一，用科学理论培养人，重视思政课的实践性，把

---

① 毛泽东．毛泽东选集（第1卷）［M］．北京：人民出版社，1991年版，第296－297页．

② 毛泽东．毛泽东选集（第1卷）［M］．北京：人民出版社，1991年版，第287－288页．

③ 习近平．习近平在北京大学师生座谈会上的讲话［N］．人民日报，2016－02－19．

④ 习近平．习近平在党的群众路线教育实践活动总结大会上的讲话［N］．人民日报，2014－10－08．

思政小课堂同社会大课堂结合起来，教育引导学生立鸿鹄志，做奋斗者。”[①] 习近平有关于实践的理论思想，对高校有效地开展思政课实践教学活动具有丰富的指导意义。“知行合一”是高校思政课立德树人的重要途径，大学生除了要具有扎实的理论功底之外，还要具有丰富的实践经验，所以开设高校思政课的实践教学势在必行。一方面要让大学生懂得马克思主义理论知识，另一方面要用学到的马克思主义理论知识改造客观世界，解决存在的问题。高校思政课实践教学要以正确的理论指导行动，引导高校大学生以自身具体的实践和行动来验证马克思主义理论知识的正确性，从而真正达到以知促行的目的。

（三）西方哲学家关于实践的思想

康德认为实践是不依赖经验性原则而完全先天地而独立存在的，由此可得出，实践是具有客观物质特征的结论。康德也认为人们获得知识一般要经过“感性——知性——理性”三个阶段，换句话说，人类所获得的所有知识都源自感性，慢慢发展成知性，最后以理性告终。实践是实现从感性到理性层级的根本途径。只有通过亲身实践，人们才能获得最为真切最为直观的感性认识，并且通过实践不断深化，转化为知性，在实践中得出的经验通过头脑的作用固化成一种思维模式，最后升华为理性。高校思政课是立德树人的根本课程，说到底是一项培养人的活动，它的终极目标是要培养人形成科学的价值观和符合主流意识形态的思想道德，而人的能力的提升只有在实践中才能得到提高。因此，高校思政课教学必须要重视实践教学环节，使大学生对于马克思主义理论知识的掌握实现由“感性——知性——理性”的逐渐转化，强化教学效果。同时，大学生平时所学的科学理论知识必须是直观的。只有通过实践才能获取直观知识，正是通过思政课的实践教学，增强大学生的获得感，引导大学生获得最直观的知识，达成最优的教学效果。康德关于实践的理论思想，对高校思政课实践教学的开展提供了有利的借鉴作用。

亚里士多德认为“美德在于实践”。美德并非由人的本性自发形成的，大自然赋予了个体接受德性的能力，这种能力以潜在的能力而存在，通过实践途径呈现出来。因此，仅在课堂上谈论德性是不够的，还必须在社会生活中践行。高校思政课授课对象是全体大学生，因此，课程实践教学的目标也是要求保证每一个大学生积极投身到现实实践活动中来，这样才能获得美德，实现自身的发展，最终达到课程的教学目标。亚里士多德关于实践的理论思想，为高校开展实践教学

① 习近平．习近平在学校思想政治理论课教师座谈会上的讲话［N］．人民日报，2019－3－18．

活动提供了借鉴作用。事实上，实践一方面是检验德性的重要方式，另一方面也是获得德性的主要途径。大学生必须投身于实践行动，才能在实践行动中获得美德并且进一步发展美德，从而达到高校思政课为培养社会主义合格建设者和可靠接班人的目的，提升实际教学效果。

四、高校思政课实践教学的意义

（一）提升大学生的动手实践能力

“少年强，青年强是多方面的，既包括思想品德、学习成绩、创新能力、动手能力、也包括身体健康、体魄强壮、体育精神。”①

当代青年大学生担负着建设祖国的重大责任，然而“空谈误国，实干兴邦”，建设祖国的重任必须要付诸具体的行动中，在实践中开创祖国的未来。然而现实生活中，部分大学生是过着饭来张口、衣来伸手的日子，实践动手能力很弱。思政课实践教学将大学生与社会现实紧密结合起来，在不断实践中提升大学生的动手能力，以便于改善大学生不想动手的懒惰现状。首先，高校开展思政课实践教学，大学生在具体的活动过程中，锻炼了动手能力以及获得整体感知能力，正确认识到实践动手能力对于个体自身发展的重要性，以及理解实践动手能力对于当今社会的重大作用，有针对性地、自觉地加强该方面的训练。其次，大学生亲身体验着实践教学的整个过程，在此过程中，通过自身的能力解决遇到的困难，从而培养和锻炼其相应的动手实践能力，大脑和身体得到全面均衡地发展。最后，大学生在思政课实践教学的过程中广泛接触社会，融入生产实践、社会生活等各领域，从而可以掌握到多种实践操作本领。

（二）磨炼大学生艰苦奋斗的意志

新时代的大学生是建设社会主义现代化强国的主力军。他们的行为品质、精神状态决定着这一伟大事业能否胜利。然而，目前大学生的生活状态基本是处于“校园—教室—宿舍”三点一线中，很少接触生产生活实践和社会实践。有一些大学生对于老一辈革命先辈们身上的艰苦朴素的工作作风已经慢慢淡忘。高校思政课实践教学的开展，有利于在参观访问、社会调查、下乡实践等活动过程中，让大学生有机会接触和了解社会，对我国目前所处的基本国情有一个正确的认知，自觉在内心世界树立起艰苦奋斗的优秀品质。首先，有利于培养大学生克勤

① 习近平．在看望参加青奥会中国代表团的讲话［N］．人民日报，2014－8－15．

克俭、艰苦朴素的作风。大学生在思政课实践教学中可以体会到劳动的艰辛，在思想上与劳动人民产生共鸣，在具体生活中养成不浪费粮食、热爱劳动的良好习惯，也能在以后的生活中正确对待劳动。其次，有利于培养大学生学习上奋发向上、刻苦钻研的学风，大学生在参与实践活动的过程中感受到了艰苦奋斗的优良作风对于个人成长的重要意义，进而会自觉地将艰苦奋斗的精神发扬在日常的学习、科研和实验的过程之中，努力奋发向上积极地进取；最后，有利于培养大学生踏实肯干、实事求是的工作作风。大学生在具体参与实践的过程中，能真切体会到创业和工作的艰辛，从而在日后的实际工作中倍加珍惜当前工作机会，立足岗位，不畏困苦，实事求是，积极努力地在实践中开拓创新工作。

（三）提升大学生的创新创业能力

新时代大学生是建设社会主义现代化的建设者和可靠接班人。高校开展思政课的实践教学，有利于提升大学生创新创业能力，促进大学生的全面发展。首先，高校思政课实践教学通过形式多样的教学把理论知识与客观现实有机结合起来，使教学不再局限于第一课堂教学之中；其次，积极引导大学生深入到社会实际生活中，开阔大学生的视野，对打破固定和僵化思维模式起到很好的促进作用。为其培养和发展创新思维奠定了一定的基础。再次，高校思政课的实践教学注重引导当代大学生不断在思政课实践教学过程中进行探索，不断进行自我教育，学会独立地思考客观现实存在的各种问题。认真钻研马克思主义理论知识，形成独立的思维观点，对是非曲直能做出准确判断，从而有利于形成创新思维。最后，在实践教学过程中，提升了大学生创新精神和创新能力，为其以后顺利踏入工作岗位、走向社会奠定了基础。同时还能有效激励大学生积极地创业，将发散思维运用到实际的工作中，一方面实现个体自身价值，另一方面努力创造社会价值，即更好地响应“大众创业、万众创新”的号召。

（四）培养大学生的社会责任意识

习近平指出：“‘士不可以不弘毅，任重而道远。’国家的前途命运，民族的命运，人民的幸福，是当代中国青年必须和必将承担的重任。”[①] 当代青年大学生是否具有较强的责任意识，一方面关系到大学生自身未来的发展状况，更直接地关系到中华民族伟大复兴的中国梦能否实现。当前，大学生很少有机会参加社会实践活动，对很多问题的看法也大多数停留在理想化的层面，故此，大学生大

① 习近平．致全国青联十二届全委会和全国学联二十六大的贺信［N］．人民日报，2015－7－25．

多以自我为中心，责任意识不强。高校思政课实践教学有利于培养大学生的责任意识。首先，大学生在参与社会实践的过程中，能更深层次地理解社会和人民群众，对党的基本路线有一个比较正确的认识，树立为人民服务的思想，坚定正确的政治方向，能深刻认识到身上所承担的社会责任，从而进一步严格要求自己。其次，大学生在参与思政课实践活动的过程中，对各种社会矛盾现象加以深刻反思，自觉抵制西方不良文化的侵蚀，理解我国还处于不发达的初级阶段，还未达到高级发展阶段，需要按照社会发展的客观需求，不断完善自身建设，奋力扛起建设国家的责任大旗，为建设中国特色社会主义贡献一己之力。最后，大学生在参与具体的思政课实践教学过程中，可以增强自身对国家、对社会的责任意识，增强家国情怀，明确对他人、对自身的责任，并且学会对他人、自己和家庭负责，努力使自己发展成为一个具有高度责任感的人。

第二节 新时代高校课外实践教学应遵循的原则

原则是人们观察问题和处理问题最为有效的准则，为解决问题提供明确方向。高校思政课教学是一项复杂的系统工程，实践教学作为其重要组成部分，在具体设计过程中必须遵循科学原则，在此基础上推动高校思政课朝着科学规范化的发展。

一、坚持“三贴近”原则

“三贴近”原则是高校思政课教学必须遵循的首要原则，“三贴近”即“贴近社会”“贴近实际”“贴近生活”。第一，高校思政课实践教学时要贴近社会。社会是高校思政课的大课堂环境，在具体设计思政课实践教学环节时，要紧贴社会现状、社会实际，在贴近的基础上把握社会，最后再进入到社会生活之中，同时进一步挖掘社会生活中丰富的教育资源。但高校思政课的这种贴近并非空洞的贴近，必须是要符合客观存在的社会生活环境，一方面符合当代世界的总体形势，另一方面符合当今中国的国情等。第二，高校开展思政课实践教学首先要贴近学生的实际。每个大学生都是独一无二的个体，即便是来自同一个班级的学生，在思想觉悟、知识水平、心理特点等方面也存在着很大的差异性。高校的思想政治工作主要是向大学生宣传党的理论、方针和政策，宣传工作如果不进行调查，不进行研究，是万万不行的。因此，高校思政课实践教学环节，要尊重大学生的个体身心发展规律和差异性，在选择和编排教学内容方面，尽可能地选择与大学生的日常学习、生活密切相关的内容，努力地做到贴近大学生的实际情况。第三，高校组织开展思政课实践教学时要贴近生活。生活是一切教育赖以生存的土壤，教育活动只有在植根于现实的生活实际的基础之上，才能焕发生机和活力。高校思政课实践教学内容不能脱离大学生日常生活的实际，必须从大学生生活点滴中取材，符合客观发展着的生活实际，这样才有可能引起学生的共鸣，增强大学生接受课堂的能力，提升获得感，提升课程的感染力。高校在组织开展思政课实践教学过程时必须努力做到“三贴近”，对大学生开展有效的思想政治教育。

二、坚持针对性原则

组织高校思政课实践教学，必须要坚持针对性，这样才能提高教学效果。首先，高校要针对大学生各方面的实际情况有的放矢地开展实践教学活动，开展适合不同年级、不同专业的班级特点的实践教学。例如，针对大一年级的思政课实践教学，要考虑大一学生刚进校，对周边环境还不熟悉，再加上自身能力开发有限，所以设计的思政课实践教学活动要简单易操作，一般情况下不组织难度较大的实践教学形式。因为只有符合不同学生特点实际的思政课实践教学活动，学生才会乐意接受，也才能达到预期的教学目标。其次，由于高校思政课有几门，要针对不同的思政课开展不同的实践教学活动，切记一刀切。对于《马克思主义基本原理概论》课程的实践教学，实践教学要注意围绕引导大学生掌握马克思主义科学理论的内涵，并能够自觉运用马克思主义的方法论来解决客观存在的问题；对于《毛泽东思想和中国特色社会主义概论》课程的实践教学，侧重点在意引导大学生坚定走中国特色社会主义道路的信念；对于《中国近现代史纲要》课程的实践教学，主要围绕引导大学生了解近现代以来的中国国情，了解中国人民为抵御外敌入侵，获得民族独立、人民解放进行的不屈不挠的斗争的艰辛历程；对于《思想道德修养与法律基础》课程的实践教学，侧重点在于引导当代大学生自觉接受社会主义道德法制教育；对于《形势与政策》课程的实践教学，则需要围绕国内外的热点，引导大学生养成关心国内外大事的良好习惯。最后，高校应该针对学校实际情况开展思政课实践教学活动。每所高校的硬件设施、师资规模以及周边的环境等方面都不同，因此，高校在开展思政课实践教学时一定要根据自身学校的实际情况，开展有针对性地实践教学，不能照搬其他高校的思政课实践教学，结合学校特点、专业特点、地域特色、学生不同的性格特点等方面的情况开展有针对性地实践教学。

三、坚持灵活性原则

新时代的大学生对当今世界充满新鲜感和好奇感，比较容易接受新鲜事物，可塑性较强。当然，大学生的思想状况等诸多实际情况也不是一成不变的，这对高校思政课的教学来说是一个较大的挑战。因此，高校思政课的实践教学必须采取灵活多样的形式，以便适应大学生不断发展变化的实际需要。习近平强调“做好高校思想政治工作，要因事而化、因时而进、因势而新。”①。高校思政课必须坚持灵活性的原则，采用灵活多样的教学方法，这样才会被大学生接受甚至产生喜欢之情。第一，高校思政课实践教学活动的形式和方法要新颖、多元。实践教学的方法有多种，根据活动开展的场所不同可以分为课堂实践教学和课外实践教学，前面在第四章对课堂实践教学活动已经进行详细阐述，因此，我们现在讨论的主要是思政课课外实践活动。课外实践教学活动形式也可有很多种，诸如社会调查、志愿服务、下乡锻炼等。思政课教师可根据学生情况、教学计划、课程内容等不同因素灵活选择实践教学方式，尽量吸引更多的大学生参与到实践教学中来，大学生在参与的过程中自觉接受思想政治教育的熏陶。第二，高校可以灵活地运用社会中的各种资源来组织开展思政课实践教学。社会中可以为实践教学提供资源的素材很多，高校思政课教师要善于挖掘这类资源，有针对性地开展思政课实践教学活动。同时，高校思政课教师要坚持“请进来”与“走出去”相结合，积极主动挖掘潜在的尚未被利用的有效资源，将当地的博物馆、党史馆、展览馆、工厂等资源纳入高校思政课实践教学的系统中来。只有较好地坚持灵活性原则，才能创新思政课的教学方法，从而增强大学生的课堂获得感，提高课程的针对性、实效性。

第三节 新时代高校实践教学应处理好几对关系

在复杂的高校思政课实践教学体系中，存在着多种相互矛盾的关系，我们要辩证地处理这些关系，推动高校思政课科学向前发展。

一、处理好理论教学与实践教学的关系

高校思政课教学主要包括理论教学和实践教学两种形式，二者在高校思政课

① 习近平．在全国高校思想政治工作会议上的讲话［N］．人民日报，2016－12－08．

教学活动中具有同等重要的地位，是辩证统一的关系，共同构成了高校思政课教学的整体。首先，理论教学是实践教学的必要基础。大学生只有在思政课第一课堂上充分掌握了马克思主义的基本原理和方法论，才有可能为开展思政课实践教学奠定基础。需要提出的是，重视思政课的实践教学，并不意味着否定理论教学的重要性，相反地，狠抓实践教学是为了检验、巩固理论教学的成果。同样，高校思政课教学需要更进一步地加强理论教学，从而为实践教学的开展提供坚实的理论基础。缺乏理论教学的支撑，实践教学就会变成没有根基的房屋，是不可能稳定的。其次，实践教学是对理论教学的补充和完善，二者各自发挥着不同的育人功能，相辅相成。学生通过实践教学的学习，在参加课外实践活动中，进一步深化和巩固马克思主义的理论成果，将社会的实际情况与大学生的思想有机统一起来，帮助大学生了解国情、了解社会，形成科学的马克思主义理论知识体系。高校思政课实践教学注重将第一课堂的理论知识与客观现实统一起来，大学生在实践活动中更能理解之前学过的理论知识，切身感受到理论的魅力，从而便于大学生进一步理解、消化吸收理论知识。只有实践没有理论指导一定会走上错误的道路，只有理论却缺少实践只能是纸上谈兵，毫无意义。因此，高校思政课教学要把第一课堂的理论教学和第三课堂的实践教学放在同等重要的位置，在保证思政课课堂第一课堂理论教学相对稳定的前提下，积极落实实践教学，把理论武装与实践育人结合起来，实现理论与实践二者之间的和谐发展和良性互动，真正将高校思政课教学的实效性发挥出来。

二、处理好实践教学与社会实践的关系

从某种程度上说，实践教学与社会实践二者有着相同的旨归，二者突出强调大学生积极主动参与实践的过程，引导大学生了解国情和增长才干，尽可能地提高自身的综合素质，确切地来说，二者之间是辩证统一的关系。一方面，实践教学与社会实践二者相辅相成，相互依存。实践教学和社会实践并不是孤立的两种教学方式，二者之间相互依赖。社会实践是实践教学开展的前提和基础，同时为高校思政课实践教学提供丰富的资源和多样化的形式，对思政课实践教学的发展起促进作用。并且两者都是遵循大学生成长规律，鼓励大学生走出校园，迈入社会，在亲身参与社会实践活动中，了解到社会各种现象，感受到社会的冷暖，进一步了解我国的国情。实践教学与社会实践二者是相互贯通的。社会实践和实践教学一方面相互依存，且在很多时候还相互渗透、相互促进、相互贯通。高校思政课实践教学可从形式多样、内容丰富的社会实践活动中获取资源，获得自身发展所需要的有利因素。另一方面，高校思政课实践教学必然会以自身更加规范化

的发展形式反作用于社会实践。高校思政课教学与社会实践虽然在时间安排、经费来源以及资源环境等方面各有不同，但高校如果能较好地处理好思政课实践教学与社会实践的辩证关系，将两者有机融合，既可以改善思政课实践教学存在教学方法单一、经费不足的窘状，又可以最大限度地使用社会实践教学资源。

第四节 新时代高校思政课实践教学优化路径

一、新时代高校思政课实践教学的现状

（一）新时代高校思政课实践教学取得的成绩

在国家如此强调思政课立德树人的作用的大背景下，各高校对思政课的教学进行了积极的探索，在实践教学方面不例外，并且取得了不少成绩，主要表现在以下几个方面：

1. 高校思政课实践教学的地位越来越凸显

对思政课实践教学重要性的认识，从国家、社会到高校经历了一个从无所谓到重视的阶段。因为越来越重视，所以各主体不断加大对高校思政课实践教学的支持，从政策到资金等各方面，使思政课实践教学的地位越来越凸显。首先，教育部召开了系列关于思政课教学的会议，颁布一系列的纲领性文件，从政策上为高校思政课实践教学的改革给予了强有力的支持。在此背景下，各高校对思政课实践教学越来越重视，并且逐渐将此项工作提升到学校的头等重要的工作中来，为教学活动的有效开展奠定了坚实的基础。其次，社会各工厂、企事业单位也渐渐认识到抓员工的思想政治教育对自身单位未来发展的重要性，从而主动对接高校马克思主义学院（思政课部）并与之进行合作，为高校思政课实践教学提供场地和资金方面的支持，为高校思政课实践教学解决了后顾之忧。最后，高校领导层在充分认识到思政课的重要性以后，逐渐地将实践教学纳入思政课课程体系之中，并从课时和活动经费给予了相应的保障，推动学校马克思主义学院（思政课部）完善思政课实践教学的形式、内容，并且给予了相应的课时和活动经费保证，不断地努力和发展，完善思政课的实践教学内容、形式和机制，推动思政课实践教学形成一个科学而完善的系统。国家、社会和高校对于思政课实践教学重视程度的不断提升，政策支持力度的不断加大，物质保障的不断增加，更加地凸

显出了思政课实践教学的重要地位，从而有利于切实地增强该课的教学实效性。

2. 高校思政课实践教学的效果越来越明显

对大学生马克思主义理论的传授一方面通过思政课第一课堂主渠道进行传授，另一方面还可通过实践的形式，让大学生在亲身实践参与过程中对其进行潜移默化的思想政治教育。各高校在探索思政课实践教学改革过程中，创新改革形式，注重改革内容，使得该课程的教学效果越来越明显，学生的满意度越来越高。首先，高校对于思政课实践教学采用各种形式的教学活动，将第一课堂的理论知识与实践活动有机结合，一方面巩固了大学生在第一课堂学到的理论知识，另一方面大学生通过亲身实践，用学到的理论知识分析实践过程中遇到的各种问题，学会想尽一切办法来解决问题，提高了大学生的课堂获得感，并被学生由衷的接受和喜爱，为教学的顺利开展提供保障。其次，大学生是高校思政课实践教学的主体，大学生在参与实践活动教学的过程中，积极性、主动性得到最大程度的发挥，学生实现了从低头到抬头、抬头到点头、点头到回头、回头到昂头的不断跨越。学生的目光更好地被吸引到实践教学活动中来，更好地吸引到课程中来。最后，大学生因为参与思政课实践活动，自觉主动地将思政课的理论知识内化于心、外化于行，从而实现思政课育人的目标。不难看出，高校思政课实践教学提升了高校思政课教学的实效性，越来越受到各界的重视，也越来越为广大师生所喜爱。

（二）新时代高校思政课实践教学存在的问题

1. 高校政课实践教学覆盖面不够广

虽然各高校越来越重视思政课实践教学，但是由于受各种条件的限制，思政课实践教学还不能覆盖学校所有学生，实践教学活动覆盖面有限，使得教学效果大打折扣。

首先，从目前情况来看，大多数高校思政课的实践教学场所选择在学校，校外场所选择不多。大多数高校考虑到经费、安全等因素，将思政课实践教学放在校内举行，校外的实践活动组织很少，社会力量和社会资源参与高校思政课实践教学明显不足，这样就达不到良好的教学效果。其次，各高校思政课教师在设计实践教学活动时，创新形式较少，多以常规活动为主，活动的效果明显不够。大多数采用实地调研、参观考察和体验式教学等常规方式，往往忽略网络新媒体中蕴含的思想政治教育功能，新兴网络媒体是新时代的新事物，可以助推高校思政课实践教学取得重大突破，但是受传统教学思维定式的影响，新技术手段难以大面积范围推行，使得高校思政课实践教学活动类型受到较大的限制。最后，高校思政课实践教学活动参与群体覆盖面较少，一般集中于学生党员、学生干部等优秀学生代表，即活动的参与主体受限于特定人群，很难做到大范围地普及各学生群体。再加上受活动场地、活动经费、安全性等各种因素的困扰，要想达到全体大学生参与高校思政课实践教学的局面，根本无法实现。因为只是部分精英学生参与到思政课教学活动中，这样就难以从整体上把握实际教学效果，不能反映全体学生的状况，学生也很难通过实践活动的开展得到思想政治教育的熏陶。

2. 高校思政课实践教学方法灵活性有所欠缺

高校思政课实践教学要想取得良好的教学效果，良好的教学方法是其中重要的一环。较好的教学方法能够使大学生更好地掌握知识，将所学知识内化于心，外化于行，将所学的理论知识自觉地践行到学习和生活中去。但是目前的高校思政课实践教学也好，理论教学也好，虽然各高校进行了不断的探索，但还是存在教学方法灵活性不够的问题。

首先，高校思政课实践教学方法过于单一，形式多样的教学方法运用起来还不是很好。目前在高校实践教学普遍采用案例教学法为主的教学方法，这种教学方法从某种程度上来说具有一定的生动性，也取得了比较显著的教学效果，但是在一定程度上限制了学生主体性的发挥和实践动手能力的发展，因此在充分调动学生的学习热情方面明显不够；其次，高校思政课实践教学的方法针对性还很不够，实践教学目前还未能覆盖到所有课程。《马克思主义基本原理概论》《思想道德修养与法律基础》《毛泽东思想和中国特色社会主义理论体系》《中国近现代史纲要》《形势与政策》五门课程开展实践教学的方法大同小异，并没有针对每一门具体的课程内容和课程性质采取有针对性的实践教学，不能突出具有不同特点的课程各自的教学重点，这样就弱化了每一门课程本身的教育意义，思政课应有的活力也就得不到有利的发挥。最后，高校思政课实践教学的评价方法还不够科学合理，在某种程度上显现出僵化的模式，难以表现出客观真实情况。目前大部分高校开展思政课实践教学仍然采用传统的考核评价方式，一般要求大学生提交一份心得体会或者一份调研报告，对于大学生在实践过程中的表现和存在的各种问题并没有一个系统的调节和反馈的环节，所以就无法准确真实地了解到学生在实践过程中的学习效果，从而也就无法客观公正地评价教学效果，这样便难以顺利完成既定的教学任务，不利于促进思政课朝着健康的方向发展。高校思政课实践教学由于存在教学方法灵活性不够的问题，导致大学生对知识的掌握不顺利，这样就难以达成既定的课程教学目标，阻碍了课程实际教学的发挥。

3. 高校思政课实践教学内容设计有待提升

任何一门课程，教学内容处于核心地位，教学内容的优劣直接影响着教学效果。各高校在开展思政课实践教学时必须要加强对教学内容合理性的设计，但是教学内容设计的不完善存在于实际教学中。

首先，高校思政课实践教学存在实践内容与教材理论知识相脱节的问题。设计的实践教学内容未能较好地把理论知识与客观实际相结合起来，从而难以解决社会现实问题。没有将一定的理论指导实践教学活动，导致大学生难以在实践活动中消化、吸收之前的理论知识，影响了教学效果的提升，使得整个思政课教学活动停留在表面，从而失去了真正的教学意义。其次，高校思政课教学内容具有鲜明的时代特征，但在实际过程中，高校思政课实践教学内容缺乏鲜明的时代特征，不能较好地体现出在实际教学过程中存在着教学内容缺乏鲜明时代性的问题，不能很好地将大学生感兴趣和符合新时代大学生实际情况需要的时代元素统一起来，未能体现出新时代高校思政课实践教学该有的时代特点，从而在外在形式和具体内容方面导致思政课吸引力的不足，自然思政课的活力也明显不足，难以较好地引起大学生的共鸣。最后，高校思政课实践教学在实际过程中存在着内容缺乏系统性的问题，教学内容很多是碎片化的、零散的资料，缺乏科学合理的教学计划和教学进度安排，教学活动的内容的设计大部分也是沿承传统的或者借鉴兄弟院校的教学经验，没有体现自己独有的专业特色、地域特色，未能从整体上科学合理地设计思政课实践教学内容，从而导致教学内容的不完整，学生难以全面掌握应该掌握的理论知识。

4. 高校思政课实践教学经费不充足

与传统的思政课第一课堂教学相比，高校组织开展的实践课教学对于经费的要求比较高，强有力的资金支持是保证实践教学顺利开展的重要条件。但是在实际的思政课教学过程中，经费难以得到有效保证，也难以满足教育的实际需要。

首先，高校思政课实践教学经费的来源渠道较少。目前各高校开展实践教学经费主要来源于教育部划拨的生均 30 元的经费。而如果真正要将思政课实践教学落到实处，人均 30 元的经费难以满足实践教学活动中所必需的吃、住、行等多方面费用的开支。一般学校难以重新划拨额外的专项资金作为开展思政课实践教学的经费。主动与高校合作开展思政课实践教学的企业、工厂较少，企业也不能发挥其资金优势来保证活动的开展。其次，高校思政课实践教学的经费落实到位情况不理想。国家和教育部并没有就经费落实的问题做出明确规定，有些高校是由马克思主义学院（思政课部）负责，但有些学校由学工处负责，同时国家和教育部也没有做出明确规定该如何使用这笔经费，这就造成在现实中难以落实经费的情况。由于存在经费不充分的问题，在很大程度上影响着高校思政课实践教学活动的开展，从而也会影响思政课实践教学的实际效果。

（三）高校思政课实践教学产生问题的原因

高校思政课实践教学产生各种问题是有着深刻的原因的，只有准确找出产生这些问题的背后原因，才能做到有的放矢，有针对性地解决所产生的问题，为下一步更好地探讨更优化的教学改革创新路径奠定基础，发挥思政课应有的育人功能。

1. 高校思政课教师实践教学经验有所欠缺

教师是教学的实施者，教学能否正常开展，达到预期的教学目标，教师非常关键。高校思政课的实践教学是一门实践性比较强的综合性的教学活动，对教师的教学素养、教学能力等有着较高的要求。上述提到的高校思政课实践教学存在诸多问题，大部分是与教师开展实践教学的经验不够丰富有着直接的关系。首先，思政课教师年龄存在不均衡的问题，难以满足在实际教学过程的需要。年龄较大的教师擅长于第一课堂即理论课教学，而对于第三课堂即实践教学难以胜任，难以得心应手。因此，高校思政课实践教学长时间得不到重视，这就在很大程度上导致思政课教师难以积累丰富的实践教学经验，即使开展实践教学，也有很多教师因为缺乏实践教学的经验而无从下手。其次，高校思政课的实践教学对教师的素养提出了更高的要求。大部分高校思政课教师掌握了科学的教育理念，掌握了多媒体等新的教学技术，然而仍然存在教师难以满足实践教学的高要求和高标准的问题，所以在具体组织思政课实践教学过程中表现得较为吃力。最后，开展思政课实践教学在无形之中加重了对教师的工作压力。当然，如果要想取得较好的思政课实践教学效果，高校思政课教师要深入到工厂、社区、农村等地，与这些相关机构做好实践教学的协商，协调好开展实践教学的各项工作，以最佳的保障措施来保证思政课实践教学活动的顺利开展。另一方面，开展思政课实践教学还得考虑过程中的安全问题，如果思政课教师对实践教学经验不够丰富，会带来在思政课实践活动开展过程中产生的一系列问题，从而影响教学的实际效果。

2. 高校领导对思政课实践教学重视程度不够

高校领导是组织开展学校教学工作的直接领导，领导对思政课实践教学重视程度决定着这门课程是否能取得预期的教学效果。领导越重视，对思政课实践教学的开展做好顶层设计，就会为课程实践教学的顺利开展提供强大的后盾力量，反之就有可能造成师资配置不齐、课时安排减少的尴尬局面。从目前来看，虽然大部分高校领导相对提高了对思政课实践教学的认识，但是认识还不到位、不够深刻，有待于进一步加强。首先，有些高校领导一直重视思政课理论知识的灌输，忽视了实践育人的作用，认为这种费时费力费钱的实践教学实在是没必要大范围地开展。因而对于思政课的实践教学没有给予应有的重视，因此，在政策制定和教学安排等方面缺乏应有的支持。其次，高校领导对于大学生的就业率比较重视。目前各高校都在不断地扩大招生规模，片面地追求高就业率，忽视了大学生质量的培养，不少高校领导认为实践教学只是高校思政课的一种辅助教学形式，并没有将思政课实践教学放在和理论课教学同等重要的地位，认为没有必要花费过多的精力和时间开展专门的教学。由于领导的不重视，使得思政课实践教学课时难以得到应有的保证，不断压缩思政课实践教学课时，教学的师资力量明显不足，这对实践教学的开展带来较大困难。

3. 高校思政课实践教学保障机制不健全

高校思政课实践教学活动的顺利开展需要配套的保障机制。高校如果能为思政课实践教学活动开展提供健全的保障机制，必然会有力地保障实践活动。相反，如果保障机制不够健全的话，必然会制约教学活动的有效开展。目前，一些高校思政课的保障机制尚不够完善，需要在实践中不断健全。首先，组织开展思政课实践教学的领导组织机构不健全。虽然各高校都设置了相应的思政课教学的组织机构，但是很少设置相应的思政课实践教学的组织领导机构。高校思政课实践教学的开展都是由思政课教师临时组织开展的，随意性较大。其次，高校组织开展的思政课实践教学人员保障机制不健全，主要是人员数量得不到保证。思政课实践教学活动组织开展者的人员数量不足、素质不高和能力不强，自然会影响思政课实践教学的效果，因此，无法有效保障思政课实践教学，也就无法达到预期的教学目标。再次，组织开展思政课实践教学过程中对安全制度保障机制有待加强。高校思政课实践教学一般采取组织学生走出校园、走入社会，在具体的实践中，加强对大学生的思想政治教育，在组织学生外出实践的过程中存在安全隐患，通常会产生一些教师事先料想不到的问题，有的还存在威胁学生人身财产安全的隐患，这就对实践教学活动的开展带来较大的阻力。最后，在具体开展思政课实践教学过程中，物质保障机制有待加强。充足的物质条件资源是保障高校思政课实践教学的关键条件，如果不能提供强有力的物质保障机制，思政课实践教学的活动的开展难以完成既定的教学任务。不健全的保障机制，会使得实践教学的开展缺乏相应的必要的保障，从而会引发系列问题，甚至还会可能对学生的安全带来不利影响，这样便会引起学生的抵触情绪，不利于课程的实效性的提高。

4. 高校思政课实践教学组织不规范

组织开展思政课实践教学是一个系统的复杂的工程，这一具体工作涉及课内与课外、校内与校外等诸多因素，高校只有从领导层级重视、组织方面规范与合理安排，才能顺利地保障思政课的实践教学顺利进行。如果组织起来不规范、操作起来缺乏科学性，会引起整个教学秩序的无序和混乱，会降低实践教学的实际效果，这也是目前很多高校普遍存在的问题。首先，不少高校在具体开展思政课实践教学的过程中教学目标含糊。目标的含糊不明确，会导致教学活动的开展失去方向，实践教学活动没有实质性的内容，只停留在表面，使得教学逐渐偏离了重心。其次，高校在组织开展思政课实践教学时比较缺乏规范性的文件作为指导，在教学过程中存在很大的盲目性和随意性，如果对教学理解存在偏差，则会对大学生造成不良的影响，因此就不能发挥出实践教学对于整个思政课教学改革应有的作用。再次，高校在组织开展思政课实践教学的过程中缺乏教学大纲，授课计划不明确，很多时候是教师自由或者随意性的安排。教学大纲不明确，从而影响着教学的顺利进行。最后，不少高校在具体的思政课实践教学过程中缺乏科学合理的考核评价体系，整个教学过程的编排缺乏规范性和系统性，这就直接影响高校深入可持续地开展思政课的实践教学，影响了整门课程的教学效果。

二、新时代高校思政课实践教学优化路径

（一）加强高校领导重视，做好顶层设计

学校领导是高校思政课实践教学开展的主要负责人，是相关政策的主要制定者，在具体课程教学实施过程中发挥着重要的作用。因此，要高效率地解决上述高校思政课实践教学存在的问题，高校领导的思想认识必须有所提升，要将实践教学的重要性摆在突出位置。首先，高校领导要认真学习思政课实践教学的相关文件。对于国家和教育部颁发的关于加强思政课实践教学的相关文件，高校领导要仔细一一研读，并严格贯彻落实文件的指导精神，牢记立德树人使命，坚持正确的办学方向，把培养德智体美劳全面发展的高素质人才作为高校思政课教学工作的根本出发点和落脚点，推动高校思政课教学改革向前发展。其次，高校领导自身必须要转变教育观念，解放思想，不断学习最新的教育教学方式。因为思想观念是行动的先导，高校领导要转变以往“重理论、轻实践”传统教学观念，将

最新的教学理念和教学思想融入教学中来，同时将科学的教育思想和理念应用到思政课的教学过程中。高校领导只有在思想上充分认识到思政课实践教学发生的教学规律和教学效果的重要性，才会在具体的实践教学的安排上有所体现。高校领导要把握时代的发展变化，着眼于已经发生变化了的时代特征，从目前客观的社会环境出发，在充分尊重大学生成长规律的基础上，加大对思政课实践教学的支持力度，推动思政课保持长远发展。最后，除了从思想上重视思政课实践教学以外，高校领导要在政策上给予高校思政课实践教学的支持力度，要在师资力量、课时以及活动开展所必需的经费方面提供保障，确保高校思政课实践教学顺利地展开。

（二）丰富高校思政课实践教学方法

高校思政课教师要主动积极探索思政课实践教学方法，教学方法的引入要多元、生动有吸引力，能吸引大学生自觉地参与到实践教学活动中来，以此增强大学生的课堂获得感和提升课程的吸引力。首先，高校思政课教师要把体验式的实践教学方法作为主要使用的教学方法。从书本获取理论知识，这是大学生获得知识的一种主要途径，另一种方式则是通过自己的亲身体验实践活动直接获得，后者的体验相比较前者来说，更直观、丰富，而且印象深刻。高校思政课组织开展的实践教学可以采取情景剧表演、模拟法庭、学生讲课等直接体验来开展，这样一来，一方面提高了学生的获得感，另一方面提高了学生的课堂参与度，有利于其更好地接受思想政治教育。其次，高校在具体组织开展思政课实践教学活动中，要坚持集中和分散、课内与课外、校内与校外等多元方式有效结合。例如，可以将校内校外结合起来，组织学生利用寒暑假实践深入所在家乡调研，促进思政课教学方法朝着多样化的方向发展，提升教学的实效性。最后，应尽量保持思政课实践教学方法的相对稳定性。思政课教师可以根据不同的思政课的特点，把教学效果好、学生参与度高的实践教学方法固定工下来。除此之外，创新教学方法，采用灵活多样的思政课实践教学方法，吸引更多的大学生积极参与到实践教学中来，从而进一步优化思政课实践教学效果。

（三）加强高校思政课实践教学校企共建合作基地建设

高校思政课实践教学的一个重要场所便是企业或工厂。挖掘与高校所开设的专业相同或者相近的企业或工厂资源，到企业或工厂开展现场实践教学，积极挖掘和开发与企业合作的契合点，推动校企共建合作基地的建设，切实提升思政课的实践教学效果。首先，高校思政课教师与企业或者工厂开展合作洽谈，争取将企业或者工厂成为思政课实践教学的固定基地。高校大学生通过集中培训，一方面可以深入企业或者工厂开展马克思主义理论宣讲，向企业或工厂员工导读目前国家方针政策、分析与讨论国内外时事热点、难点，利用大学生自身所学的理论知识对企业或工厂员工进行思想政治教育；另一方面可以在企业或工厂中组织有关于思政课的交流会或座谈会。学生在此过程中，既能提升自身的理论水平，又能提高自己的综合能力。其次，可聘请企业中的优秀人员担任思政课的实践教学兼职教师，为思政课师资队伍注入新鲜血液。校企合作的企业或工厂大部分是与学校开设专业相同或相近的企业或工厂，他们的加入，可以将发生在企业或工厂的新鲜实例运用到思政课实践教学活动中来，这样一来，促进企业与学校之间的良性沟通与交流，使得思政课的教学更加具有针对性，从而起到丰富思政课教学内容的目的。最后，高校可以就企业或工厂发展过程中遇到的思想政治教育方面的问题开展专题调研，大学生用学到的马克思主义理论知识帮助企业分析企业或工厂发展面临的问题，并提出切实可行的解决办法或者措施，为企业的发展提供科学理论的指导，从而有效地实现了将马克思主义理论知识应用于具体的现实社会之中，提升课堂教学质量。

（四）深入挖掘当地红色文化资源

红色文化资源场所是高校思政课实践教学的重要场所，也是高校对师生开展思想政治教育工作的重要教育资源，因此，高校要充分利用当地的红色资源，争取将红色资源与思政课的实践教学结合起来，丰富思政课实践教学内容。首先，高校思政课教师组织学生开展关于当地红色文化资源调研活动。可利用假期，组织大学生到当地红色文化场所进行调研，例如当地的展览馆、博物馆、战争纪念馆等，都蕴含着丰富的文化资源。思政课教师可分批带领大学生参观考察当地红色文化资源，学生在参观考察的过程中了解红色文化资源的发展现状，并且开动脑筋思考，深入挖掘红色文化资源中蕴藏的思想政治教育资源，用来提升思政课的实际教学效果。其次，高校思政课教师可以举办关于当地红色文化资源竞赛活动。目前，党史教育在全国上下掀起学习热潮，高校可以以党史知识为背景，将党史知识融入思政课实践教学中来，寻找两者的融合点，在高校思政课的实践课堂上组织大学生开展关于红色资源的演讲比赛、辩论比赛等活动，达到培养大学生积极学习的态度。在活动的开展过程中，其实对于教师和学生来说都是一种有效的思想政治教育途径，一方面能够让大学生更进一步地了解红色文化，另一方面还可促进师生、生生之间的感情交流，形成良好的学习交流氛围，为大学生更进一步接受思想政治教育奠定基础。最后，高校思政课教师可以借助大学生校园文化生活，开展种类多样、形式各异的红色文化活动。例如可组织大学生开展“读一本红色书籍”的活动，在思政课的课堂上，开展读红色书的大会，让学生在重温党史、重温历史的过程中，提升自身的专业素养；还可组织大学生开展“观看一部红色电影”的活动，通过观看红色影片，直观生动地还原历史画面和情景，这种展示效果比起纪念馆和书籍来说，在具体的历史情节上更加生动，这样便很好地实现了将当地红色资源融入高校思政课实践教学活动中来，还可引起大学生的情感共鸣，从而能更好地促进思想政治教育。

（五）构建以网络媒体为核心的实践教学平台

新时代，互联网等媒体的迅速发展，为高校组织开展实践教学活动提供了新的平台，因此，高校应该抓住机遇，充分利用互联网的优势构建思政课的实践教学平台。首先，高校应该建设好思政课实践教学的网站平台。教师要充分利用新媒体技术，组织学生到权威网站筛选一些思政课实践教学的德育影视资料、经典案例等题材，在教师的审查后组织学生上传到网络平台，同时结合专业特点、地方特色、时代新要求等及时更新思政课实践教学网站内容，为大学生提供一个良好的健康的网络实践环境，推动大学生在良好网络环境中潜移默化地接受思想政治教育的熏陶。其次，高校思政课教师应推动思政课网络实践教学平台主题更鲜明。鲜明的主题是开展网络实践教学的重要环节，可以将能引起学生共鸣的关于道德、法律、爱国主义、民生等鲜活的事例放在网络平台，思政课教师同样要根据社会和时代的不断向前发展及时更新网络实践教学平台，推动实践教学朝着更好的方向发展。最后，高校思政课教师应该借助网络平台开展形式多样的思政课实践教学活动。例如，高校可以借助思想政治教育的公众号、贴吧、网络论坛等社交平台网络媒体开展思想政治教育，在社交平台开展学生与学生、学生与教师的激励讨论，并试图找到解决问题的办法。另一方面，高校思政课教师还可以组织学生就某一社会现实问题在网络平台上开展调查，能对信息的真实性加以辨别，在此过程中锻炼学生发现问题、分析问题、解决问题的能力，从而更好地达到高校思政课立德树人的目标。

（六）加强高校思政课实践教学师资队伍建设

办好思政课的关键在于教师。高校实施思政课实践教学活动对思政课教师的能力提出了更高的要求，实践活动效果如何，关键看任课教师能否主动积极地全身心地投身于实践教学中去，需要培养一支专业知识扎实、综合能力过硬的高校思政课师资队伍。首先，高校思政课教师要提升自身素质，不断加强理论知识的学习，提高自身理论水平。思政课教师只有具备扎实的理论知识，才能把道理讲清楚，学生才能听明白，这样才能为思政课实践教学活动的开展提供有利条件。其次，教师要不断提高创新意识，创新实践教学方法，注重用历史唯物主义和辩证唯物主义解决实践教学活动中遇到的各种问题，并在实践中不断探索新的实践教学内容和领域，给大学生深刻的学习体验，引导大学生树立正确的理想信念，学会用正确的思维方法，推动高校思政课的创新性发展，提升课程的教学效果。再次，高校思政课教师要自觉投入到自身的社会实践当中去，深入农村、社区、企业一线，多积累一些实践教学的素材，开阔视野，加强理论与实践教学的有机结合，以学生能接受的效果最佳的方式生动地向学生传授知识。最后，高校要采取形式多样的培训方式，积极引导对思政课教师的指导与培训，一方面要抓新入职教师的岗前培训，另一方面要落实对新入职教师的入职后培训，让新入职教师能最快的适应环境，实践教学能力能逐渐走向专业化和制度化，充分发挥思政课教师的主动性、积极性和创造性，努力培养一支政治素质高、专业知识扎实、综合能力强的思政课师资队伍，从而为落实立德树人提供坚强保障。

第七章 新时代高校思政课教学改革保障机制

第一节 发挥学生的主体作用

一、培养大学生的自主学习能力

21世纪是知识经济时代，激烈的职业竞争，对从业者的要求不但起点高，而且要求其不断更新知识，提高和扩展技能。具备自学能力是拓展知识面的前提，是实现知识更新的重要手段。因此，笔者认为应加强学生“我要学”“我会学”的思想认识，充分利用时间，培养学生的自学能力。

对于高职学生来说，职业教育以动手能力培养为中心，以实际性为主要特征，充分满足学生操作能力的学习需求，从而形成了一种全新的、开放的、交互的、启发式的、有利于学生提高整体素质和动手能力的教学模式。在职业教育教学的过程中，充分体现培养学生自主学习能力，强化教师的导学地位和教学支持服务。学生根据不同的学习条件和学习需求，利用各种学习手段进行师生交互和非交互学习，教师进行面授辅导。教师充分利用现代多种媒体教育技术，同学生进行实时或非实时信息交流，实现对学生自主学习过程的引导和辅导。学生要发展自身素质，构建自身素质结构，不可能完全自发地实现，必须要有教育机构与教师的管理、指导和帮助。在职业教育的教学过程中，首先要让学生从知识的被动接收者转变为主动参与者和积极探索者，在发挥教师主导作用的同时，充分发挥学生的主体作用，要为学生的积极参与创造条件，引导学生去思考、去探索、去发现，要鼓励学生大胆提出问题，改变过去讲细、讲透的教学方法。

自主学习能力的培养。建构主义学习理论强调知识并不能简单地由教师或其他人传授给学生，而只能由每一个学生依据已有的知识和经验主动加以构建，是一种主动学习的过程。每个人都会有这样的体会，当自己学习动机很强，学习目的明确（主动建构）时，有些知识是原来比较难理解的，由于自己主动学习，似乎也没想象中的那么难，比较容易理解；也有一些知识观点与自己原有的观点有冲突、矛盾，难以接受，但经过不断地接受这方面的刺激信息，不断改变自己的认知结构，直至逐渐接受使之成为自己的知识，逐渐顺化了。这些内容的提出，对传统的"以教师为中心"的教学理念形成挑战之势，建构主义的理念和策略对我国大学及高职教学改革实践具有积极的指导意义。

（一）以"学习者为中心"的策略

以教师为中心向以学生为中心的转变。传统的教学把课堂当作传授信息与知识的"输送带"，大多情况下，学生是被动地接受教师传授的知识，这无意中扼杀了学生的学习自主性，因为教师本身也不自觉地维护了学生对教师的依赖性。因此，要想培养学生的学习自主性，教师在课堂上的角色必须转变，要放手让学生自己解决问题，适时地向学生提供学习资源，起到资源提供者的作用，创造以学生自主学习为主的课堂氛围。在实际教学中，教师在教案的设计、课堂交流和教材处理等方面，都应该遵循"以学生为中心"的原则，突出学生自主学习能力的培养。实践中通过网络自主学习平台，组织学生人人参与之中，学生的自主学习性得到了加强。

（二）学生间相互协作学习策略

课堂协作学习有一对一和小组活动两种主要方式。在这些活动中，学生通过协商和讨论，一方面群体的思维和智慧大家可以共享；另一方面，"多种不同观点的碰撞与交流有利于培养学生的辩证思维、发散思维"。建构主义理论指导下的教学活动，要求教师在课堂内外始终以帮助者、促进者、咨询者、协商者及顾问的身份给学生及时提供指导。这些交互活动可最大限度地创造自主学习氛围，有效提高学生的自主学习能力。

（三）建构式学习环境策略

现代信息技术的广泛应用，教学中多媒体技术的日益普及，为学习提供了必要的环境，也为贯彻建构主义学习理论提供了最佳的教学手段。学生随时可以进入属于自己的学习空间，汲取所需知识。教师也可以利用网络组织教学，客观上起到了培养学生自主学习的作用。

（四）分组讨论，增强学生协作能力

课堂上为了给学生提供展示个人自学成果的平台，可以采用分组讨论法，在小组讨论过程中，同学们发表自己的观点和解决问题的办法，形成良好的自学氛围。老师在学生自学的过程中，要善于发现学生点滴的进步，特别是对于后进生的进步，应及时予以表扬和鼓励，使他们感受到进步的喜悦，树立学习自信心。当然，分组讨论占用时间较多，不能经常在课堂上实施，实际上经过一段时间的训练，可以让学生尝试课后自主进行，从而进一步培养自学意识，提高自学能力。

（五）培养学生自查反思的能力，变被动学习为主动学习

在教学中，应引导学生从知识是否掌握、方法是否科学、思维是否灵活、态度是否积极、解题是否正确、问题的症结何在、能否控制思考等方面经常进行反思，必要时填写各种反思卡。反思卡分为课堂反思卡、作业反思卡、考试反思卡等。

1. 课堂反思卡的主要内容有：今天的课讲了哪些内容；听懂了哪些内容；没有掌握的有哪些内容，如何补救；学习方法是不是还需要改进等。

2. 作业反思卡的主要内容有：今天的作业我做得怎样，思路是否清晰；作业中的错误在何处，应该怎么改正等。

3. 考试反思卡的主要内容有：这次考试是成功还是失败；哪些地方出错，错误原因是什么；针对不同原因，我采取哪些不同措施进行补救等。①

二、注重对学生实施个性化教育

现代社会对人才的要求日趋多样化，培养创新型人才是当代教育教学改革的核心。创新能力与个性有着密切的关系，只有充分发挥个性，才能培养创新能力。实施个性化教育，培养具有创新能力的人才，是当前培养人才中的一种探索式教育模式，而个性化教育就是以尊重个性独特性和差异性为前提，以提供多样化教育资源和自主选择为手段，以提升个体的创新能力和促进个体的全面发展为目的的教育。

---

① 陈丽萍. 浅谈高职教学中学生自主学习能力的培养 [J]. 知识经济，2010（20）：126.

（一）个性化教学的特征

个性化教学与传统的“去个性”教学相比，具有自己鲜明的个性特征，主要表现在以下几个方面：

1. 主体性

个性化教学的主体不仅仅是学生，如果从广义的范畴讲，教学的主体包括所有的施教者和受教者；单从狭义的范畴即课堂教学来讲，其主体也必须包括教师和学生。近几年来，在讨论教师与学生及其关系上，大部分的说法是“教师主导，学生主体”。但实际上，教师没有主导好，学生的主体地位也没有稳固好，究其原因就是教师与学生的个性都没有得以充分地展现。在理论上，教师固然在教学过程中发挥主导作用（实际上只是在传授书本知识时），但在实际的教学工作中，这种作用的发挥在很大程度上受制于教育行政制度、教育评价作用及社会压力等不和谐的教育因素，更不必说教师的个性充分体现于课堂教学之上，这也正是许多一线教师的苦恼及教学兴趣、教学质量提不上来的重要原因。至于学生的主体地位就更不必说了，在现实的教学过程中，学生是不可能主动地选择自己的学习方式、学习环境、学习内容的，再加上固有的教育传统及观念，更使学生可望而不可即。所以个性化教学重视教师与学生的双主体，表现在教学过程就是教师与学生的自主的活动、创造的活动，这种活动能引起教师与学生积极主动的反应，从而使个性得到积极主动的发展。此外，主体性还来自自我教育，学校必须把教育的对象变成自己教育自己的主体，使学生学会学习，将已有的主体性发展到新的水平。

2. 创造性

个性与创造性是紧密联系、息息相关的。如何发挥创造性，国内外的许多专家进行了研究，但诸多说法可以归于一点：敢于说“不”，乃创新之始。而现代社会要求我们必须是思维活跃、创造性强的人，能“想到别人尚未想到的”。因此，在教学过程中，注重个性化人格的培养，突出创造性就成为当务之急。

3. 和谐性

我们强调尊重个性、实施个性化教学、培养创造性是建立在德智体美劳全面发展的教育方针基础之上的，不是对所有的个性都加以肯定，而是要帮助个体发展优良的个性品质，抑制和克服不良的个性和特点，使教师与学生的个性都得到和谐发展。同时，全面发展和个性发展是辩证统一的，个性发展是全面发展的核心，全面发展又是个性发展的基础，它不等于个体的各方面平均地发展，而是在各方面都达到基本要求并形成和谐有机的发展。但需要进一步明确指出的是：社会性是个性的本质特征，它反映着个性的社会特征，从本质上说个性是一切社会关系的综合，每一个时代、每一个社会和民族都在造就着所属时代、社会和民族的个性。所以，个体的个性与社会需求的和谐是很重要的。个性化教学的实质是实现人格健康、充分、独立地发展。

（二）实施个性化教育的措施与对策

1. 改变教育观念，改进教育方法

现代教育的发展要求师生之间形成新型的民主平等关系，教师的教学活动能够在促进学生积极参与的基础上充分培养学生的创新精神和能力发展。教师传授知识应包含认识的思维方法，“教是为了不教”。个性化培养并非是培养尖子，而是根据所有学生的个性特点，在确切了解其特长和爱好的基础上，开展相应的教育，这就要求我们因材施教，根据不同的学生智力特点，采取相应的教学方法“对症下药”，尽可能考虑到每个学生的实际情况，满足不同的需求。在教学方法上可采用双向教学法、案例教学法、启发式教学法等，给学生留有思维的空间，激励他们自己提出问题，思考问题。

2. 改革课程设置，实现知识能力和素质的最优化

课程的合理设置，包括课程内容、课程体系和课程结构的合理化构建，无论是对个性化培养，还是创造思维、发散性思维的形成，都具有重要的作用。我们已实行的理工科学生中开设人文学科课程，强调理工人文交融渗透。个性化培养的课程设置对保护发展学生个性，促进学生创新思维创新能力的形成，实现知识、能力、素质的最优化，有着基础性意义。

3. 鼓励学生求异，养成质疑的好习惯

个性化与创造性思维通常是同质疑联系在一起的，质疑是创新的起点，没有质疑的思维是肤浅的思维，无助于个性的形成。教师应善于在课堂教学中不断地给学生创设问题情景以激发学生的创造性思维。

4. 建立体现高校特色的灵活多样的评价体系

加德纳认为，每一个体的智力各具特点，智力是多方面的，表现的形式是各不相同的，我们判断一个学生的聪明与否的标准也应该是多种多样的。人的智力具有多元性，由于接受高校教育的对象有其自身的认知规律、身心特点，所以面对这些特殊的生源主体，我们的教育应有与之相适应的学生评价内容、标准、方法和模式，尊重学生的个体差异。高校教育培养的是面向生产、建设、管理和服

务一线的高等技能型应用型专门人才，除要求掌握必要的专业理论知识，更强调动手实践能力的培养，更重视职业道德、敬业精神、团队精神、创新创业能力的培养，所以对高校教育来说，要改进评价标准和评价方法，要体现高校教育的特点。如要改进考试考核方法，重视考核学生应用所学知识解决实际问题的能力，建立有利于培养学生全面素质和综合职业能力的教学质量评价体系。我们要根据个体不同特点制定个性化的多元评价标准，多元智能理论也启发我们在制定高校学生的评价标准时要注意评价的过程性和可持续性，把握显性评价与隐性相结合，评价标准要为学生终身发展服务，如要建立个性化的学生评优制度和标准，促使学生个性充分发展。

5. 探索个性化培养方案，加强实践环节

实施个性化教育，要积极探索个性化培养方案，培养多元化个性人才，在教育模式和方案上进行大胆革新，积极探索并完善学分制，建立学生转学、转系、转专业、选修课程和弹性学制的管理制度以及择时择地的学习方式，为学生个性发展提供更大的可选择的空间和时间，充分体现“以人为本”的现代教育思想。结合课堂教学鼓励和组织学生参与实践活动，既通过观察体验来形成对社会的感知，加深人际性技能的理解，又结合各课程的具体要求开展项目实践，了解并满足社会多方面的需求。更为关键的是，学生在实践中能够发现机会，开启创业创新的灵感，塑造浓厚的创业兴趣，为走创业之路打下良好的基础。所以，高职院校应为学生多提供实践场所和机会，积极地建设校内外实习基地。

6. 加强心理健康教育

个性发展是以优异的心理素质为前提，提高心理素质水平是促进个体全面发展的重要条件。倘若一个人整天生活在苦闷、压抑、惊恐、悲伤等不良心境中，必然会导致心因性反应，使个性形成受到不良影响。高等学校的职责不仅仅在于传授知识、技能，而且还要培养学生健康心理和健全人格。加强心理辅导，重视对学生的心理疏导，可帮助化解学生烦恼，保持心理健康，不断完善个性。在个性化教育中，有针对性的心理健康教育可帮助学生适应客观环境，培育良好的情绪、涵养，以及乐观的心态、塑造健全的人格、养成健康的心理，形成有利于创新思维的个性心理品质。①

三、加强高校学生干部队伍建设

建设一支高素质的学生干部队伍是一项复杂的系统工程，针对高校学生干部

① 陈丽萍. 试论高职学校个性化教育［J］. 湖南农机，2007（11）：106－107.

队伍建设中存在的问题，探索新形势下加强高校学生干部队伍建设的措施，对于高校思政课教学来说有较大意义。我们认为，首先要转变观念、统一认识，其次要明确目标、统筹内容，再次要完善体制、健全机制，最后要建设阵地、增强实效。

（一）转变观念统一认识

转变观念、统一认识是搞好学生干部队伍建设的思想前提。目的是要解决学生干部队伍建设中部分领导干部和学生干部队伍建设主体认识上的偏差，中心是要搞清楚为什么要加强学生干部队伍的建设，并明确自身的责任和任务。

1. 各级领导干部都要成为学生干部队伍建设的“参与者”和“建设者”

各级领导都要站在新形势下高等教育教学改革和学校发展以及高等学校中心任务的高度来认识加强学生干部队伍建设的重要性；要树立“学生干部队伍建设，领导首先有责”的意识；要在思想上认识到学生干部队伍建设不只是学生管理部门或管理干部的事情；要形成全校都关心、各级都支持学生干部队伍建设的工作合力；要在行动上从环境的营造到人、财、物的投入以及相应的政策措施保障上积极支持学生干部队伍建设，形成有利于学生干部队伍建设的长效机制；要深入到学生干部队伍建设的一线，了解学生干部队伍建设的实际情况，从政治上、学习上关心学生干部队伍的成长，帮助解决实际工作中的困难和问题。

2. 学生干部队伍建设的主体都要以积极的态度来对待学生干部队伍建设

要改变过去对学生干部队伍建设上的“不需要论”和“使用代替培养论”等不正确的认识，要树立起“队伍建设、守土有责”的观念；要认识到学生干部队伍建设是学生干部队伍建设主体的一项不可推卸的义务。

（二）完善体制健全机制

1. 完善学生干部的管理体制

主要是针对过去在学生干部管理上缺乏统一领导、多头管理等不足，建立和完善“党委统一领导、团委归口管理、相关部门协作”的学生干部管理体制。

一是党委统一领导，主要任务是把握学生干部队伍建设的方向，提出指导思想和目标要求；二是团委归口管理，主要是受党委的委托，团委统一管理全校学生干部制定学生干部管理的总体目标、明确学生干部管理的责任，并据此由下级团组织分级制定具体方案、组织落实；三是相关部门协作配合，主要是建立由团委牵头、相关部门及各系部参加的定期联席会议制度，共同协调解决学生干部管理中的矛盾和问题。

2. 完善学生干部的监督体制

一是以过程监督为主，就是对学生干部当选、学生工作等整个过程进行全程监督；二是上级监督与群众监督相结合；三是监督与考评相结合，就是要通过直接上级的考核和同班、同宿舍同学的评议，以考评促监督。

3. 健全机制

(1) 健全科学的培养选拔机制。这就要求在干部的培养选拔中坚持高标准、严要求，在坚持“德才兼备，任人唯贤”原则的基础上，把坚持正确的政治方向、有坚定共产主义信念、具有优良的道德品质、有魄力有能力的、在同学中有较高威信的学生充实到各级学生干部队伍中去。

为此，必须建立干部竞争上岗制、任前公示制、岗前培训制、定期培训制等一系列制度以保证干部选拔公正合理，保证干部能够得到适当的培养。干部竞争上岗制的主要做法是实行干部职位的公开招聘，符合岗位描述条件的人都可以报名参与公开、公平竞争。通过笔试、面试等形式，把最优秀的人才选拔出来。

(2) 健全科学的监督考察机制。对干部的监督考察是教育管理学生干部的重要形式，建立健全科学的监督考察机制，就是要确保学生干部在职责范围内按照正常程序正确履行职责、正常开展工作。为此，必须建立相应的制度如干部监察责任制、干部工作流程、定期的民主生活会制、定期工作汇报制度、定期的（民意）调查制度、干部工作档案制、财产和财务管理制度、群众举报制度以及干部问责制等来规范学生干部的具体工作行为。干部监察责任制主要是确定监察责任的主体、监察对象、监察内容并对监察结果负责，对监察中发现的问题要及时报告，保证每一个学生干部在每一个工作环节都能受到监察。干部工作流程是确立干部在工作中所应当遵循的程序以及违反程序的处理规定，保证干部工作的公开、透明和可查。定期的民主生活会制就是通过组织定期的学生干部民主生活会进行批评与自我批评，及时发现并改正工作中的缺点和错误，会议周期一般为每月一次。定期的（民意）调查制度主要是透过广大同学的渠道对学生干部的工作及其在日常生活中的言行进行监督，以保证学生干部真正为同学服务、保证学生干部的先锋模范作用的发挥。这些制度把事前、事中、事后监察结合起来，把上级、同级、下级和群众监察结合起来，共同构成了一个严密而有效的监察网络，有利于监察作用的发挥。

(3) 健全科学的考核激励机制。这就要求在考核激励时制订出明确的考核条例，从德、能、勤、绩等多方面对学生干部进行立体交叉的综合考核，考核结果进入学生干部本人档案，及时向其本人反馈意见，肯定成绩、指出不足，并根据考核结果对学生干部进行适当激励。

健全科学的考核激励机制就要建立干部工作考核制度、奖惩制度。学生干部学期考核制度是指每学期初开展上学期学生干部工作考核，每人必须公开述职、总结成绩、检讨不足，明确改进方向，在此基础上，结合考核、监察情况评选出优秀学生干部并予以表彰。对工作不负责造成不良影响或没有工作实绩或有严重违反校纪校规的要予以辞退。需要注意的是，对学生干部的正向激励要做到公平、及时、守诺，应当着眼于学生干部的成长、以精神奖励为主，切忌动辄发放奖金而导致干部欲壑难填，还可能引发干部之间的不团结，不利于工作的开展。①

第二节　深化制度改革加强师生的情感联结

习近平总书记在全国高校思想政治工作会议上强调，“把思想政治工作贯穿教育教学全过程……要整体推进高校党政干部和共青团干部、思想政治理论课教师和哲学社会科学课教师、辅导员班主任和心理咨询教师等队伍建设。”

由此可以看出，思政课教学改革不仅仅是思政课教师的事，更是高校所有从事思想政治教育工作者的事。我们牢记“立德树人”使命，融合十大育人工作内容，形成“思政教师＋专业教师＋班主任＋辅导员＋管理人员”全员参与，教师、学生、家庭、学校、社会五大育人主体的全过程链接，“校内＋校外”“理论＋实践”的全方位育人格局。建立思政育人主体协同的“转动轴”，形成“育人链”，打造多元、立体生态思政课。

一、加强思政课教师和学生的合作

人与人之间的情感全方位地影响着人的学习和工作。在教育工作中，如果情感运用得当，就会给教育教学带来健康向上的推动力，反之亦然。

高校思政课是一门教给大学生知识的课程，在给大学生传授理论知识的同时，也传递出对人与人之间关系的一种重视。目前，大部分高校思政课教师与学生的关系仅仅停留在课堂上，教师仅仅是在课堂上与学生有所接触，一般情况是教师上完课后就离开教室，很少有教师留下来与学生进行交谈甚至深入交谈的。学生也很少主动向思政课教师提问。更为严重的是，有的教师一个班根本记不住

① 陈丽萍. 加强高校学生干部队伍建设的对策 [J]. 青年文学家，2009 (24)：66.

几个学生的名字，这种不是“陌生”人胜似“陌生”人的关系怎么才能帮助大学生提高学习思政课的获得感？为此，笔者认为需要思政课教师创造更多的条件，让教师与学生之间有更多的机会交流、沟通，加强思政课教师与学生之间的合作。

（一）加强思政课教师与学生之间的合作

高校思政课教学更多的是从情感方面对学生进行教育，教育的形式多样化。特别是在实践教育方面，高校应该创造条件为大学生提供更多的实践学习的机会，通过社会调查、实地参观考察等实践方式，让学生通过实践活动，清楚地知道自己需要什么，明确自身发展方向。在与教师的互动活动中，教师与学生之间必然会形成一种健康向上的和谐关系。有条件学生还可以参与思政课教师的科研课题，在科研课题开展研究过程中，思政课教师加强对学生指导，让学生有一种积极体验，从而增强师生之间的情感联结。

（二）实行导师制

为了克服教师与学生只能在课堂见面的尴尬局面，思政课教师可创设更多的条件让教师与学生之间有更多的接触机会，形成教师与学生、学生与学生之间有更多的接触和了解的机会，从而促进教师与学生、学生与学生之间增进彼此的了解，产生更深厚的情感，提高思政课的教学效果。导师制的建立，让学生有更多的机会找老师，也让教师与学生之间的联系更加合理、顺畅。因为建立起了导师制，教师更是担负起了一份责任。学生在完成教师布置的教学任务的同时，可以与导师建立起良好的交流、沟通的关系，及时向教师汇报自己的学习情况，从导师那里学习到相关的学术信息，树立正确的求知求学的态度，导师的学术功底和人格魅力无疑对学生产生潜移默化的影响，甚至还产生对导师的崇拜之情，这比单纯地在第一课堂传授理论知识的效果更有效、更持久。

（三）让学生参与思政课的教学评估

学生参与教学评估，这是检验教师与学生合作情况以及思政课教学效果如何的一种重要手段。一方面，从大学生的视角，对教师教学情况进行评价，这是学生对思政课教师教学的一种积极肯定，可有效激发思政课教师的教学热情；另一方面，在教学间隙，高校思政课教师可以采取对大学生的随机抽样调查和定期召开座谈会的方式，让大学生在公开场合畅所欲言，反馈教师在教学过程中存在的各种问题，以此促使教师提出相应改善教学方法的对策，提升学生的获得感和思政课的教学实效。

二、加强思政课教师和专业课教师的交流

高校思政课的教学对象是所有在校大学生，不同专业的大学生具有不同的专业背景，有理工科背景、文科背景、艺术体育学科等背景，思政课的教学应因材施教，对具有不同专业背景的大学生的教学应该不一样。因此，思政课教师必须对这些不同专业学生的专业背景非常熟悉。

高校思政课教师并非百科全书式的人才，思政课教师一般是具有马克思主义相关背景的，他们的知识结构并不能完全对接于各种专业。一方面，需要加强思政课教师与专业课教师的联系与沟通，“三全育人”要求我们打破传统的对专业课与思想政治课的局限，突出将两者结合起来。思政课教师要加强与专业课教师的沟通交流，了解学生的专业行业背景，结合专业岗位需求、专业人才培养方案，开展有针对性的教学。同时，专业课教师也要经常性地与思政课教师交流，了解学生的思想动态以及在思政课上关注的专业知识，为在专业课堂上给予解答奠定基础。另一方面，建立思政课教师与专业课教师交流会谈的制度，将二者的会谈成为一种常态，改变传统的大学生学习的碎片化和片面化的状态，提高教学的整体性效果。最后，针对专业课教师和思政课教师会谈的具体情况，设计出科学合理的教学形式和教学内容，比如：理工科专业背景和艺术体育类专业背景的学生可以注重开发探讨式、设计式的合作学习方式，注重社会实践；文科类专业背景的学生可以注重培养研究探讨式的学习方式，进行系统化、自主化、逻辑化的教学探究。

通过加强专业课教师与思政课教师的结合，从学生关注和重视的本专业的需求和前景出发，将大学生的专业需求倾注于课堂实践和社会实践活动之中，形成第一课堂和第二课堂的有效合力，发挥思政课与专业课思政育人的合力。

三、深化思政课教师和辅导员的沟通

高校辅导员和思政课教师是学校开展思想政治工作的两支重要队伍。在大多数高校，辅导员主要负责对学生进行日常的思想政治教育和生活管理，思政课教师主要负责思政课教学。由于各种原因，当前大多数高校辅导员和思政课教师队伍各自为政，渐行渐远，从而导致理论工作者和实践工作者的日益疏远。

高校思政课教育功能的发挥，需要各方力量协同作用。但是就目前情况来看，高校思政课教师和辅导员队伍是各司其职的两支队伍，在平常的工作中较少有形成交集的机会。两者的工作方式和工作体系不一样，并且基本都是按照各自

的职业目标和任务开展各项工作。这种两条平行线的工作方式导致思政课教师和辅导员之间的日渐疏离，二者合作、交流的机会减少，双方对学生的了解都是碎片化、片面化的。这种不相交的模块式的教学方式不仅不利于大学生的全面发展，还造成了对大学生日常思想政治工作教育和教学工作的脱节，结果是：辅导员因日常忙于处理大学生的思想政治教育工作，工作琐碎，没有充足的时间和精力与思政课教师就大学生的学习工作等情况进行交流，思政课教师便难以观察到学生情绪的变化；思政课教师因忙于教学和科研而疏于和辅导员就学生学习情况进行交流，辅导员便难以及时掌握学生上课期间的情况。因此，不相交的脱离式的教育导致对大学生教学与育人不能同步，与思政课培养德智体美劳全面发展的大学生的教学目标背道而驰。

要想使辅导员、思政课教师与大学生三者之间关系的十分和谐，必须通过相应的改革加以完善。辅导员和思政课教师在思想政治工作中的作用、位置虽然不一致，但他们都有着共同的学生培养目标。把他们联通为一个整体，思政课教师从理论方面提供直接的经验，辅导员从实践方面提供经验，二者缺一不可，二者的有机融合构成了大学生思想政治教育的主要内容，因此整合两支队伍意义重大。

首先，定期组织召开思政课教师、辅导员和大学生之间的交流研讨会，至少保证每个月 1～2 次。就近段时间出现在学生学习和生活管理中的问题，几大主体共同商量、探讨，充分发表意见，提出改进、解决的办法。其次，发挥辅导员队伍的联动作用。“鼓励支持辅导员班主任骨干兼任思想政治理论课教师，鼓励支持思想政治理论课教师从事辅导员、班主任工作，推动两支队伍的有机融合。推动思想政治理论课实践教学与大学生社会实践活动有机结合，整合思想政治理论课教师和辅导员队伍，共同参与组织指导实践教学。”① 最后，在思政课的考核评价中加重辅导员考核的占比。辅导员具有管理人员、教师双重身份，是高校开展思想政治教育的重要力量，在开展思政课的教学评价中，应注重发挥辅导员的作用，通过结合辅导员与思政课教师两者的考评，提高考核的真实性和准确性。

---

① 中央宣传部、教育部．关于印发普通高校思想政治理论课建设体系创新计划的通知：教社科［2015］2 号［EB/OL］．（2015－07－30）［2018－06－21］．http：//www．moe．edu．cn/srcsite/A13/moe_772/201508/t20150811_199379．html．

第三节　为新时代高校思政课教学改革提供制度支持

一、完善教学科研和专业培训制度

具有一支较高水平的思政课教师队伍是增强高校思政课教学质量的关键所在。当前，各高校思政课教师的业务水平、综合能力等与思政课教师的要求还有一定的差距，高校应采取有效措施，提高思政课教师的专业水平，特别是在教学和科研方面积极采取相应措施。

不管是本科院校，还是高职院校，教师的教学与科研能力是并驾齐驱的两驾马车，要收获高质量的教学效果，必须依靠高水平的科研作为基础。所以，从一开始，高校必须严抓教师的科研能力。作为高校思政课教师，要具备正确的政治方向、良好的品德素养、较高的教学科研能力，缺一不可。第一，高校首先要切实加强马克思主义理论学科建设，明确思政课教学改革的进一步方向和目标，注重教师队伍建设。同时注重引进和培养具有较高科研能力的硕士研究生或博士研究生，储备高水平的思政课教师资源库人才。第二，开展与思政课教学相关研究。围绕思政课教学内容、教学方法、教师队伍、课程建设等问题，作为重点研究内容，注重做好思政课理论与实践问题的有机结合，最终形成一批有效的科学研究成果。将研究成果以论文、专著或者汇编材料的形式供大家学习交流，为思政课的教学改进提供实践基础。第三，抵制学术不端行为，倡导学术规范，为思政课教师的专项科研、教学提供一个健康的学术氛围。

“学到老，活到老”的思想对所有老师都是通用的。所以，无论是对刚步入工作岗位的年轻教师，还是教学经验丰富的老教师，都应该进行定期培训。第一，高校要建立体系化、制度化的培训体系。要让不同教学层次、教学水平的教师有接受同等培训的机会，对教师进行有重点、分层次的培训，鼓励教师参加较高水平的实践培训、学术论坛，提高教师的岗位胜任能力。第二，制定思政课教师的培训计划，选派优秀教师到兄弟院校、其他省市参加名师指导和学术交流，到重点高校学习进修，甚至去国外参加考察学习，高校都要提供便利。以此鼓励教师继续深造以提高教师队伍的整体科研教学水平。最后，高校要提供便利条件培养和建设优秀的教学团队。任何一门课程的教学改革都不是某一个老师的事，是教学团队甚至是整个学校的事。高校思政课教学改革必须要有强大的团队作为支撑，要根据每一门思政课不同的课程标准和要求，成立每一门思政课的专门的学术研究小组，保障思政课科研的独立性。在每一个教学团队内部形成以问题讨论和专题讲授为主的教学研究模式，形成团队内部的教学促进与共生。

二、提高思政课教师的待遇和加强教学保障

思政课是一门公共课，在大多数高校，公共课的地位相比较专业课来说，受重视程度比较低。在学生心中，公共课的地位也无法和专业课媲美。但是全校学生的思想政治课教育教学工作全部压在思政课教师身上，他们身上承担的教学任务和面临的工作压力，比其他专业课教师更多，但是他们的付出与努力却较少引起学校领导、专业课教师甚至是学生的关注。因此，思政课教师难免会存在失落感。为了避免这种情况的经常发生，高校领导应创设条件，对在教学科研方面成绩突出的思政课教师，一方面在学校、上级网站对他们进行报道，另一方面学校在物质上和精神上给予嘉奖，肯定他们的付出和贡献。

人都会有一种比较心理，横向的、纵向的比较。思政课教师通过自己的辛勤劳动，通常会把自己能够获取的劳动报酬一方面与自己的以往进行比较，同时也会与他人进行比较，如果结果令人满意，思政课教师就会以更大的热情投入到工作中去；反之，就会产生失落甚至心灰意冷的情绪，容易产生职业倦怠。现实往往是残酷的，相对于其他专业课教师，思政课教师能申请到的课题寥寥无几，学校对思政课这类公共基础课的经费投入也较少，但是，无论是专业课教师，还是思政课教师，职称评定都是与教师的科研成果联系在一起的，因为科研机会较少，也在一定程度上严重打击了思政课教师工作的积极性和主动性。高校思政课教师的教学任务比较重，思政课教师承担着上百人的大课，巨大的工作压力并没有给思政课教师带来更多的经济利益和回报，付出与收入并没有成正比，使得部分思政课教师产生倦怠情绪，也带来了思政课教师心理预期和现实之间的落差。为了缓解这种落差，高校需要采取更多的措施在科研和教学上支持思政课教师。

一方面，提供科学的教学保障机制。根据专业人才培养方案、思政课国家课程标准，科学设置思政课的学时和学分；综合考虑到不同学生的专业背景的实际情况，积极实行70人左右的中班授课，积极提倡小班研讨、中班教学的教学模式。通过思政课集体备课的方式组织开展教学活动，设立思政课理论教学和实践教学的专项资金，成立专门的机构，并确保专款专用，将制度真正落到实处，同时成立专门的督查小组，对教学质量和教学效果进行监督和管理，发现问题后，试图找到解决问题的办法。

另一方面，提高思政课教师的待遇保障。首先，高校要严格落实国家提出的实施思政课教师特殊岗位津贴，形成科学合理的教师激励机制，通过表彰的形式

和教学评比充分调动思政课教师的积极性、创造性，通过学校内部的评比唤起教师的责任感和荣誉感。其次，教师在得到相应的荣誉表彰后，要给予教师相应的物质奖励，因为仅仅有精神奖励是不全面的，会显得有些苍白无力，从而可能会影响思政课整体教学效果。因此，要加强高校思政课教师队伍建设的资金投入，完善教师的物质保障制度。

三、注重教师物质和精神上的需求

高校思政课教师一般具有较高的政治觉悟和高学历，他们的自我期待和自我认知能力较强。他们从心底里更希望得到学校的重视、同事的认可、学生的喜欢。根据笔者调查发现：一般情况下，具有高学历的教师的自我期望高于学历层次低的教师。青年教师的自我实现的需要高于年长教师。马斯洛的需求层次理论认为，个体需要的层次是逐级递增的，最基础的是关于生存类的需要，诸如生理的需要、安全的需要，然后逐渐上升到精神层面的需要，如尊重的需要、归属与爱的需要和自我实现的需要，实现人的自我实现和发展才是最终目标。我们在满足思政课教师生存性的需要以后，也应该考虑对教师个人情感需要的满足。我们要从人的本质出发，注重关注教师的各种需求和感受，为思政课教师创造一个人文关怀浓厚的温馨的校园环境。

随着社会的发展，科技的进步，人们越来越重视教育。社会对教师提出的要求也越来越高，这对于教师来说，是一个较大的挑战。思政课教师事实身上既承担着教会学生理论知识，又承担着培育学生具有健全思想品格的重担，全体社会对思政课教师寄予的厚望无疑给思政课教师带来莫大的压力。这是新时代高校教师必须面临的压力与挑战，但是，相对于高校专业课教师和中小学教师，社会对高校思政课教师缺乏认同感。首先，在很多高校老师和学生看来，思政课是公共课，只给学生教会一些常识性知识，并没有传授给学生专业知识和技能，对学生的就业和人生的职业生涯不会产生直接的影响；其次，思政课教师一方面承受着巨大的教学压力，高强度的教学压力并未给他们赢得更多的社会认同，在很多人眼里他们的职业甚至被误认为是可有可无的，是任何人都可以胜任的职业，付出与成就的不成正比难免会让思政课教师产生失落感。

因此，高校应关注教师教学，坚持以人为本，体现人文关怀，关心他们的生活，适时对个人发展的诉求提出解决办法，真正落实解决他们的精神困惑、思想困扰、情感需求，让思政课教师能有集体的温暖感，在物质和精神情感需求方面能获得更好的发展。

第四节 加强高校思政课师资队伍建设

高职院校思政课教师队伍的整体素质，直接影响着思政课的质量和水平，只有造就高素质的思政课教师队伍，才能发挥在思想政治理论教学目标中的重要作用。

一、建设一支“专家型”思政课教师队伍

高校思政课教师承担着立德树人的神圣使命，由于高校思政课教师教学任务过重，受不同专业学生上课的限制，很少有高校结合不同专业的需求进行针对性教学，教学效果收效甚微，为此，笔者认为应从长远利益考虑出发，建立一支相对稳定的“专家型”思政课教师队伍。

首先，各专业建立一支稳定的“专家型”思政理论课教师队伍。习近平总书记在学校思想政治理论课教师座谈会上，对思政课教师提出了六个方面的要求，即政治要强、情怀要深、思维要新、视野要广、自律要严、人格要正，能做到这六点，思政课教师可谓算得上是真正意义上的好老师。但是作为“专家型”的思政课教师，首先要有扎实的理论功底，学好马克思主义理论知识，要信仰马克思主义，让有信仰的人讲信仰。其次，思政课教师处理好人际关系，要想学生之所想，急学生之所急，真正能和学生想到一块去。最后，高校思政课教师还要处理好人际关系，和本部门的教师、专业课教师、辅导员的关系都要处理好，以便及时把学生在思想政治课上的表现转告给辅导员、专业课教师，及时掌握学生的思想动态。只有和其他教师、部门联合起来，共同作用，才能形成相互提高、共同发展的合力作用，形成一支无所不懂、无所不知的“专家型”思政课教师队伍。

二、制定师培计划，调整教师的知识结构

高校思政课教师要适应新时代新要求，不断提高自己的能力水平，通过参加省内外的培训、学习、交流等途径，更新、完善自身的知识结构，以便适应新形势的变化要求。当然，这种新要求不仅是思政课教师的事，需要学校领导高度重视，要有配套的管理制度。首先，高校师生比必须要严格按照不低于 1∶350 的比例配备思政课专任教师的职数。学校要按照国家规定的生均 30 元的标准提供专项经费，用于思政课教师平时参加培训、学术交流和社会考察。其次，按照以上两项国家政策制定详细周密的师资培训计划，一方面做到让每名思政课教师都

有机会参加培训，另一方面要充分根据思政课实际教学的需要考虑思政课专任教师的职数，根据不同专业学生的特点对思政课教师教学方面的特殊要求，实现高校的每一名思政课教师不仅具有扎实的理论功底、渊博的知识背景、高超的教学艺术、不同寻常的人格魅力。同时，高校思政课教师还要加强对所教专业学生的专业了解，成为无所不能、无所不知的大专家。

三、提高思政课教师的教学艺术水平

（一）提高思政课教师的思想政治素质

高校思政课教师的思想政治素质是第一位的，在教师素质体系中居于主导作用，决定着教师的政治信念和宗旨，制约教师的道德规范，较大程度上影响着教师的工作热情、工作态度和工作能力，从而影响着教师的具体教学活动。因此，高校思政课教师首先就必须具有坚定的政治立场和正确的思想政治方向，自觉坚持四项基本原则，拥护党的各项方针政策，坚持中国共产党的领导，对自己所教的理论真信、真用、真学和真教，正如习近平总书记所说的“要让有信仰的人讲信仰”。一个政治立场不鲜明、思想认识模糊的教师是无法对学生进行思想政治教育，也就无法真正上好思想政治理论课。

一方面，高校思政课教师要想具备良好的思想政治素质，就应该重视政治理论学习，自觉提高理论修养，全面学习与掌握马克思主义原理、毛泽东思想、中国特色社会主义理论体系和习近平新时代中国特色社会主义思想，适应新时代高等教育发展的要求。另一方面，高校思政课教师还应具备现代的教育思想观念。主动了解国内外大事，把热爱祖国、建设祖国的爱国主义精神与全球意识统一起来，掌握在全球化的背景下应该如何与其他各国人民友好相处，只有教师掌握了全球意识和国家观念，才能培养学生具有此观念，才有可能把自己从事的教育活动与世界联系起来，在教学内容上，才能做到既弘扬中华民族的优秀传统文化、又注重吸收各国的优秀的文化遗产，并在与外国人的交往中，做到不卑不亢，坚决维护民族和国家尊严。

（二）增强思政课教师的社会实践能力

高校思政课教师除了掌握必备的理论知识以外，还需掌握一定的社会实践能力。但是目前在思政课教师看来，思政课教师只需要掌握理论知识就够了，拥有扎实的理论功底是王道，一般不看重实践能力。也有部分老师注重提高自身的实践能力，但相应忽视了理论水平的提高。其实，真正优秀的思政课教师是需要掌握较高的理论知识和较强的实践动手能力的，并且能够做到把理论和实践完美结合，具备各方面的综合能力，特别是注重培养实践动手能力，用来指导学生进行社会实践。

首先，高校要从政策上鼓励和奖励思政课教师利用寒暑假特别是暑假时间参与社会实践，例如学校马克思主义学院或者思政课部组织思政课教师到省内外革命纪念馆、烈士墓园、红色旅游胜地等地进行实地考察，一方面加强对革命历史的了解，增强自己的爱国情感。另外一方面，高校可以组织思政课教师和学生一起参与所在地社区、乡镇的志愿服务活动，例如到学校所在地孤儿院送温暖、敬老院慰问老人、为所在乡镇、社区留守儿童开设各类兴趣班，培养从群众中来、到群众中去的精神品质，以及牢固树立起为人民服务的思想。以身作则，在学生当中起到很好的榜样带头作用。

其次，高校应组织思政课教师定期到与学校开设专业相关的或者校企合作的企业进行了解，了解学生定岗实习的环境和各方面的状况，及时关注学生在实习过程中的各种表现。针对学生在工作岗位上存在的不足和缺点，吸取经验教训，从而进一步调整授课计划和授课内容，创新教学方式。

（三）提高思政课教师的职业道德

职业道德是作为一名教师必须遵守的行为规范。高校思政课教师的职业道德主要包括教师的工作态度、敬业精神、对学生的态度、团队合作精神和对物质利益的态度等方面。《教育部关于进一步加强和改进师德建设的意见》特别强调了师资队伍建设中突出师德建设："加强和改进师德建设的总体要求：以马克思列宁主义、毛泽东思想、邓小平理论和'三个代表'重要思想为指导，紧紧围绕全面实施素质教育、全面加强青少年思想道德建设和思想政治教育的目标要求，以热爱学生、教书育人为核心，以'学为人师、行为世范'为准则，以提高教师思想政治素质、职业理想和职业道德水平为重点，弘扬高尚师德，力行师德规范，强化师德教育，优化制度环境，不断提高师德水平，造就忠诚于人民教育事业、为人民服务、让人民满意的教师队伍，为培养德智体美全面发展的社会主义建设者和接班人做出新贡献。"[①]

高校思政课教师培养高尚的职业道德需要从以下几方面着手：

第一，高校思政课教师应该坚持正确的政治方向。高校思政课教师要紧密团

---

① 中共中央宣传部宣传教育局，教育部社会科学研究与思想政治工作司，共青团中央学校部．加强和改进大学生思想政治教育文件选编［M］．北京：中国人民大学出版社，2005年版，第112页．

结在党中央周围，高举马克思主义理论、毛泽东思想、中国特色社会主义理论体系、习近平新时代中国特色社会主义思想等伟大理论旗帜，坚决拥护党的领导，拥护党的各项方针政策，与党中央保持高度一致。反党、反国家、反社会的话坚决不说，正确看待不良的社会现象，学会用科学的方法分析社会上的各种现象。

第二，高校思政课教师要对学生负责，忠于自己的教育事业。一丝不苟地对待学生的思政政治教育工作，全身心地投入到自己的教育教学工作中去，尽力、尽责、尽心地开展好对学生的思想政治教育工作。笔者调查发现，当问及学生思政课教师如何安排教学时间时，学生反映大部分教师严格按照学校安排的课表上课，有的教师则存在随意调课的行为，把课集中在一天或者两天上完。“广大教师要以高度负责的态度，率先垂范、言传身教，以良好的思想、道德、品质和人格给学生以潜移默化的影响。”① 这是对所有教师的职业遵守的要求，也是每一个教师应具备的职业道德。只有从心底热爱教育事业，才能全身心投入到教育事业中去，这样，思政课教师才会按照原有的计划、目标、措施进行思政课的创新，才有可能有较高的工作激情和热情，从而为国家培养出大批合格的高技术应用型人才。

第三，高校思政课教师首先要爱学生，这是对学生进行思想政治教育的首要条件，这也是思政课教师职业道德要求所在。其中包括了对学生的信任、了解和尊重。根据调查结果显示，学生最关心思政课教师的基本素质是什么，很多学生选择具备责任是首先考虑的。的确，思政课教师只有热爱自己所从事的这份职业，才能把全部心血毫无保留地放在关心学生身上，才能成为热衷于思想政治教育的合格人才。

(四) 增强思政课教师独特的人格魅力

高校思政课教师魅力怎么样，主要看他在师德师风、教学能力等人格特征方面所具备的才能。一名合格的思政课教师不仅要有正确的世界观、人生观、价值观，还要关心学生，要有热爱教育、献身教育的奉献精神。要有“精”“博”“新”的治学水平，才能完成“传道、授业、解惑”的大任。②

一方面，高校思政课教师的“精”，主要是指思政课教师要精通专业理论知识，要对马列主义、毛泽东思想、中国特色社会主义理论体系等非常熟悉并全面

① 中共中央宣传部宣传教育局，教育部社会科学研究与思想政治工作司，共青团中央学校部. 加强和改进大学生思想政治教育文件选编［M］. 北京：中国人民大学出版社，2005 年版，第 5 页.

② 何贻纶. 思想政治理论课改革与教学　提高本科教学质量的探讨［M］. 北京：社会科学文献出版社，2008 年出版，第 194 页.

掌握。除此之外，思政课教师还要不断积累和充分掌握思政课学科知识，始终保持着不懈钻研的态度，培养具有浓厚的兴趣，及时掌握新时代最新思政课学科知识，力求站在该学科的最前沿。同时，要注意将思政课教学与科研、实践紧密结合起来。由此看出，新时代合格的高校思政课教师不仅要有较高的基础理论水平，还需具备较强的科研能力、业务能力、创新能力和实践能力，接受更高层次教育。

另一方面，高校思政课教师对所教的知识要做到“博”。“博”指的是学识渊博，指的是作为思政课教师，掌握专业理论知识是第一位的，同时还要有全面的教育学、心理学、政治学、社会学、历史学、法学、伦理学、管理学、经济学等多元、立体的知识结构。具有合理知识结构的思政课教师，是形成较强教学能力、科研能力、实践能力和创新能力的基础，具有较高的知识水平是达到较高高等教育目标的重要保障。厚积才能薄发，首先思政课教师要有“一桶水”，才能教给学生想要的“一杯水”，没有扎实的理论基础和较全面的知识结构是不能担当思政课教学重任的。因此，思政课教师提高自身的专业知识水平、拓宽自己的知识视野尤为重要。

最后，高校思政课教师自身的知识要做到“新”。所谓“新”指的是思政课教师要与时俱进，用新时代最新的理论武装头脑，创新思维，不断发展。特别是担任《思想道德修养与法律基础》和《形势与政策》的思政课教师，一定要紧跟时代步伐，根据不同专业、不同年级的学生特点，创新教学方法、及时更新教学内容，及时更新教学教案与课件。同时，高校思政课教师还要有创新精神、创新意识、创新思维和创新能力。

（五）提高思政课教师的教育教学能力

高校思政课教师一方面要掌握精湛、与时俱进、广博的知识，另一方面还须具备较强的教育教学能力。教育教学能力是一名教师必须具备的综合能力中最重要的一种能力，主要是包括重构教材的能力、进行科学合理教学设计的能力、表达自己教学思想、严密组织教学的能力。

首先，高校思政课教师应具备重新架构教材的能力。高校思政课教材是国家统编教材，新时代高校教师应将“三教改革”作为教育教学改革的航标，其中就包括处理教材的能力，将教材体系转化为教学体系。重构教材能力是一种较高的能力，很多高校思政课教师一般不愿意重构教材，因为要费不少脑细胞，但是一名优秀的新时代高校思政课教师必须要有重构教材的能力，应该以学生为本，从学生角度出发，根据学生的专业、岗位需求、学生的不同性格特点，将思政课教材划分为合理的几大模块，即站在学生的角度科学合理处理教材，让学生最大限度吸收到自己想要学习的内容，而不是传统的教师把教材中的内容简单生硬地搬至课堂上，甚至照本宣科，这样是达不到教育教学的目标要求的。此外，国家统编教材理论性较强，在具体授课时，教师可适当地在多媒体的使用上将内容加入一些图片、声音和动画，将教材生动、鲜活地呈现在学生面前。

其次，高校思政课教师要有一定的语言魅力。在课堂上，教师应使用严谨、通俗、生动的教学语言。语言是思维的物质外壳。“教学语言是师生交流思想、沟通感情的工具，它不同于一般的口头语言，又不完全是书面语言，其运用是否得当，直接影响教师的授课质量”。[①] 思政课是一门政治性较强、思维缜密的课程，具有较强的学术性、科学性，思政课的这个特点要求高校思政课教师具有正确的判断和推理能力，逻辑思维能力要严密、严谨，避免使用不规范的语言，使用规范、严谨的教学语言。特别不能出现语言杂乱无章，前后矛盾的情况。要做到将复杂的道理简单化，简单的道理通俗化。因此，高校思政课教师在具体授课过程中，应该将理论型、知识型的知识用生动、通俗、幽默的语言表达出来，充分激发学生的学习兴趣，发挥学生的主体性，最大限度地调动学生主动参与课堂的兴趣，帮助学生更好的理解和接受理论知识。

（六）与学生坦诚交流，提高与学生对话的能力

高校思政课的特殊性要求我们必须深入了解学生，到学生中和学生交朋友甚至打成一片，了解社会的具体情况，对人生和社会有所思索，提高与学生的对话能力。高校思政课教师必须及时掌握学生的思想情况，及时纠正学生的错误思想，引导学生朝着正确的方向发展。与学生进行坦诚交流、沟通，交换彼此心里的想法，以便增加教师与学生之间的了解与信任，只有建立与学生之间良好的对话能力，才能将课堂上有效的内容传达给学生。

总而言之，具有优秀品格的教师可以感染、影响学生，使学生对教师产生一种敬佩之情，教师对学生发自内心的爱会使学生更想靠近老师，对教师产生一种亲切感，具有渊博知识的教师会使学生产生强烈的信任感，较强的教学能力可以使学生产生轻松快乐的感觉。在具体的教学实践中，我们都能感觉到，教师具有良好的自身素质，师生关系的融洽，轻松的教学环境，能够促使教师在课堂上将自己的知识毫无保留地传授给学生，也能将思政课内容的真理性、科学性展示在学生面前，从而发挥出马克思主义理论的魅力、展示教学的艺术魅力、教师的人

① 骆郁廷. 高校思想政治理论课程论［M］. 武汉：武汉大学出版社，2006 年 12 月版，第 153 页.

格魅力。

四、建立一支高校思政课兼职教师队伍

在高等教育大众化进程中，兼职教师已成为高校实施人才培养的一支重要力量。在发达国家中，兼职教师是高等教育发展中的一项长久而持续的策略。

（一）高校思政课兼职教师的来源

在国外，高校兼职教师出现较早，如今很多发达国家已形成了一套较为完善的兼职教师队伍管理措施。在我国，高校兼职教师队伍出现较晚。目前高校思政课兼职教师队伍大致由以下人员组成：

（1）退休的大学教师。这些教师都有着丰富的教学经验，在教学中驾轻就熟，能够很好地完成教学任务，还能给青年教师以指导。并且，很多退休教师尤其是从重点大学来的老教师，他们有的还是原校某些学科的科研带头人，他们到一般的大学还可以带动科研工作，帮助所兼职的学校提高科研水平和教育教学水平。这是高校兼职教师的一支较大队伍。

（2）现职的大学教师。目前，高校之间互聘教师的现象逐渐增多，有的高校为适应市场的需要新增专业，却又缺乏足够的师资，只好从外校聘请相关教师。而部分教师在完成了自己本校的工作量之后，还有余力兼职增加一份收入，这无论是对聘请教师的学校还是对兼职的教师，都是有利的。同时，鉴于这种情况，各高校都采取了灵活的管理措施，为教师兼职开设了绿灯，因而，这部分教师在兼职教师队伍中占着很大的比例。

（3）研究机构的科研人员。这部分人员往往处在某个学科的前沿阵地，他们到高校兼职，可以将最新的研究成果带进课堂，这对于活跃学生的思维、开阔学生的眼界、培养学生的科研创新能力，效果都是极为明显的。同时，科研人员到大学做兼职教师，对于推动大学的科研发展也起着一定的促进作用。

（4）企业的专业人员。一般说来，专职教师都是在学校从事教学的人员，他们可能在某个学科领域里有着很高的造诣，但往往缺乏实践经验，因而在指导学生进行实际操作的过程中，显得力不从心。所以，在企业聘请一部分学历相当的、有着丰富实践经验的专业人员到高校做兼职教师，对于加强高校和社会的联系、增强学生的动手能力以及理论联系实际的能力等方面，具有十分重要的意义。

（二）加强高校思政课兼职教师队伍建设的重要性

1. 加强高校兼职教师队伍建设是高校自身发展的需要

（1）节约教育经费，增强人员弹性。聘任兼职教师有利于学校节省教育开支，提高经费使用率。而且与专职教师相比，兼职教师的培养和提高问题，在很大程度上可以由兼职者自己解决，学校无须投入太多的资金和精力。此外，兼职教师弹性较大，其聘任、解聘程序简单，聘用周期短，并且可以根据学校的实际需要随时聘请或解聘某学科、专业的教师，真正打破用人体制上的“大锅饭”，做到教师能进能出、能上能下。

（2）兼职教师有利于促进学科建设，优化高校师资结构。在市场经济条件下，我国高校的用人制度使教师队伍缺乏合理的流动，教师的知识结构、专业结构基本上处于封闭与稳定状态，要打破这种格局必须加大高校师资建设的力度。高等教育的多样性决定了许多学科不但需要拥有学识渊博、理论基础扎实的教师，也需要一些经验丰富、技术全面的专家，因此聘用来自生产、服务、管理或科研、工程技术一线的兼职教师加盟教学和人才培养，将有力地促进学校的专业改造和课程建设，改善“近亲繁殖”的学缘关系，调整和优化现有师资队伍的学科结构。尤其是“大师”级兼职教授将对新增学科、交叉学科的建设起到关键性的作用，他们了解社会对人才质量和专业需求的状况，熟悉学术领域前沿的改革与发展趋势，通过兼职教学的形式或人才培养的过程将实践经验和科技信息反馈给兼职所在的学校，不仅弥补了专业教师紧缺的不足，而且改善和优化了师资的知识结构、学缘结构和专业结构。因此，向社会招聘优秀的兼职教师，能有效地带动学科建设并促进学校的发展，保证人才培养的质量。

2. 加强高校兼职教师队伍建设是教师自身发展的需要

来自科研实践第一线的兼职教师，渴望自己的学术水平和科技成果得到高校的肯定，来自兄弟院校的兼职教师也希望在学术上得到同行的认可，这就促进了学术交流，有助于教学质量的提高。兼职教师承担了一定的课程任务，这样专职教师压力相对减小，从而有时间和精力去精心备课、研究教学内容、做好科研等工作，以实现多向交流的良性循环。

3. 满足学生的需要

一般情况下，兼职教师的实践经验较为丰富，能将理论和生产实际有机地结合起来，可让学生学到书本以外的应用方面的知识，提高他们的动手能力。这对缩短学生毕业后适应社会需求的时间十分有益。

据调查，学生非常渴望教授、名师进入课堂，渴望教师引入新的教学模式、教学理念、教学方法和教学手段。兼职教师的加入可以活跃学生的思维、开阔学生眼界、培养学生的创新能力，使知识、能力、素质相结合，潜移默化学生的事业心、实践能力和可持续发展的意识，同时，有利于学生了解社会，增强社会的适应能力。目前，在我国高校的教学中，“满堂灌”的现象依然普遍存在，教师一味地注重传授理论知识，而忽视了学生实践能力和创新能力的培养，致使学生毕业后很难适应社会。兼职教师，尤其是来自生产、科研第一线的兼职教师，他们熟悉生产实践，具有十分丰富的实践经验，了解本学科及相应技术领域的发展动态，能把新知识、新技术、新工艺、新方法等有机渗透到整个教学过程中，教学上更贴近现实，更有针对性，有利于加强学校的实践性教学环节。这些对于提高学校教学质量，拓宽学生社会视野，促使学生更多地了解社会，提高其实践能力和创新能力，增强其社会适应性等都十分有益。

（三）加强兼职教师队伍的建设，坚持专兼结合与规范管理

高校聘用兼职教师顺应了教育体制改革的需要，兼职教师的行为促进了人才流动。因为兼职教师的管理是加强高校师资队伍建设的关键，所以高校应根据实际需要，采取相应的措施。

（1）坚持兼职教师的聘任标准，制定科学合理的聘任方案及聘任标准，从改善和充实现有教师队伍的目标出发优化整个教育资源。公平、公正、公开地聘任兼职教师，做到竞争上岗，能者优先，防止聘任工作人情化、表面化和形式化，确保聘用的兼职教师德才兼备、素质一流。

（2）创造专、兼职教师合作的条件合理配置教育资源，加强专、兼职教师之间的合作是高校师资队伍建设的重要内容，是提高教学质量的最佳方法。高校要经常组织专、兼职教师进行学术交流，联合科研，切磋授课经验，相互取长补短，提高施教能力，把兼职教师教书育人的行为纳入高校人才培养的主体，激发兼职教师从教的积极性和创造性。

（3）建立兼职教师的考核制度。对兼职教师要进行定期和不定期的考核，对教学水平、科研成果、工作质量、育人态度等方面进行评价。聘用部门要建立兼职教师的业绩档案，根据考核的结果进行奖惩，并作为是否续聘的依据。[①]

---

① 陈丽萍. 高校兼职教师的可行性思考 [J]. 中小企业管理与科技（上旬刊），2008（12）：158—159.

第五节　改善高校思政课教学改革的信息化条件

一、加强信息技术与高校思政课融合，构建“主导主体一体化”的教学理念

（一）明确融合目标

为了更好地推进思政课程朝着良好的方向发展，可将信息技术与思政课教学深度融合。高校思政课始终坚持主流意识的主导性，具有与时俱进的马克思主义理论品质，也有着相对稳定的学科价值取向，需要在不断的改革创新中加以完善和发展。首先，高校思政课坚持以科学理论为指导，并且需要探索此课程的授课规律，在探索中不断完善学科的理论基础，形成完整的理论体系，从而推进这门课程朝着科学化的方向发展；其次，高校思政课要始终站在时代最前沿，体现社会变化和时代发展的需要。党的十九大提出“加快教育现代化”的要求，高校思政课的科学性要求思想政治教育现代化必须同步进行，体现时代发展需要。课程的教学信息化既体现了该学科的科学性，又突出了课程的现代化价值。因此，加强现代化信息技术与高校思政课教学深度融合，可以有效促进该门课程的建设与发展，从而加强信息技术与思政课教学的深度融合。

（二）推行“主导主体一体化”的新理念

高校思政课传统的教学课堂上，过多强调教师教的角色，学生缺乏自主性，参与课堂的积极性不高，课堂效果不是很好。随着信息技术的不断发展，高校思政课堂越来越注重将信息技术与思政课深度融合，逐渐成为一种新常态，也成为高校思政课面临的新的挑战。要促进信息技术与高校思政课的有机融合，首先要转变理念。一定要改变传统的教师是课堂主体、教师一个人唱独角戏的局面，不断增强思政课的思想性、理论性和亲和力、针对性。按照习近平总书记提出的“八个相统一”要求，突出以学习者为中心，将学生的自主学习放在首要位置。

信息技术运用到高校思政课教学课堂，注重学生的学。需要注意的是，如果一味强调学生的学而忽视教师的主导作用，高校思政课教学改革便会偏离方向。因为高校思政课是意识形态课程，其主要目的是引导学生树立正确的思想观念，这一切离不开教师的言传身教。所以，在此过程中，教师的主导作用不可忽视。第一，教师是整个教学的设计者、活动的组织者和引导着，对于教学内容的选

取、教学方法的运用，教学具体过程的安排，教学评价等，都离不开教师的主导作用；第二，在课堂上发挥学生的主体性作用，要求思政课教师对学生学习规律有一个较全面的了解，学生的心理需求也要考虑周到，实现学生“要我学”为“我要学”的转变，教师的主导作用不能少。因此，在教学过程中，要体现教师的主导作用、发挥学生的主体参与作用，必须树立“主导主体一体化”的理念，只有这样才能保证教学的有效开展。

二、提升教师信息素养，推进高校思政课教学信息化发展

（一）高校思政课教师全方位多渠道学习信息技术知识与技能

目前，大部分高校思政课教师还停留在传统的教学观念上，并没有充分认识到信息技术已经普遍被运用于课堂教学，对信息化技术、思政课堂教学的重要性认识不足。部分教师也不愿轻易尝试新思维、新方法，主动运用信息化技术的老师并不多，甚至还出现部分教师“穿新鞋走老路”的现象。这些问题的出现主要归结于高校思政课教师缺乏系统全面的信息技术技能培训的机会，因此，高校要根据思政课教师的需求等实际情况对教师进行系统培训和学习。

加强高校思政课教师信息技术能力的提升，首先教师要转变教学观念，学习关于信息技术的理论知识，思政课教师要明白：信息技术与思政课教学的融合，不是简单地将信息技术作为一种简单的教学辅助工具，要实现两者的真正融合，必须掌握新的教学理念和教学模式，带着这样的理念去学习信息技术相关理论知识，真正掌握促使两者融合的方法。在掌握好相关理论的基础上，注重实践操作，掌握从基本运用阶段—开发运用阶段—整合运用阶段—熟练运用阶段的四阶流程。解决好“为什么用、怎么用、能做什么、怎样做更好”的问题。在这四个阶段的学习中，达到有效提升高校思政课教师的信息技术技能的目的。同时注重培养思政课教师在培训过程中发现问题、分析问题、解决问题的能力，这样才能提高信息化技术的学习技巧。

（二）双向互动构建师生信息交流平台

教师与学生在信息技术方面如何实现有效交互，构建教师与学生之间“教”与“学”的交流平台很有必要。通过信息技术交流平台，高校思政课教师将自己所学到的信息技术技能运用到教学中，学生加以消化吸收，学以致用。

继“慕课”出现之后，为解决慕课存在建设成本较高、教学模式单一、完成率低、师生互动受限的问题，SPOC这种新的教学模式逐步登上思政课教学的舞

台。SPOC教学模式是一种小规模限制性教学模式，主要供本校学生使用。SPOC主要采用混合型的教学模式，在原有的教学模式的基础上更加注重学生对知识的掌握情况、教师与学生之间的良性互动。SPOC这一教学模式具体包括了整个教学的课前导、课中学、课后练的三大环节。课前教师发布学习任务单，学生根据学习任务进行自学，总结问题；课中，教师针对学生课前遇到的问题进行讲解；课后，引导学生进行自我反思、总结，教师进行评价。在这个连续完整的三阶段教学过程中，解决了学生在学习过程中遇到的难题，师生之间的互动不断加强，提高了教学的针对性和实效性。

三、加强现代教育技术与素质教育

目前，创新立国已成为世界各国发展经济和参与国际竞争的一大趋势。因此，加强高校创新体系建设具有十分重要的意义。在机遇与挑战面前，原有的教育模式已不能适应社会发展的需要，教育必须实行改革和创新，人才素质必须更加优化。因此，加强现代教育技术，实施素质教育已经成为时代的呼唤和社会发展的需要。

（一）教育教学改革必须以教育观念的转变为先导

教育教学改革是教育系统的自我发展与完善，它是多维度的。简单地说，教育教学改革就是要使教育走出应试教育的误区，完成由以书本为中心、以课堂为中心、以教师为中心向以直接经验为中心、以活动为中心、以学生为中心的转变，以及由培养经验型人才向培养创新型人才的转变。我们所说的素质教育既是一种教育观念，又是一种教育模式，其实质上就是具有实际操作功能的教育观念。教育观念是人们形成的关于教育的比较稳定的世界观，是教育目的和手段、内容和方法的主体。教育观念主要有三大功能：(1) 对特定集团的教育主张、教育秩序、教育行为加以正当化、普遍化、社会化；(2) 使教育诸要素在统一的整体中各尽其能；(3) 赋予教育者以使命感。教育观念具有一般导向功能。在教育、教学中占据指导者地位的素质教育观是与传统的应试教育观根本对立的。传统的应试教育观是在社会“升学热”中自发形成的，这种教育观念只见考分不见人，考什么就教什么，怎么考就怎么教，一切以考试作为指挥棒，引导学生“死扣书本、死记硬背、死追分数”；而素质教育是根据社会发展的需要提出的，它重视素质，需要培养什么样的素质人才就教什么，怎样教有利于提高人才素质就怎么教，一切以培养出符合时代要求的人才为依据，重视学生的全体发展、全面发展、个性发展。

(二) 现行教育体制已无法适应新形势的发展

在未来的教育、教学活动中，网络和多媒体技术取代传统的黑板和粉笔是大势所趋。但是，还必须充分认识到，在教育、教学活动中，即使运用了最先进的现代信息技术，也并不一定意味着教育就现代化了，从传统教育向现代教育的转变，最根本的是教育观念的转变。

目前，高校教育依然存在诸多问题：在教育目标上，过分强调统一型号人才的培养，忽视学生个性发展；在教学管理上，注重强制性，忽视对创造性教学的考核；在课程体系中，文理分家，忽视人文素质培养；在课堂教学中，以传授知识为主，忽视创新思维的培养；在教学实验中，停留在验证性演示，忽视学生亲自动手的创造性实践；对学生的评价中，停留在考分上，忽视创新能力的考核。这反映出应试教育观念的影响仍然很深，尤其是教育部门的教师与领导还没有从实质上理解素质教育或接受素质教育，也就不可能从根本上改变应试教育的现状。因此，在全民范围内尤其在教育部门内部普及素质教育观念，使素质教育深入民心，是加速新时代高校思政课第二课堂教学模式的实施路径的重要前提。

二是传统的课堂教学模式难以激发学生的创新热情。大学传统的教学活动主要采用“传授—接受”教学模式，教师通过语言传授和示范操作使学生接受、掌握系统的知识和技能。这种教学模式能使学生迅速有效地掌握系统的知识，教学效率高。但是，在这种教学模式下，往往教师讲得多，学生的活动少，学生感到单调、枯燥，容易出现“注入式”教学和学生死记硬背的现象。师生之间、学生之间相互交流机会较少，且交流时间有限。

(三) 在建构主义学习理论指导下拓展新型教学模式

(1) 在建构主义学习理论指导下的教学模式，强调以学生为中心，在整个教学过程中教师作为学习的组织者、指导者和帮助者，为学习过程创建必要的学习情境，要加强教学中的启发、提问、讨论和研究，促进学生思考；增加学生课堂的活动与作业，发挥学生的主体作用。新的教学模式应当将教师的主导作用与学生学习的主动性有机结合起来；将以知识理解为重点的教学过程与学生对问题的思考、分析、解决结合起来，即将教和学、讲和练、传授知识与培养学生的创新能力结合起来；使学生在相互协作中充分发挥自己的主动性、积极性和创造精神，主动参与到学习过程中。显然，在这种模式下，学生完全是认知的主体，学习强调的不再是对知识的记忆，而是重视培养学生的创造性思维和创造能力，以及获取信息、分析信息、处理信息和利用信息的信息能力。

（2）我国教育专家也提出了一种以教师为主导、以学生为主体的“双主”教学模式。这种教学模式是“以教为中心”和“以学为中心”的糅合与优势互补，它基本保留了“传递一接受”的教学过程，教师必须了解学生原有的学习基础，使讲授的新知识与学生认知结构中已有的相关知识联系起来，使学生以接受学习作为主要学习方式，教师有时处于中心地位，但更多时候是在教师的指导下，学生进行自主学习。素质教育的目标是使学习者全体发展、全面发展、个性发展。

（3）如前所述，新的教学模式重视培养学习者的认知能力、创造能力，而能力只能在掌握必要知识的基础上，主要在实践应用中培养。因而教学中要增加实际练习、自由操作、社会实践等以学生亲身体验为主的学习内容，在课堂教学中必须运用具有交互性的教学和学习工具，把粉笔加黑板的教学变成以实践为基础的教学。而且，随着现代信息技术的发展，网络文化已逐渐成为一种基础文化，信息能力也日益成为现代社会中人们的一种基本生存能力。因此，教学中必须增加培养学生对信息获取、检索、分析、处理能力的内容，信息能力也要作为教育的培养目标。

（四）创建新型教学模式，推进素质教育的实现

1. 把现代教育技术作为工具

在新的教学模式中，教学空间不再局限于黑板和讲台，借助于多媒体工具和平台，教学可以从视、听、触多个维度展开。不仅教师的授课、指导、辅助要通过各类媒体进行，而且学生的学习和探索也要借助于各类媒体来实现。另外，各类计算机网络还构成了师生之间、学生之间互递信息的工具，教师的指导与学生的反馈都要在此基础上进行。

2. 把现代教育技术作为资源

素质教育重视知识与能力，不再片面强调对知识的记忆，因此，在这种基于“学”的环境系统中，必然要选择与应用大量的教与学的资源，现代教育技术能够提供多样化的学习资源，如磁带音像教材、多媒体教学软件、校园网等，而且，网络本身就是一座世界上最大的教学资源库。

3. 用现代教育技术实现合作学习

合作学习是通过两个或两个以上的主体在一起互促学习以提高学习成效的教学形式。合作学习能够发展学生的自信心，尤其可以使学业上失败的学生在同伴帮助的过程中经历成功的体验，重塑自尊；可以提高学生的学习积极性和主动性，发展学生的主体意识；消除了在应试教育中竞争造成的人与人之间的冷漠与

孤立，形成和谐平等的师生关系。可见，合作学习是以“学”为中心的教学模式的必然要求，应用现代教育技术提供的各种网络环境可以有效地开展合作学习。总之，通过有效的教学设计，我们可以使现代教育技术的优势得以充分发挥，建立行之有效的教学模式，推进素质教育的实现。[①]

① 陈丽萍．现代教育技术与素质教育探究［J］．商品与质量，2010（SC）：147.

参考文献

[1] 习近平. 习近平在学校思想政治理论课教师座谈会上的讲话 [N]. 人民日报，2019－3－18.

[2] 中共中央马克思恩格斯列宁斯大林著作编译局. 马克思恩格斯选集（第1卷）[M]. 北京：人民出版社，1995.

[3] 马振清. 思想政治教育前沿问题研究 [M]. 北京：国家行政学院出版社，2013.

[4] 王勇. 翻转课堂的理论与实践——基于应用型本科人才培养的探索 [M]. 杭州：浙江大学出版社，2016.

[5] 马克思. 中共中央马克思恩格斯列宁斯大林著作编译局. 马克思恩格斯全集（第42卷）[M]. 北京：人民出版社，1979.

[6]〔德〕米夏埃尔·兰德曼；张乐天译. 哲学人类学 [M]. 上海：上海译文出版社，1988.

[7] 陈丽萍. 高职院校思想政治课教学改革创新研究 [J]. 读与写（教育学刊），2016. 13（07）：46—47.

[8] 陈丽萍. 构建高职院校思想政治理论课翻转课堂的教学模式 [J]. 劳动保障世界，2017（29）：64—69.

[9] 习近平. 坚持立德树人思想引领加强改进高校党建工作 [N]. 人民日报，2014－12－30（01）.

[10] 胡锦涛. 坚定不移沿着中国特色社会主义道路前进为全面建成小康社会而奋斗 [N]. 人民日报，2012－11－18（01）.

[11] 习近平. 把思想政治教育工作贯穿教育教学全过程　开创我国高等教育业发展新局面 [N]. 人民日报，2016－12－9.

[12] 中共中央宣传部宣传教育局等. 加强和改进大学生思想政治教育文件选编 [M]. 北京：中国人民大学出版社，2005.

[13] 张小飞. 高校思想政治理论课教学与大学生思想政治工作 [M]. 成都：西南交通大学出版社，2005.

[14] 陈朝东，杨文. 我国分组教学研究的现状及问题——基于文献综述的视角[J]. 教育研究与评论：中学教育教学，2018 (10)：47－50.

[15] 刘强. 思想政治学科教学新论 [M]. 北京：高等教育出版社，2009.

[16] 毛泽东. 毛泽东选集（第一卷）[M]. 北京：人民出版社，1991.

[17] 陈丽萍. 微课在高职院校思想政治课教学中的有效性研究 [J]. 职业教育（中旬刊），2016 (02)：58—60.

[18] 陈丽萍. 高职院校思想政治理论课微课平台搭建途径研究 [J]. 科学大众（科学教育），2017 (06)：150—151.

[19] 习近平. 在教育文化卫生体育领域专家代表座谈会上的讲话 [N]. 人民日报，2020－09－23.

[20] 邱燕楠，李政涛. 从“在线教学胜任力”到“双线混融教学胜任力”[J]. 中国远程教育，2020. 41 (07)：7—15.

[21] 吉秀家，王艳波，崔宇红. 基于“互联网＋对分课堂”混合式教学模式在妇产科护理学的应用 [J]. 中国高等医学教育，2019 (12)：56—57.

[22] 张学新. 对分课堂：中国教育的新智慧 [M]. 北京：科学出版社，2016.

[23] 蔡克勇，冯向东. 大学第二课堂 [M]. 北京：人民教育出版社，1988.

[24] 王国辉，陈明等. 高等学校第二课堂素质拓展学分化研究 [M]. 沈阳：辽宁大学出版社，2006.

[25] 况花荣，刘波兰. 开展高校第二课堂提高学生综合素质 [J]. 科技信息，2010 (21)：748—692.

[26] 杨金艳. 新时期高校思想政治理论课实践教学模式创新探究 [D]. 宁夏大学，2014.

[27] 陈丽萍. 高职院校的校园文化浅析 [J]. 商品与质量，2010 (S8)：123.

[28] 史金联. 高校实践教学管理的问题及对策研究 [J]. 教育与职业，2010 (24)：154—156.

[29] 阎占定. 对高校思想政治理论课实践教学中相关问题的探讨 [J]. 湖北社会学，2008 (11)：179—181.

[30] 柳礼泉. 大学思想政治理论课实践教学研究 [M]. 长沙：湖南大学出版社，2006.

[31] 吕志，黄紫华. 面向社会实践育人：高校思想政治理论课实践教学探索 [M]. 广州：华南理工大学出版社，2009.

[32] 列宁，中共中央马克思恩格斯列宁斯大林著儿编译局. 列宁选集（第 2 卷）[M]. 北京：人民出版社，1995.

[33] 马克思，中共中央马克思恩格斯列宁斯大林著作编译局．马克思恩格斯选集（第 4 卷）[M]．北京：人民出版社，2012．
[34] 习近平．习近平在北京大学师生座谈会上的讲话 [N]．人民日报，2016－02－19．
[35] 习近平．习近平在党的群众路线教育实践活动总结大会上的讲话 [N]．人民日报，2014－10－08．
[36] 习近平．在看望参加青奥会中国代表团的讲话 [N]．人民日报，2014－8－15．
[37] 习近平．致全国青联十二届全委会和全国学联二十六大的贺信 [N]．人民日报，2015－7－25．
[38] 习近平．在全国高校思想政治工作会议上的讲话 [N]．人民日报，2016－12－08．
[39] 陈丽萍．浅谈高职教学中学生自主学习能力的培养 [J]．知识经济，2010（20）：126．
[40] 陈丽萍．试论高职学校个性化教育 [J]．湖南农机，2007（11）：106—107．
[41] 陈丽萍．加强高校学生干部队伍建设的对策 [J]．青年文学家，2009（24）：66．
[42] 中央宣传部、教育部．关于印发普通高校思想政治理论课建设体系创新计划的通知：教社科 [2015] 2 号 [EB/OL]．(2015－07－30)[2018－06－21]．http：//www. moe. edu. cn/srcsite/A13/moe _ 772/201508/t20150811 _ 199379. html．
[43] 何贻纶．思想政治理论课改革与教学　提高本科教学质量的探讨 [M]．北京：社会科学文献出版社，2008．
[44] 骆郁廷．高校思想政治理论课程论 [M]．武汉：武汉大学出版社，2006．
[45] 陈丽萍．高校兼职教师的可行性思考 [J]．中小企业管理与科技（上旬刊），2008（12）：158—159．
[46] 陈丽萍．现代教育技术与素质教育探究 [J]．商品与质量，2010（SC）：147．